梁啓超 著

飲冰室合集

專集

第九册

中華書局

飲冰室專集之三十三

盾鼻集

序

帝制議興。九宇晦盲。吾師新會先生居虎口中直道危言。大聲疾呼。於是已死之人心。乃振盪而昭蘇。先生所言全國人人所欲言。全國人人所不敢言。抑非先生言之。固不足以動天下也。西南之役以一獨夫之故而動干戈於邦內。使無罪之人肝腦塗地者以萬計。其間接所耗瘁尙不知紀極。天下之不祥莫過是也。而先生與鍔不幸乃躬與其事。當去歲秋冬之交。帝燄炙手可熱。鍔在京師間數日輒一詣天津。造先生之廬。諮受大計。及部署略定。先後南下。瀕行相與約曰。事之不濟。吾儕死之。決不亡命。若其濟也。吾儕引退。決不在朝。蓋以中國人心陷溺之深。匪朝伊夕。釀茲浩刼。其咎非獨一人。要在士大夫於利害苦樂死生進退之間。毅然有所守。以全其不淫不移不屈之槪。養天下之廉恥。而葆其秉彝。或可以激頹風於既扇。而挽大命於將傾。蓋謂國之所以與立於天地者必此焉賴。若相競於事功之末。譬則揚湯止沸。去之愈遠矣。鍔既揮涕誓衆赴前敵。屢瀕於死。不死而得病。先生亦閒關入兩粵。當鍔極困危之際。突起而拯拔之。大局賴是以定。先生不死於粵。其間蓋不能以寸。而軍中遭大故。抱終天之恨。嗚呼。吾儕躬與於不祥之役。固宜爲不祥之人也。今國體既已不失舊物。全國人民當創鉅痛深之後。厭亂切而望治亟。但使國中干城之彥。搢紳之英。懲前毖後。鑒數年來釀亂積弱之原而拔塞之。則此等不祥之事。何至復見。則先生與鍔之罪。其皆可末減也。秋九月鍔東渡養痾。道出滬上。謁先生於禮廬。既欷歔相對相勞苦追念此數月中前塵影事。忽忽如夢。鍔請先生裒集茲役所爲文布之於世。俾後之論史者有所考鏡。亦以著吾儕之不得已以從事茲役者。此中挾幾許血淚也。若以此爲先生之事功。先生且將蹙然。無以自容。小子夫何敢。

中華民國五年九月初九日門人邵陽蔡鍔謹序

盾鼻集

目次

公文第一
雲南致北京警告電 代
雲南致北京最後通牒電 代
雲貴致各省通電 代
雲貴檄告全國文 代
廣西致北京最後通牒電
廣西致各省通電
護國軍軍政府第一號宣言
護國軍軍政府第二號宣言
護國軍軍政府第三號宣言
護國軍軍政府第四號宣言
護國軍軍政府第五號宣言
護國軍軍政府上黎大總統電

護國軍軍政府致公使團領事團第一電 代
護國軍軍政府致公使團領事團第二電 代
護國軍軍政府致公使團領事團第三電 代
軍務院第一號布告
軍務院第二號布告
軍務院第三四五號布告非著者稿故不錄入
軍務院第六號布告
軍務院致前大總統袁公函 未發
軍務院致各省公函 未發

函牘第二

上大總統書
致陸幹卿書
致蔡松坡第五書
致籍亮儕熊鐵厓陳幼蘇劉希陶書
兩廣護國軍募集軍資公啓
聞訃辭職書

電報第三

復陸都督電 三月廿八日龍州發
致湯覺頓電 同前
致各都督各總司令電 同前
致唐都督電 同前
致馬司令電 同前
致陸都督電 三月廿九日龍州發
覆梁燕孫電 四月六日南寧發
覆張總長電 四月六日南寧發
覆莊思緘電 同前
致周孝懷電 同前
致李俠和電 四月七日南寧發
致龍子誠張堅伯電 同前
致張堅伯電 同前
致廣州各界電 代 四月八日南寧發
致廣東民黨領袖電 代 同前

致廣東民黨領袖電　同前

致譚督辦岑伯著電　四月十四日梧州發

致龍都督電　四月十五日梧州發

致陸都督電　四月廿五日肇慶發

致各都督各總司令電一　四月廿八日肇慶發

致各都督各總司令電二　同前

致唐都督電　同前

致馮上將軍電　四月三十日肇慶發

致各都督各總司令電　同前

致唐都督電　五月二日肇慶發

致馮上將軍電　同前

致各都督各總司令電　同前

致廣東各軍各縣電　同前

致黎大總統及各都督各總司令電　五月三日肇慶發

致段國務卿電　五月四日肇慶發

致廣東各軍電　五月十日肇慶發

致唐都督電　五月十一日肇慶發
致馮上將軍電　五月十二日肇慶發
致各都督各總司令電　五月十四日肇慶發
致蔡松坡電　同前
致各都督各總司令電　五月十五日肇慶發
致段國務卿電　六月七日　以下均上海發
致馮上將軍電　同前
致各都督各總司令電　同前
復黎大總統電　六月八日
致陳陸兩都督電　同前
致熊秉三蹇季常徐佛蘇電　六月九日
致籍亮儕胡海門電　六月十日
致各都督各總司令電　同前
致熊秉三蹇季常電　同前
致各都督各總司令電　六月十一日
復黎大總統電　六月十二日

復籍亮儕胡海門電　同前
致籍亮儕電　六月十三日
致唐都督電　六月十四日
致蹇季常電　同前
復馮上將軍電　同前
復陳護督陸都督電　同前
復黃溯初電　六月十六日
復段總理電　同前
致劉都督電　六月十七日
致劉都督電　六月十九日
致張佩嚴電　同前
致各都督各總司令電　六月二十一日
致呂都督童師長周參謀長　六月二十一日
致李印泉章行嚴電　同前
致蔡松坡電　六月二十四日
致各都督各總司令電　同前

致熊秉三電　六月二十五日
復段總理電　同前
復黎大總統電　同前
復段總理電　同前
致段總理電　六月二十六日
通電　同前
致段總理電　六月二十七日
致各都督各總司令電　同前
致各都督各總司令電　六月二十八日
致各都督各總司令電　六月三十日
致各都督各總司令電　七月一日
致馮上將軍電　同前
致黎大總統段總理陳總長電　同前
致馮上將軍電　同前
致陸陳兩都督電　七月二日
復黎大總統電　七月三日

致岑都司令電　七月四日
致陸陳兩都督電　同前
致黎大總統段總理電　同前
致各都督各總司令電　七月五日
復唐都督電　同前
致陳都督陸都督岑都司令電　七月六日
復段總理電　七月六日
復黎大總統電　同前
致各都督電　七月七日
致陳陸兩督軍電　同前
致蔡松坡電　同前
致范靜生電　同前
致陳陸兩督軍電　七月八日
致陳督軍電　同前
致岑西林電　同前
致馮上將軍電　同前

致唐劉各督軍戴省長電　七月十日
致羅總司令電　七月十二日
通電　七月十五日
致岑西林電　同前
復陳陸兩督軍電　七月十七日
復陳陸兩督軍電　同前
復大總統國務卿電　七月十九日
致各督軍各總司令電　七月二十四日
論文第四
異哉所謂國體問題者
國體問題與外交
袁政府僞造民意密電書後
西南軍事與國際公法
在軍中敬告國人
附錄
闢復辟論

從軍日記

哀啓

與報館記者談話一

與報館記者談話二

與報館記者談話三

國體戰爭躬歷談

五年來之教訓

飲冰室專集之三十三

盾鼻集

公文第一

雲南致北京警告電 代

大總統鈞鑒自國體問題發生羣情惶駭重以列强干涉民氣益復騷然僉謂誰實召戎致此奇辱外侮之襲責有所歸乃聞頃猶籌備大典日不暇給內拂輿情外貽口實禍機所醖良可寒心竊惟大總統兩次即位宣誓皆言恪遵約法擁護共和皇天后土實聞斯言億兆銘心萬邦傾耳記曰與國人交止於信又曰民無信不立食言背誓何以御民紀綱毀棄國體既撥以此圖治非所敢聞計自停止國會改正約法以來大權集於一人凡百設施無不如意憑藉此勢以改良政治鞏固國基草偃風從何懼不給有何不得已而必冒犯叛逆之罪以圖變國體比者代表議決吏民勸進擁戴之誠雖若一致然利誘威迫非出本心作僞心勞昭然共見豈能一手掩天下目幸大總統始終持穩重冷靜之態度未嘗有所表示及今轉圜易如反掌或者謂因强鄰之責言沮已成之計畫國家之面目不保後來之隱患滋不知政府宣言本從民意民意孰祖事實可稽據多數人欲公天下之眞情遂大總統敝屣萬乘之初志繫鈴解鈴皆由自動磊磊落落何嫌何疑若復怙過遂非緣羞遷怒悍然不顧以遂其私竊恐人心一去土崩之勢莫挽外患沓乘瓜剖之禍更酷輿念及此痛何可言繼堯等夙承愛待參列司

存。既懷同舟共濟之誠。復念愛人以德之義。用敢披瀝膽肝。敬效忠告。伏望大總統力排羣議。斷自寸衷。更爲擁護共和之約言。渙發帝制永除之明誓。庶使民碞頓息。國本不搖。然後延攬才俊。共濟艱難。滌蕩穢瑕。與民更始。則國家其將永利賴之。臨電零涕。不知所云。謹率三軍。翹企待命。唐繼堯任可澄劉顯世蔡鍔戴戡等叩。

雲南致北京最後通牒電　代

大總統鈞鑒。昨電未承示復。無任屏營。竊惟中外人士。所以不能爲大總統諒者。以變更國體之原動力。實發自京師。其首難之人。皆大總統之股肱心膂。蓋楊度等六人所倡之籌安會。煽動於最初。而朱啓鈐等七人所發各省之通電。促成於繼起。大總統知而不罪。民惑實滋。查三年十一月二十四日申令有云。民主共和。載在約法。邪詞惑衆。厥有常刑。嗣後如有造作讕言。紊亂國憲者。卽照內亂罪從嚴懲辦等語。楊度等之公然集會。啓鈐等之秘密電商。皆爲內亂重要罪犯。證據鑿然。應請大總統查前項申令。立將楊度孫毓筠嚴復劉師培李燮和胡瑛等六人。及朱啓鈐段芝貴周自齊梁士詒張鎭芳袁乃寬等七人。卽日明正典刑。以謝天下。則大總統愛國守法之誠。庶可爲中外所信。而民怨可稍塞。國本可稍定矣。再者此間軍民痛憤久積。非得有中央擁護共和之實據。萬難鎭勸。以上所請。乞以二十四小時賜答。不勝悚息待命之至。唐繼堯任可澄劉顯世蔡鍔戴戡。

雲貴致各省通電　代

各省將軍巡按使護軍使都統師長公鑒。天禍中國。元首謀逆。蔑棄約法。背食誓言。拂逆輿情。自爲帝制。卒召外悔。警告迭來。干涉之形既成。保護之局將定。繼堯等忝列司存。與國休戚。不忍艱難締造之邦從此淪胥。更懼繩繼神明之胄夷爲皁圉。連日致電袁氏。勸戢野心。更要求懲治罪魁。以謝天下。所有原電迭經通告。想承鑒察。何圖彼昏曾不悔禍。狡拒忠告。益煽逆謀。夫總統者民國之總統也。凡百官守皆民國之官守也。既爲背叛民國之罪人。當然喪失總統之資格。繼堯等深受國恩。義不從賊。今已嚴拒僞命。奠定滇黔諸地。爲國婴守。並檄四方。聲罪致討。露布之文。別電塵鑒。更有數言涕泣以陳諸麾下者。鬩牆之禍。在家庭爲大變。革命之舉。在國家爲不祥。繼堯等夙愛平和。豈有樂於茲役。徒以袁氏內罔吾民。外欺列國。召茲干涉。既瀕危亡。苟非自今永除帝制。確保共和。則內安外攘。兩窮於術。繼堯等今與軍民守此信仰。舍命不渝。所望凡食民國之祿。事民國之事者。咸激發天良。申茲大義。若猶觀望。或持異同。則事勢所趨。亦略可預測。繼堯等志同填海。仇不戴天。力征經營。固非始願所在。以一敵八。實視衆志何如。麾下若忍於旁觀。繼堯等亦何能相强。然使彼此相持。稍亘歲月。則鷸蚌之利。眞歸於漁人。而萁豆之煎。空悲於櫟釜。言念及此。痛哭何云。而繼堯等則與民國共死生。麾下則猶對歧途而觀望。坐此徘徊。至於亡國。科其罪責。必有所歸矣。今若同申義憤。相應鼓桴。所擁護者爲固有之民國也。所驅除者爲叛國之一夫也。匕鬯不驚。天人同慶。造福作孽。在一念之危微。保國覆宗。待舉足之輕重。敢布腹心。惟麾下實圖利之。唐繼堯、任可澄、劉顯世、蔡鍔、戴戡。

雲貴檄告全國文 代

慨自晚濟失政。國命阽危。我國民念競存之孔艱。痛淪胥之無日。共倡義舉。爰建共和。統一需人。乃推袁氏。當元二年之交。舉國喁喁望治。愛國之士不惜犧牲一切。與袁氏相戮力。豈其有所私於一人。冀藉手以拯此垂亡之國而已。袁氏受國民付託之重。於茲四年。在政治上未嘗示吾儕以一線之光明。而汲汲爲一人一家怙權固位之私計。以陰柔之方略。操縱黨派。以狠鷙之權術。蹂躪國會。以卑劣之手段。誅鋤異己。以誘脅之作用。淆箝輿論。以朋比之利益。驅策宵小。以虛憍之名義。封制正人。受事以來。新募外債逾二萬萬。其用途無一能相公布。歐戰發生。外債路絕。則專謀搜括於內。增設惡稅。强迫內債。逼勸苛捐。更懸重賞以獎勵掊克之吏。不恤民力竭澤而漁。以致四海困窮。無所控愬。問其聚斂所入。則惟以供籠絡人士。警防家賊之用。而於國務絲毫無與。對外曾不聞爲國防之計畫。爲國際經濟競爭之設備。徒弄小智小術。以取侮於友邦。致外交着着失敗。對內則全不顧地方之利害。不恤人民之疾苦。盜賊充斥。未或能治。寃獄塡塞。未或能理。摧殘教育。昌言復古。壟斷實業。私爲官營。師嬴政愚黔首之謀。尊紅羊利出一孔之教。法令條紛如牛毛。朝令夕更。自出自犯。使人民無所適從。而守法觀念。馴至澌滅。以盡用人則以便辟巧佞爲賢。以苛酷險戾爲才。忠讜見疏。英俊召嫉。遵妾婦之道。則立躋高明。抱耿介之志。或危及生命。以致正氣銷沉。廉恥掃地。國家元氣。斲喪無餘。凡此政象。萬目俱瞻。以較前淸。黑闇泯棼奚啻什倍。我國民既懲破壞之不祥。復諒建設之匪易。含辛忍痛。冀觀後效。掬誠側望。亦既數年。方謂當今內難已平。大權獨攬。列强多事。邊患稍紓。正宜奮臥薪嘗膽之精神。拯一髮千鈞之國命。何圖彼昏。百事弗恤。惟思覬覦神器。帝號自娛。背棄口宣之誓言。干犯公約之憲典。內罔吾民。外欺列國。授意鷹犬。徧布爪牙。刦持國人。使相附和。良士忠告。充耳弗聞。輿論持正。翻成罪狀。以致怨毒沸騰。物情惶駭。農輟於隴。商閉於廛。旅梗於塗。士歎於校。在朝節士。相率引退。伏莽羣戎。伺機思逞。馴至列强干涉。警告再三。有嚴密監視之宣言。作自由行動之準備。

夫以一國之內政、乃至勞友邦之容喙、奇恥大辱、寧復堪忍、誰爲爲之、乃使我至於此極也、今猶不悛包羞怙惡彼將遂此大欲、饜其禍心、苟非效石晉割地稱兒之故技、必且襲亡清獎拳排外之覆車、二者有一於此、則吾國永沈九淵、萬刼寧復、先聖不云乎。亂賊之罪、盡人得而誅之、況乃受命於民、爲國元首、叛國之事實既已昭然賣國之陰謀行且暴露、此而不討、則中國其爲無人也已、嗚呼、國之不存、身將焉託、而立國於今、抑何容易、人方合兆衆爲一體、日新月異、以改良其政治、稍一凝滯不進、已岌岌焉爲人魚肉是懼、況乃逆流回棹、欲襲中世式東方式奸雄之伎倆、弋取權位、而謂可以奠國家安社稷、稍有常識者、當知其無幸也、袁氏對於國家、既腼然不自知其職責、對於世界、復瞢然不審潮流事會之所趨、其政法上之效績、受試驗於我國民之前者、亦既有年、所餘者惟纍纍罪惡、汚我史乘、他復何有、就令怵於名分、不敢明叛國體、然由彼之道、無變彼之術、亦惟有取國家元氣、旦旦而伐之、終亦醞釀大亂、以底於亡已耳、況當此禍至無日之時、乃更有帝制自爲之舉、譬猶熟視父母宛轉屬纊、而復引刀以殊之、別有肺腸、是孰可忍、數月以來、淫威所煽、勸進之辭、所在多有、彼方假借指爲民意、冀以竊譽當時、掩罪後史、實則羣公之權宜承旨、或出於顧全大局、投鼠忌器之苦心、或懷抱沈機、觀變待時而動之遠識、豈其心悅誠服、甘作貳臣、狂走中風、殉茲戎首、堯等或任職中樞、或濫竽專閫、爲私計則尊顯逾分、更何所求、與袁氏亦共事有年、豈好違異、徒以勢迫危亡、間不容髮、邦之杌隉、實由一人、亦既屢進痛哭之忠言、力圖最後之補救、奈獨夫更無悔禍之心、卽兆衆日在倒懸之域、是用率由國憲、聲罪致討、剪彼叛逆、還我太平、義師之興、誓以四事、一曰與全國民戮力擁護共和國體、使帝制永不發生、二曰劃定中央地方權限、圖各省民力之自由發展、三曰建設名實相副之立憲政治、以適應世界大勢、四曰以誠意鞏固邦交、增國際團體上之資格、此四義者。奉以周旋。以徼福於民國。以祈鑒於天日。至於成敗利鈍。非所逆睹。惟行乎心之所安。由乎義之所在。天相中國。其克有功。敢布腹心。告諸天下。唐繼堯任可澄劉顯世蔡鍔戴戡。

廣西致北京最後通牒電

前大總統袁公惠鑒。痛自强行帝制。民怨沸騰。雲貴執言。干戈斯起。兵連禍結。徂冬涉春。國命之危。未知所屆。遠推禍本。則由我公數年來殃民秕政。種怨毒於四民。近促殺機。則由我公數月來盜國陰謀。貽笑侮於萬國。查約法第十六條。有總統對於國民負責任之規定。失政犯憲。萬目具瞻。厲階之生。責將誰卸。雲貴既扶義以興。勢無返顧。我公猶執迷不悟。何術自全。榮廷奉職巖疆。保安是亟。啓超歷遊各地。耆目滋驚。因念辛亥之役。前淸以三百年之垂統。猶且不忍於生民塗炭。退爲讓皇。今我公徒以私天下之故。不惜戕億萬人之命。以殲國家於亡。以較勝朝。能無顏汗。況事終無成。徒見僇笑。且爲智者顧若此乎。榮廷等以數年來共事之情好。不忍我公終以禍國者自禍。謹瀝誠奉勸。即日辭職。以謝天下。榮廷等當更任力勸雲貴同日息兵。則公志既可以自白。而國難亦可以立紓矣。事機安危。間不容髮。務乞以二十四小時內賜覆。俾決進止。不勝沈痛待命之至。陸榮廷梁啓超。

廣西致各省通電

雲南貴州都督各省將軍巡按使護軍使鎭守使徐州長江巡閱使熱河綏遠察哈爾都統京兆尹四川湖南各地護國軍前敵司令袁軍前敵司令暨全國商會教育會各報館公鑒。前大總統袁世凱在職四年。秕政百出。神人寃憤。罪已貫盈。更懷野心。妄覬神器。以前清顧命之大臣。而蔑視優待條件。欺人孤寡恬不知羞以民國付託之公僕。而背棄就職誓言。明犯國憲。狡不承罪。自雲南申討貴州景從。東出湖湘。西奠巴蜀。義師所指。前徒倒戈。父老壺漿。相屬於路。民情可見。天監斯昭。袁氏曾不悔禍。益煽兇鋒。毆億萬之生靈。殉一姓之基業。榮廷忝守嚴疆。捍圉有責。啓超歷遊各地。蒿目滋驚。是用述約法之明條。勸袁氏以引退。庶塞民碞。藉紓國難。何圖彼昏聽之藐藐。負固怙惡。終已不悛。大憝不除。荼毒何極。榮廷怵於報國大義。不敢不揮涕以誓師徒。啓超雖以文弱書生。亦只得竭才以贊帷幄。頃已與滇黔湘蜀各路護國大軍通聯策應。會師江漢。盪氛燕雲。諸公或策名勝國。歟歷顯僚。或手創新邦。耗悴心力。外顧清議。內審天良。寧忍助逆賊以隳令名。徇僞命而干國紀。況蠢爾獨夫。正不知命在何時。即甘作貳臣。更試問欲爲誰守。順逆利害。較然甚明。何去何從。寧勞再計。伏望迅舉義麾。共犂妖窟。不驚七鬯。還我山河。恢天宇於清明。奠邦基於磐石。則無疆惟休。全國民實與諸公共之。陸榮廷　梁啓超。

護國軍軍政府第一號宣言

前大總統袁世凱。受民委託。爲國魁首。不思奉公守法。福國利民。反蓄逆謀。圖覆國命。嗾使徒黨。設立籌安會名目。紊亂國憲。公然倡亂。又陰唆政府大員密發函電。勸逼各省軍民長官干涉選舉。矯誣民意。其密電多至五十餘通。皆有政事堂密碼及官印原紙可憑。當國體投票尚未通過之前。已在總統府設立大典籌備處。預備登極。卒乃公然下令。自居皇帝。其種種謀叛實據。已由本軍政府別爲臚舉宣示在案。查總統謀叛。應受彈劾裁判。載在約法。今袁世凱謀叛罪之成立。現已昭然。即將帝制撤消。已成之罪固在。特以約法上之彈劾裁判機關久被蹂躪。不能行其職權。致使逍遙法外。除由本軍政府督率大軍。務將該犯圍捕。待將來召集國會依法彈劾。組織法庭依法裁判外。特此宣言。前大總統袁世凱因犯謀叛大罪。自民國四年十二月十三日下令稱帝以後。所有民國大總統之資格。當然消滅。布告中外。咸使聞知。唐繼堯劉顯世陸榮廷龍濟光梁啓超蔡鍔李烈鈞陳炳焜任可澄戴戡。

護國軍軍政府第二號宣言

前大總統袁世凱。因犯謀叛大罪。所有大總統資格。當然消滅。經本軍政府根據約法宣言在案。查民國二年九月國會參衆兩院議決公布之大總統選舉法第三條云。大總統任期六年。第五條云大總統缺位時。由副總統繼任。至本任大總統期滿之日止等因。前大總統既已犯罪缺位。所遺未滿之任期。當聽由副總統繼任。本軍政府謹依法宣言。恭承現任副總統黎公元洪爲中華民國大總統領海陸軍大元帥。其遞遺副總統一職。俟將來國會新召集時。更依法選舉。爲此佈告中外。咸使聞知。唐繼堯劉顯世陸榮廷龍濟光梁啓超蔡鍔李烈鈞陳炳焜任可澄戴戡。

護國軍軍政府第三號宣言

中華民國大總統領海陸軍大元帥一職。依法應由副總統黎公繼任。已由本軍政府宣言在案。但黎公今方陷賊圍。未克躬親職務。查大總統選舉法第五條第二項云。大總統因故不能執行職務時。以副總統代理之。副總統同時缺位。由國務院攝行其職。今大總統身猶蒙難。副總統職尙虛懸。國務院又非俟大總統任命經國會同意後不能組織。而軍事正亟。既當求統一之方。且國運方新。尤宜作通籌之計。今由繼堯等往復電商特暫設一軍務院。直隸大總統。指揮全國軍事。籌辦善後庶政。院置撫軍若干人。用合議制裁決庶政。其對外交涉對內命令皆以本院名義行之。俟國務院成立時本院卽當裁撤。除將軍務院組織條例別行公布外。特此布告中外。咸使聞知。唐繼堯劉顯世陸榮廷龍濟光梁啓超蔡鍔李烈鈞陳炳焜任可澄戴戡。

護國軍軍政府第四號宣言

今議定軍務院組織條例公布之

軍務院組織條例

第一條　軍務院直隸大總統。統一籌辦全國之軍機並行戰事及其善後一切之政務。

第二條　大總統不能親臨軍務院所在地時。一切軍政民政並對內對外之事項。以軍務院名義行之。

第三條　軍務院設撫軍。以其決議或同意行其權限之事。撫軍以各省都督代理二省以上之都司令參謀及各獨立省分現實之軍隊有二師以上之總司令等充任。新得前項之資格。卽有撫軍之資格。撫軍無定額。

第四條　軍務院由撫軍中互選撫軍長副撫軍長各一員。撫軍長得撫軍之決議或同意施行事項。副撫軍長佐撫軍長協議處辦一切職務。

撫軍長有事故時。由副撫軍長代理。正副撫軍長均有事故時。由撫軍中互選一員代理撫軍長職務。

第五條　軍務院設政務委員會由撫軍中互選政務委員長一員委員長以下設各種委員分掌外交財政法制等各般政務委員無定額。

第六條　軍務院設各省代表會由各省都督各派代表二員應政務之諮詢。

第七條　軍務院設秘書若干員受正副撫軍長及政務委員長之命掌管機密事項。

第八條　軍務院有對內對外特別事故時由撫軍會議又經其同意得任命專使處理其事。

第九條　軍務院所屬各種委員會及各省代表會之細則以院令另定之。

第十條　軍務院俟正式國務院成立時撤廢之。

護國軍軍政府第五號宣言

本軍政府設置軍務院權理軍國重事業經宣言並將組織條例公布在案今於五月五日組織軍務院成立遵照條例以繼堯顯世榮廷濟光公望春煊啓超鍔烈鈞炳焜戡佩金等任軍務院撫軍並往復通電互選繼堯爲撫軍長春煊爲撫軍副長啓超領政務委員長暫定廣東爲軍務院所在地繼堯等菲德庸材迫於時艱勉肩重任謹掬血誠誓以公心效忠國事一俟大難削平卽當退避賢路皇天后土實鑒斯言爲此布告中外咸使聞知。

護國軍軍政府上黎大總統電

唐繼堯劉顯世陸榮廷龍濟光梁啓超蔡鍔李烈鈞陳炳焜任可澄戴戡

北京黎大總統鈞鑒。前大總統袁世凱。紊亂國憲。自爲帝制。叛逆行爲。昭然共見。其所受任民國大總統資格。自民國四年十二月十三日下令稱帝以後。當然消滅。案查大總統選舉法規定。大總統任期六年。大總統於任期內缺位時。其所餘任期由副總統繼任等因。繼堯等廣諏軍民。僉謂宜懍遵此項國家根本大法。恭承我公爲中華民國合法之大總統。業於本日莊嚴宣布。三軍驩虞。萬姓歌舞。除將宣言書昭告天下外。謹專電呈明。伏望我大總統從容出險。安善涖軍。迅掃逆氛。永奠邦本。繼堯等不勝鼓舞待命之至。唐繼堯劉顯世陸榮廷龍濟光梁啓超蔡鍔李烈鈞陳炳焜任可澄戴戡。

護國軍軍政府致公使團領事團第一電　代

分送北京各國公使各商埠各國總領事領事安南總督香港總督澳門總督大連關東都督公鑒。前大總統袁世凱。紊亂國憲。顯謀叛逆。自民國四年十一月十三日下令自稱皇帝以後。其所受任之大總統資格當然消滅。案查民國二年九月國會參衆兩院議決之大總統選舉法規定。大總統任期六年。大總統於任期內缺位時。所餘任期。應由副總統繼任。繼堯等懍遵此項國家根本大法。恭承今副總統黎公元洪爲中華民國合法之大總統業經宣布在案。除備正式照會將宣言書黏鈔咨送外。理合先行電聞貴公使貴總領事貴領事貴總督貴都督查照。雲南都督唐繼堯貴州都督劉顯世廣西都督陸榮廷廣東都督龍濟光同叩。

護國軍軍政府致公使團領事團第二電　代

各國領事轉北京各國公使鑒。逕啓者。自貴國承認民國政府以來。貴公使駐節敝都。常以鞏固彼此邦交爲務。凡我軍民。同深感佩。今敝國前大總統袁世凱。以謀逆失去總統資格。雖經撤消帝制。前罪依然存在。繼堯等代表軍民。遵據民國二年九月國會議決公布之大總統選舉。宣言恭承副總統黎公元洪爲大總統。業經通告在案。念黎大總統今方陷在敵地。未能自拔。本軍政府戡定北京。尚須時日。除由本軍政府別行宣言。應候黎大總統脫離袁賊暴力範圍時。其行動言論。乃爲有效外。袁賊既敢於謀叛。難保不倒行逆施。陰圖加害於我元首。伏維貴公使素重正義。篤念邦交。用敢專電奉托。懇爲留意。公同監視袁賊及其黨徒。對於我黎大總統之行動。設法保障。扶助黎大總統之生命及其自由。則我軍民感謝義忱。曷其有極。繼堯等以私人交誼。瀝誠拜托。區區苦心。想承鑒原。再者。今慮北京電報有阻。特托各地貴領事轉達。合併聲明。專此。卽頌公綏。不一。雲南都督唐繼堯貴州都督劉顯世廣西都督陸榮廷廣東都督龍濟光同叩。

護國軍軍政府致公使團領事團第三電　代

本軍政府依法恭承黎公元洪爲中華民國大總統。業經專電通告在案。今特設軍務院。直隸大總統。由各省都督等任該院撫軍。以合議制處理軍國重事。大總統未能躬親職務時。一切國際交涉由軍務院撫軍長暫行代表。爲此通告貴公使總領事領事總督都督。以後除地方商民交涉照例仍由各該省軍民長官與各國駐近該地各官廳就近辦理外。其中央外交事務。一概改由軍務院辦理。特此電聞。雲南都督唐繼堯貴州都督劉顯世廣西都督陸榮廷廣東都督龍濟光同叩

軍務院第一號布告

本院設立旨趣業於護國軍軍政府第四號宣言略爲陳述。猶慮國人有所誤解。謹更竭誠昭告。其一。本院組織。實因時勢之必要。暫設此以濟法定機關之窮。蓋獨立省分既有多數行軍籌餉。不容無統一之計畫。對袁對外。不容無共通之方針。聯合機關之設置。實迫於事實上之要求。各省軍民屢有倡組織臨時政府之說者。同人等以爲政府之成立。依法當由大總統任命。經國會同意。今兩者皆爲現在事實所未能辦到。則政府自末由產出。此次興師。其大義在擁護國法。政府若成於非法。將何以責袁氏。政府既不能產出。而時局解決又不知何日。各省若無統一機關。則主張或紛歧。步驟或凌亂。其將何以除暴克敵。故暫設本院以綜軍政之樞。其性質與政府之籌施凡百大政者自相逕庭。且條例中規定俟國務院依法成立時。本院立當撤廢。此本院尊崇國法。不敢絲毫干犯之微意也。其二。本院非以現在已獨立之各省爲範圍。而以未獨立之各省立界限。此次爲國討賊。實全國民心理所同然。獨立之遲速後先。不過地理上一種方便。雖未獨立省分。其敵愾之心。早已與獨立省分一致。故本院組織。不採分部主政之形式。惟就軍事上之職掌。規定撫軍資格。一省繼起獨立。則增加撫軍員數。但有聲應氣求之便。絕無事欲妨賢之弊。凡茲籌畫。頗具苦心。要之今日實爲遇變行權之時。同人等力求於國法不抵觸之範圍內。暫設此機關。以應事實上要求。軍中便宜行事。古有成規。事苟利於國家。敢辭專責。爲此布告天下。咸使聞知。

軍務院第二號布告

國會爲國家最高獨立機關之一。國命所依託也。前大總統袁世凱。久蓄逆謀。而首以非法停止國會職權。致駸駸移國。而莫之裁制。法律解決之道既窮。我國民乃不得不訴諸政治手段。故有今次興師致討之舉。天相中國。大義自伸。驅除獨夫。計日可待。惟數月以來。在軍事擾攘中。迫於時勢之要求。各種設施。往往不得不以便宜行事。此雖出於事實上無可如何。然爲道蓋不可以久。夫法也者。國家所恃以相維於不敝也。軍民上下之舉動。一一能以法自繩。然後國命民生乃得所保障。我國民所爲決志殲身以致討於袁世凱者。凡以一二年來之舉措。皆戕賊國民之法律觀念。而斲喪國家之元氣。故此次舉義之眞精神。一言蔽之曰擁護國法而已。國會既爲約法上最主要之機關。且爲一切法律所從出。若不速圖規復。則庶政將安所麗。爲此通告各省國會議員諸君。迅速籌備集會程序及地點。俾一切問題得以解決。各種行政機關得以成立。大局幸甚。但有一義當附陳者。國會之規復。既全出於擁護國法之精神。則附逆及其他違法之議員。不能復認其資格之存在。其應如何審查別擇之處。當廣徵輿論。確定制裁。俟有公程。再行露布。爲此布告天下。咸使聞知。

軍務院第六號布告

帝制禍興。滇黔首義。公理所趨。輿論一致。桂粵浙秦湘蜀相繼仗義。其時因戰禍遷延。未知所屆。獨立各省。前敵各軍。不可無統一機關。爰暫設軍務院。爲對內對外之合議團體。其組織條件第十條規定。本院俟國務院按法成立時撤廢之等語。屢次宣言布告。一再聲明。今約法國會次第恢復。大總統依法繼任。與獨立各省最初之宣言適相符合。雖國務員之任命尚未經國會同意。然當國會閉會時。元首先任命以俟追認。實爲約法所不禁。本軍務院爲力求統一起見。謹於本日宣告撤消。其撫軍及政務委員長、外交專使、軍事代表。均一併解除。國家一切政務。靜聽元首政府國會主持。爲此布告天下。咸使聞知。唐繼堯、岑春煊、梁啓超、劉顯世、陸榮廷、陳炳焜、呂公望、蔡鍔、李烈鈞、戴戡、李鼎新、維佩、金劉存厚。

軍務院致前大總統袁公函 未發

逕啓者。天禍中國。變起非常。足下以元首之尊。首干國憲。初嗾使楊度等私立籌安會名目。煽搆逆謀。繼嗾使朱啓鈐等徧發官碼密電。指揮逆舉。終嗾使參政院謬爲推戴勸進。又預在府中設立大典籌備處。助成逆蹟。種種不法舉動。皆有官印文電可憑。證據鑿然。百辭莫辯。約法上所稱叛逆行爲。既已完全成立。其前此受任大總統資格。依法當然消滅。且足下自去年十二月十三日下令稱帝之後。同月二十五日足下府中之大典籌備處。復以堂密官電通告各省。謂足下所居者爲帝國皇帝之位。非民國大總統之位。然則足下之非民國大總統。雖足下亦已自承。夫我神聖之中華民國。固明明國際團體中一名國也。以國際團體中一名國。而乃無元首。其何以自解於天下。本撫軍等不忍覩國本之阽危。乃博採輿情。謹依據二年九月國會參衆兩院議決公布之大總統選舉法所規定。大總統缺位。副總統繼任一條文。恭承前副總統黎公依法繼任大總統。業已宣告中外在案。夫國法既不能許容足下爲民國大總統。足下亦不自承爲民國大總統。而足下所自帝之帝國。在國家憲典上既不容此物。在國際團體中。乃並無此名。然則足下直一匹夫已耳。以一匹夫而竊據國家之首都。蹂躪國家之機關。發支國家之軍隊。於以塗炭生靈。糜爛土宇。此非特國民所公棄。抑且爲友邦所不容。當雲南首義之始。在足下豈不以爲此區區一隅。地僻財貧。名微衆寡。不待數月。行即粉碎於足下之一蹴。乃更威壓他方。使勿敢動。而因以示武於友邦。以卒成其帝業。今足下之幻夢。其可以寤矣。本軍政府已將規復國土之半。其他各省待時而動者。尚不止三四。足下之兵。則所至撓敗。精銳損亡略盡。夫非混壹全國。決無由稱帝。此既足下所明知也。而今後足下之力。終無復混壹全國之望。此又事勢之至易睹也。現成之總統。既覆水難收。夢想之皇帝。抑登天無路。足下持此欲安歸乎。足下若猶有絲毫愛惜國脈之心。作瞬息顧畏民碞之想。謂宜戢空華之狂慾。服法律之制裁。革面歸誠。束身司敗。足下數年來扶持秩序。原有微勞。倘今日能湔滌前非。昰難自贖。在我國民天罰龔行。料當不爲已甚。況今大總統海涵爲量。倘容屈法伸恩。爲國家計。爲足下計。舍此坦塗。更無他路。若猶執迷不悟。怙惡罔悛。虛七旬之格苗。待千刀之剸莽。是則非天之絕足下。而足下實自絕於天矣。本撫軍長撫軍等與足下久屬同僚。惓懷舊好。謹抒誠素。進此忠言。何去何從。惟足下實圖利之。

軍務院致各省公函　未發

逕啓者。前大總統袁氏干犯國憲。自爲帝制。本撫軍長撫軍等事前事後。屢進忠言。不蒙省聽。計不獲已。揮淚興師。爲民請命。區區苦心。具見三月以來疊次公電。想承鑒察。差幸天心祐順。滇黔桂執殳前驅。蜀湘粵望風收復。形勢已成。大局漸定。各省軍民以袁氏既自棄於民國。薄總統而不爲。且明犯約法上之叛逆行爲。其原有之資格。亦當然消滅。然而元首不可以久虛。庶政不可以久弛。乃議遵據大總統選舉法第三條大總統缺位副總統繼任之明文。恭承前副總統黎公爲大總統。並暫設一軍務院直隸大總統。置撫軍無定員。用合議制權理軍國重事等情。疊由本撫軍長撫軍等宣告中外各在案。惟是袁氏今尚盤據京師。盜支國帑。脅迫國軍。塗炭生靈。糜爛土宇。本院以所部各軍之力。非不能勉予驅除。獨念等是同胞。枉罹鋒鏑。羣情震洶。百業彫殘。雖袁氏或漠不動情。在本撫軍長撫軍等則引爲大戚。今當相持之際。熟籌解決之方。計惟有使袁氏服法律之制裁。亟潔身以遜避。庶幾兵氛可息。國本不搖。謹縷述利害。爲執事陳之。夫袁氏當此國家多難之秋。無端而忽動帝皇之輿。雖中智以下。猶知其不可。執事自始決未嘗心許之也。亦明矣。所爲隱忍默認者。徒以大權方集於彼。躬卽抗議。亦安能有效。毋寧袖手聽彼所爲。殊不知今日立國於大地中。每一度國體變更。必須求友邦承認。否則喪失國際團體資格。爲禍何極。袁帝國之決不能得列强承認。事理本自甚明。自五國警告以還。其兆益復大著。雖執事始終默許袁氏。甚或力助袁氏。而於彼帝業之成。終絲毫無裨也。當雲南首義之始。在袁氏豈不以爲此區區一隅。地僻財貧。名微衆寡。不待數月。行卽粉碎於彼一擊之下。乃更威壓他方。俾不敢動。則世莫余毒。惟所欲爲。夫使事實果能如彼所期。則大欲或猶萬一能就。今袁氏以號稱十萬之師。昌言分數路攻滇。歷百餘日。非惟不能擾滇寸土。而我護國大軍。且已規復全國境土三分之一。袁軍所至撓敗。精鋭盡亡。彼之幻夢。亦當寤矣。而猶以此對內稱皇帝。對外稱總統。非驢非馬。窮怪極醜之狀。靦然向人國家之面目。蓋自彼喪盡。此而坐視。則我國人亦復何顔以與世界人類相見者。或謂袁氏雖不饜人望。奈環顧國中。舍彼外更無人能保持統一。彼而引退。且恐緣元首繼承問題。陷國家於險屯之域。此種誤想。實袁氏所利用以爲僭帝之資。而其徒黨方日持之以危言聳聽者也。夫人才難得，何國蔑然。本撫軍長撫軍等向亦抱此感懷，故對於袁氏每曲爲恕護，雖然使一國之統一而專恃一人爲保障，則人生血肉之軀，豈能無死。一人死而一國亂，國之能存也亦僅矣。袁氏人物之價值何若，且勿深論，就讓一步，謂中國非彼莫治，彼其死也又將何如。得毋謂就彼家本初景升諸豚犬兒任取一人沐猴而冠，而此國家便可委裘而治。此五尺童子有以明其不然矣。又況卽以袁氏本身，其所謂統一中國之能力亦安在。今之滇黔桂蜀湘粤，袁氏果更何術以統之者。卽執事駐轄之境，袁氏亦安見終能統之者。本撫軍長撫軍等前此之過信袁氏，正與執事同。今則既悟矣，而執事豈猶未悟哉。夫謂今日但退一袁，全國遂將解紐，則是我四百兆民乃如鹿豕，更無本能可謀自治，吾儕託體神明之胄，自待縱薄，奈宗祖何。大抵人才以磨練而成，政務以分擔而舉。今後但能將親民之政畫出一大部分，以責諸地方，每省得一勤政愛民之長官提挈之，以各圖進展，而惟以犖犖數大端總攬於中央，中央擔荷自較紓，而治績之舉自較易。且此犖犖數大端者，又復分曹而理，各負責任，元首但遐德望，垂拱考成，正不必絕代梟雄始能勝任愉快也。至於目前元首繼承問題，則今大總統黎公功德崇隆，夙爲億兆所宗仰，今以國家根本法所規定，當然之程序，依法繼任，名分已定，誰敢覬覦。且自古覬覦大位之人，必其手綰兵符，陰相號召。今本撫軍長撫軍等雖復總戎前敵，但知爲國死綏，毫無非分之求，敢爲天日之矢。又如執事以及諸鎭，固皆各擁師徒，分居衝要，其無野心，當能互信。然則橫覽海內，何處更有厲階。所謂墨西哥五總統爭立之禍，其永不至演生於我國，抑甚明矣。或者又以黨派之見積不易除，排袁祖袁，夙成水火，忽一爐之共冶，懼斷金之難同。殊不知此次國人奔走急難之由，純是爲國家作死裏求生之計，性命且不敢恤，黨派更於何有。夫前此黨人之良莠不齊，與黨議之意氣過當，無論何黨皆所難免也。比年以來，經詭劇之淘汰。受苦痛之教訓。其志行薄弱者早已墮落無餘。其操術褊躁者亦復顛蹶不振。而所餘溫和急進兩派中。不忘國難之諸人則皆深悟其前此意氣之各有所偏。舊措之各有所謬。反躬懺悔。常蹙然若無以自容。後此共濟艱難。安肯更尋覆轍。即如本撫軍等當距今數月以前。其數人者固袁氏之仇。其數人者猶袁氏之友也。而以救國一念爲之結合。今之耦俱無猜。則既若是。人之欲善。誰不如我。黨爭奪禍。可決其根株之全絕也。要之今日之事。惟袁氏一人實爲戎首。袁氏一日在位。中國一日不寧。袁氏朝退。兵禍夕解。在本撫軍等既扶義以興。計無返顧。若其不濟。寧率所部十數萬衆同蹈東海。無所怨悔。而斷不肯於民賊竊位之際。聽納苟且調停之議。此良非有所爭於意氣。徒以民勞不可以不康。兵氣不可以屢動。禍源不塞。流毒未艾。漫姑息於今日。而勞再舉於他時。則是以國事爲奕棋。豈仁人志士所宜出者。若夫爲袁氏計耶。現成之總統既覆水難收。夢想之皇帝復登天無路。其政治生命已完全自行斷送。較然甚明。縱鼓餘氣。倔强抗命。亦猶僵屍感變。雖能突起撲人。不旋踵而終踣耳。使彼而猶有一二分人心者。更何忍以一身一家必不可償之私慾。而毆無量數無辜之民塗肝暴骨以爲之殉。昔辛亥之役。前清以三百年之垂統。猶能軫惜民命。捐私效公。持較袁氏。一仁一暴。抑何遠耶。本撫軍等據上述諸種情由。已掬誠素。致函袁氏。勸其速戢禍心。力圖自贖。服國法上平恕之制裁。或尚可邀今大總統仁慈之特赦。此非徒爲國家計。亦爲袁氏計也。特恐彼迷夢既深。忠言難入。徒虛藥石。無救瞶聾。執事位崇專閫。久綰戎韜。在同人固不盡欽遲。即袁氏亦夙相敬憚。願得片言責善。當能談笑解紛。夫袁氏所挾以自重者。惟在諸鎮。諸鎮誠不爲黨逆之行。袁氏豈復有怙惡之具。準此以談。則執事之爲重於天下。豈有量哉。數十萬人之性命。繫於一言。千秋萬世之功罪。判於一念。以執事之明。其必有以處此。敬布腹心。伏維亮鑒。

函牘第二

上大總統書

前奉溫諭。沖挹之懷。悱摯之愛。兩溢言表。私衷感激。不知所酬。即欲竭其愚誠有所仰贊。旣而復思簡言之耶。不足以盡所懷。詳言之耶。則萬幾之躬。似不宜嘵瀆以勞淸聽。且啓超所欲言者。事等於憂天。而義存於補闕。誠恐不蒙亮察。或重咎尤。是用吮筆再三。欲陳輒止。會以省親南下。遠睽國門。瞻對之期。不能預計。緬懷平生知遇之感。重以方來世變之憂。公義私情。兩難恝默。故敢卒貢其狂愚。惟大總統垂察焉。國體問題。已類騎虎。啓超良不欲更爲諫沮。益蹈愆嫌。惟靜觀大局。默察前途。愈思愈危。不寒而慄。友邦責言。黨人搆難。雖云膠葛。猶可維防。所最痛憂者。我大總統四年來爲國盡瘁之本懷。將永無以自白於天下。天下之信仰。自此隳落。而國本即自此動搖。傳不云乎。與國人交止於信。信立於上。民自孚之。一度背信。而他日更欲有以自結於民。其難猶登天也。明誓數四。口血未乾。一旦而所行盡反於其所言。後此將何以號令天下。民將曰是以義始而以利終。率其趨利之心。何所不至。而吾儕更何所託命者。夫我大總統本無利天下之心。啓超或能信之。然何由以盡喻諸遬聽之小民。大總統高拱深宮。所接見者。惟左右近習將順意旨之人。方且飾爲全國一致擁戴之言。相與徼功取寵。而豈知事實乃適相反。即京朝士夫燕居偶語。涉及茲事。類皆出以嘲諧輕詆。而北京以外之報紙。其出辭乃至不可聽聞。山陬海澨。閭閻市廛之氓。則皆日皇皇焉若大亂之即發於旦夕。夫使僅持威力而可以祚國也。則秦始隋煬之胤。宜與天無極。若威力之外。猶須恃人心以相維繫者。則我大總統今日豈可不瞿然自省。而毅然自持也哉。

或謂既張皇於事前。忽疑沮於中路。將資棚笑徒損尊嚴。不知就近狀論之。則此數月間之營營擾擾。大總統原未與聞。況以實錄證之。則大總統敝屣萬乘之本懷。既皦然屢矢於天日。今踐高潔之成言。謝非義之勸進。益章盛德。何嫌何疑。或又謂茲議之發。本自軍人。強拂其情。懼將解體。啟超竊以爲軍人服從元首之大義。久已共明。夫誰能以一己之虛榮。陷大總統於不義。但使我大總統開誠布公。導之軌物。義正詞嚴。誰敢方命。若今日以民國元首之望。而竟不能輟陳橋之謀。則將來雖以帝國元首之威。又豈必能弭漁陽之變。倒阿授柄。爲患且滋。我大總統素所訓練蓄養之軍人。豈其有此。昔人有言。凡舉事無爲親厚者所痛。而爲見讎者所快。今也水旱頻仍。殃災洊至。天心示警。亦已昭然。重以吏治未澄。盜賊未息。刑罰失中。稅斂繁重。祁寒暑雨。民怨沸騰。內則敵黨蓄力待時。外則強鄰狡焉思啟。我大總統何苦以千金之軀。爲衆矢之鵠。舍磐石之安。就虎尾之危。灰葵藿之心。長萑苻之志。啟超誠願我大總統以一身開中國將來新英雄之紀元。不願我大總統以一身作中國過去舊奸雄之結局。願我大總統之榮譽與中國以俱長。不願中國之曆數隨我大總統而同斬。是用椎心泣血。進此最後之忠言。明知未必有當高深。然心所謂危。而不以聞。則其負大總統也滋甚。見知見罪。惟所命之。抑啟超猶有數言欲忠告於我大總統者。立國於今世。自有今世所以生存之道。逆世界潮流以自封。其究必歸於淘汰。願大總統稍捐復古之念。力爲作新之謀。法者上下所共信守而後能相維於不敝者也。法令一失效力。則民無所措手足。而政府之威信亦隨。願大總統常以法自繩。毋導吏民以舞文之路。參政權與愛國心關係至密切。國民不能容喙於政治。而欲其與國家同體休戚。其道無由。願大總統建設眞實之民意機關。涵養自由發抒之輿論。毋或矯誣遏抑。使民志不伸。翻成怨毒。中央地方。猶枝與幹。枝條盡從彫悴。本幹豈能獨榮。願大總統一而顧念中央威權。一面仍留地方發展之餘地。禮義廉恥。是謂四維。四維不張。國乃滅亡。使舉國盡由妾婦之道。威逼利誘。靡然趨炎。則國家將何以與立。願大總統提倡名節。獎勵廉隅。抑貪競之鄙夫。容骨鯁之善類。則國家元氣不盡消磨。而緩急之際猶或有恃矣。以上諸節本屬常談。以大總統之明。豈猶見不及此。顧猶拳拳致詞者。在啓超芹曝之獻。未忍遏其微誠。在大總統藥石之投。應不厭於常御。伏維采納。何幸如之。去闕日遠。趨覲無期。臨書惻愴。墨與淚俱。

致陸幹卿書

幹卿將軍麾下。想望高義。邈若雲天。客春歸省。渥拜隆貺。無緣趨謁。躬荅摯愛。藏寫之懷。與日俱積。自國體議興。各省從風。而靡其毅然示不苟同之態者。惟將軍與馮華甫。天下始知正氣之未盡絕。而國事之尚可有爲矣。滇南起義。中外起敬。而仁人志士之觀聽。忽凝集於桂邕之間。豈惟地勢形便使然。實將軍之志節器識。爲天下所共欽信也。荏苒匝月。義聲未蜚。於是道途乃復竊竊私議。或疑將軍有所瞻顧。懼見義不爲。而與此終古。甚則以小人之腹相度。謂縻茲好爵。毋乃遂捐初志。以污僞命。然而啓超固有以明其不然也。夫貳臣傳中人物。前史多有之。其人率皆媕娿闒茸。無復丈夫氣。其力既不足以自拔。而志復不足以自帥。乃靦然偷活草間。不敢更自比於人數。豈其將軍而乃若是。將軍在勝朝。既受節鉞。任方鎮。爲時楨幹。直至清亡。效死與守。民國既建。以公器非一家所私。乃獻身盡瘁。爲一方保障。出處大節。皎然與天下共見也。今之名分與昔大異。魯仲連一匹夫耳。手無尺寸之柄。猶寧蹈東海。義不帝秦。安有以將軍之威望俠義。擁連城數十。効命之士數萬人。而乃伈俔鮮恥。下儕於楮淵馮道者。且彼之帝業若可圖成。則其爵賞容或可慕。今也寃憤積於四海。怨毒積於獨夫。中智寒心。所親解體。新華炸彈禍起於蕭牆。賣國使節技窮於尊俎。輦轂之下。人心皇皇。老賊憂恚積成痼病。推其用心。不過楊再思之求作一日天子。語其究竟。必至如王敦之死後乃加袞冕。似此冰山。雖至愚者不以爲可倚。況將軍之洞燭機先而扶義之心早決於數月以前者哉。是故局外之所以測將軍。其必非能知將軍明甚也。然則將軍所爲遲迴審顧以至今日者。以啓超遙度之。其原因當不出三端。其一桂省瘠貧。餉械俱乏。不得不暫時曲爲恭順。冀賊之假我以兵而齎我以糧。其二則惟南京之馬首是瞻。欲彼發難後。乃與之作桴鼓應。其三則以東粤尚持異同。不得不與之狼狽相結。暫爲保境中立之計。此三者若所揣不謬。則其利害得失之數可分別論斷也。其原因如在第一事耶。此誠兵家之絕妙作用。啓超所欽服而五體投地也。顧鬭日來已略有所得。則倒戈之日。其殆非遠。何幸如之。若猶欲有進於此而思再試乎。則啓超竊以爲甚危。何則。袁之猾黠。天下共聞。與鬭陰謀。實非易敵。彼之受餌。豈能再三。而義旗一日未樹。則彼之奸細一日不能明拒。使彼得肆爲運動。簧鼓人心。窺我祕扃。預謀抵抗。充其弊之所極。或將箝制我至不能復動。夫以將軍所部士卒用命。知方固斷。不至爲敵誘脅。然需者事之賊。古來以過於持重而失機敗事者不知凡幾。此不可不深留意也。其原因如在第二事耶。則當知南京之與廣西其地位適相反。南京爲四戰之區。而袁氏方以重兵監視華甫。南京一旦舉義。則不出半日便須與敵交綏。而勝負之數殊未可知。萬一挫敗。全國義師氣爲之奪。則其貽害於大局何若者。華甫之與啓超一月以來。彼此信使再三往復。熟權利害。總以持重爲得計。非俟西南大局略具規模。則江浙一帶不宜輕動。此一定之兵機。將軍宜深喻之。若廣西則何憚者。比鄰四省。滇黔既爲同義之邦。湘軍西征疲於奔命。豈有餘力揮戈南指。粤卽未附。

亦僅依違。豈眞能効忠僞朝。致死於我。若其直犯。則粵軍之非桂敵。久有定評。況泝流仰攻與建瓴俯臨。地勢孰利。事至易覩。兵法所謂爲不可勝以待敵之可勝者。就地勢論。惟滇與桂實當之。故滇首動而桂繼起。實天然安排之程序。桂猶觀望。更何以風示天下。此又將軍特別之責任。義無旁貸者也。其原因如在第三事耶。兩粵唇齒宜爲一體。將軍之與子誠。姻舊肫篤。不容參商。同舟共濟之義。豈惟將軍所願望。天下義士。其孰不願望者。頗聞將軍責善之言。亦既屢進。未審子誠意旨。比復何若。若至今猶未能一致。則將軍惟有扶義以拔子誠。而致諸雲霄。豈容屈節而隨子誠以陷於泥淖。須知委質爲臣。此何等事。此膝一屈。不可復伸。若復依違稍延時日。名分既定。而後背之。則劉牢之一人三反。將成口實。萬一更被刼持而不克發。則此心何由見白於天下後世者。至於保境中立之說。益復詖邪不可聽信。此事求諸古人。非無前例。如西漢末之竇融。三國之士燮。皆正統之主已亡。羣雄割据。分爭未有所定。乃守邊陲。息其民以待所歸。今之情勢。豈能比附。苟不討賊。斯爲從賊。爲呂右祖。爲劉左祖。不左不右。其間寧有中立餘地。奉賊正朔。受賊封拜。而曰吾中立也。則李傕郭汜之於董卓。史思明之於安祿山。其亦可稱中立。天下寧有此耶。以將軍好義若渴。疾惡如讎。何至爲此說所絓誤。若猶有敢以此說進者。竊願將軍首斬之以警淫佞也。以上所陳諸義。想皆將軍所熟知。其所以持重至今者。或更有妙算未能顯布。旦夕南望。不盡欽遲。惟有二語欲相忠告者。權謀不可不用。然亦不能久用。利害不可不審。然正不可太審。自滇軍之興。萬國拭目。餉械借助。殊非甚難。但有海岸。自能接濟。若桂軍一起。粵能景從。最善也。即不然。而首以偏師略定欽廉。運輸之孔道一通。則桂更何至以乏餉乏械爲慮者。此又此間極祕之消息。不能不爲將軍告者也。啓超一介書生。不能執殳爲國前驅。孤憤坐譚。只增顏汗。將軍若誠一怒以安天下之民。則啓超力所能助者。惟將軍所命。

不敢有辭。率直陳言。自知唐突。聲氣相感。宜弗見訶。書不盡意。諸惟鑒察。梁啓超頓首。一月二十五日

致蔡松坡第五書

松坡吾弟麾下。由幼蘇轉三書。由黄廣轉第四書。想悉達耶。從外電得稿。知敍州捷報。無任欣慰。士氣當百倍矣。但一報稱敵未戰而逃。一報稱血戰一晝夜。究竟孰是。我軍損傷不多耶。計已有書在途。事隔五日。尚未得瀘渝消息。當是尚待後軍會集進發。旬日之內。佇觀第二捷書也。平渝之後。不審進取計畫。視在北所議有無變動。鄙意謂除近擊沂江之敵外。宜暫作停頓。先奠定全蜀。更圖進取。此本北中原議。慮弟殺敵之志太鋭。爲義憤所激。而輕拋根本大計。故更言之。東南之局。雖未能發展。然北中事故。殆刻刻醞釀。獨夫於死地。外交已決絶。鼯鼠五技。無復可弄一也。庫空如洗。中交兩行破裂在卽二也。驕兵要挾不能調遣三也。新華宮炸彈事起後。見影怖魅。左右近習株連無算。人不自保四也。家庭內訌。樹黨紛爭。慶緒朝義之變。或將驟發五也。北客來言。都中已入恐怖時代。氣象慘澹。視辛亥秋冬間且將過之。人人心目中咸謂不出兩月。必生奇變。以吾度之。待全蜀略定。邕桂景從時。恐北京亦從此已矣。老賊今方求轉帆下台之法。然爲彼計。亦正轉無可轉。恐幾番潦繞後。必至捧出勝朝幼帝。使之代受矢石。其時諸鎮之依違。必暫能收拾一部分。然紛爭且自此益滋矣。津中諸賢。極力設法。欲拔黄陂於賊中。已託西人密往救挈。而黄陂聲稱惟待死耳。不願更出。頃再說之。未審如何。若得此老歸來。則元首繼承。準據既布之法律。而適用已成之事實。不勞選舉。既免內部之競爭。且繫外人之觀聽。茲事能否有成。亦國家氣運所繫也。日政府派青木中將常川駐滬。外交趨勢可見。彼到此次日。卽與我會晤。彼稿已認識我輩實力。肅

然加敬。彼言前此彼之國是未能一致。其中大部分人謀向我攫取權利。以致傷我感情。今識者皆知其非計。以後當決然舍此方針。專務與我多數國民聯絡云云。國際間之語調。雖不必刻舟以求。然亦可謂其交也以道。其接也以禮矣。吾初擬東游後。卽入滇一行。然季常頻來書。皆言全局非久將有大變。力勸不宜遠適。此間同人意見略同。以吾所感想。此時憂在亡秦。雖云艱瘁。然有公共之向心。尚可力圖搏控。神奸旣殛之後。人欲橫流。自茲方始。以吾儕恬淡坦率之性。雜於虎豹犀象蛇蠍鬼蜮中。而日與爲緣。雖爛額焦頭。於事何濟。而痛苦乃至不克任。今大敵未去。大業百未一就。而此等惡象已見端矣。有時獨居深念。幾欲決然舍去。還我書獃子生涯。然曾文正亦有言。以忠義勸人。而以苟且自全。則魂魄猶有餘羞。每誦斯言。又復汗出如漿耳。要之今後全國大局。決非坐談之政客所能收拾。況拙於應變如鄙人者。何能爲役。惟逆揣當冰山驟傾。鼎沸方始之際。終不可無人以周旋其間。謀減殺其危亂之程度。而環觀全國。其能與各方面接洽。而作緩衝者。舍區區外。似尚無其人。爲責任觀念所驅。卽亦不能自卸。然其結果何若。則固旣可逆覩。故吾所以自處與所以效於國家者。今略可決定。在目前一兩月中。惟有竭盡心力向種種方面加功。以殪此大敵。全幕旣開後一兩月中。全國神經異動。而對外亦在風雨飄搖之境。仍不得不獻此身爲大局裝點門面。希冀此劇尚能開演。過此以往。則爲演水簾洞演惡虎村之時。決無我輩插足之地。惟有與吾弟共甘苦於邛蜀滇僰間。冀莊嚴此土。爲國人覓一遺種地耳。最近百數十日中。竟不能與弟同其艱瘁。弟其諒之。吾旣暫留。則此間最密切之諸賢。卽亦不能遠離。在此吃緊關頭。恐遂無一人爲弟疏附先後。吾黨人中寥落至此。可痛歎也。書至此。覺頓適至。正有所痛譚。姑閣筆待續。布。啓超頓首。一月二十七日鍔在軍中凡得先生八書每書動二三千言指陳方略極詳先生既不存稿而鍔檢行篋僅得其一其餘七通滇黔軍署皆有副本他日更當補鈔布之耳蔡鍔識

致籍亮儕 陳幼蘇 熊鐵厓 劉希陶書

契闊以來倏逾半載書問間闕懷想豈任循若北來常相遵從籍諗與居粗療飢渴比來時事亮所同憤松循諸公聯翩南邁賤子亦已假裝將從此逝羣公達者宜審此意一月以來與季常敬民及其他二三摯友反復討論國家前途及吾儕所以報國之道既有所決夫已氏之不足以奠定此國自昔固已共憂徒以顧全大局投鼠忌器之故甘犧牲一切與之戮力一年以來假面既揚醜形暴露凡百政象衆目具瞻無俟覼舉就令無今茲叛國之舉而聽其浸淫朘削亦終必率全國士夫皆爲禽獸剝全國之氓庶盡成枯腊長夜漫漫亦復何望今更中風狂走冒天下之大不韙學楊再思願得一日作天子雖死無憾馴至召五國干涉使我國民蒙此奇恥大辱猶不知悛強迫勸進電書旁午籌備大典日不暇給彼今以騎虎之勢作包羞之謀推其驢技不出二途亦惟效劉豫石敬瑭將絕好江山揖讓與人而自居於兒皇帝姪皇帝之列否則蹈那拉端庶人覆轍鼓吹排外奮螳臂以擲孤注二者有一於此吾儕四萬萬人豈知死所而全國士夫方沈迷於利祿之中不復知人間有羞恥事不問何方而何種類之人物皆供其蹂躪利用無不如意吾黨二三子若猶是不自振拔餔糟啜醨則天下之大更復何望亡國之罪實與彼中分之矣是以義不及顧計不旋踵劍及履及以從今役諸所規畫在行間者自能面相商榷無取形諸楮墨惟更有數義欲與諸賢窮析之者第一吾黨夙昔持論厭畏破壞常欲維持現狀以圖休養今

以四年來試驗之結果。此現狀多維持一日。則元氣多斲喪一分。吾輩擲此聰明才力助人養癰。於心何安。於義何取。使長此無破壞猶可言也。此人則既耄矣。路易十四所謂朕死之後洪水其來。鼎沸之局。既無可逃。所爭早暮已耳。第二吾儕自命穩健派者。失敗之蹟。歷歷可指也。曾無尺寸根據之地。惟張空拳以代人吶喊。故無往而不爲人所刼持。無時而不爲人所利用。今根基未覆盡者。祇餘此區區片土。而人方日甚詗于其旁。當此普天同憤之時。我若不自樹立。恐將有煽而用之。假以張義聲者。我爲牛後。何以自存。幸免於此。而爲獨夫戮力。杯酒釋兵之事。數月後行且立見。傫然共爲一匹夫。以坐待封割。噬臍何及。第三夫己氏淫威所播。先聲奪人。遠慮之士或主持重。不知一年以來。情勢已迥異曩昔。一則彼方狃於前事。志滿意得。驕盈之氣。爲衆所棄。彼其股肱心膂之任。若內而紀明。外而大樹。皆同室操戈。矛石交化。豺虎公等。逖聽想亦有聞。自餘所部。人各有心。論其勢力。內容可謂幾達零度。二則此人比來不解何故。百凡舉措。皆失其常。如彼奕棋。專下亂著。揣其昏瞀。殆近死期。即如此次僭號之舉。生吞活剝。倒行逆施。以彼巧人。有此笨筆。非天奪魄。何以及茲。今者內迫於輿論。外挾於强鄰。舉步觸藩。捉襟見肘。書空咄咄。等於中魔。子陽井底之蛙。公路冢中之骨。待人驅除。更何足畏。第四或持老氏之教。謂不當爲天下先。欲析此義。一當度地。二當方人。今當舉國鬼氣沈沈之時。非有聖賢之心。豪傑之行。孰敢赴此大義。吾儕所欲爲之事。雖爲舉天下人人所懽舞以迎。而亦爲舉天下人人所莫敢倡道。故必須自動以待景從。且欲定大業。先固本根。自餘方鎭。雖或同茲義憤。然所處四戰之區。卒然發難。脫有敗衂。先損聲威。故必擇可以進取。可以保守之區。乃是爲關中河內之計。凡此諸義。與諸君子討論既熟。詢謀僉同。今方分途趨功。而植基之謀。首在南服。蓂賡如周爾將軍。風義殁路。久所欽遲。自當見義勇爲。當仁不讓。惟諸公更有所決而力贊之。天下

幸甚。萬里相思。發於夢寐。涼風淒厲。爲國自愛。十一月十八日梁啓超頓首

兩廣護國軍募集軍資公啓

兩廣護國軍都司令岑春煊都參謀梁啓超將整師北討國賊。而有所求於我父老昆弟。謹嘔心瀝血以臚言曰。嗚呼。我四萬萬人阨於袁世凱淫威之下水深火熱之日久矣。而粵尤甚。吾二人者。不自量其才力之不逮。既以國事自任。復以粵事自任。今國事底定之功十未得一。即區區之粵。秩序亦至今未復。吾二人有何面目以見我父老昆弟者。更何面目以乞援於我父老昆弟者。雖然吾二人對於國事移山塡海之愚誠。我父老昆弟當能信之。則吾二人對於粵事千回百折之苦心。我父老昆弟亦宜諒之。今粵既獨立矣。龍督宣言將親自厲師北伐。各民軍領袖之英。亦宜言但求北伐徼天之福。不出兩月。粵事其或將大定。夫定粵尙爾不易。則定國之難。益可知耳。我父老昆弟其孰不知國賊袁世凱爲神人所同嫉。爲天地所不容。雖然尤當知此賊淫凶之威。蟠結甚深。狡黠之謀。趨避甚巧。苟不然者。何至稔惡四年。而舉國戢戢莫敢誰何。自爲帝制。予取予攜。四萬萬人受其强迫。未能自由。蓋此賊之劇。過於莽卓。拔而去之。談何容易。天未絕中國。滇黔首義。桂粵景從。賊胆漸寒。賊勢漸蹙。其早晚必歸夷滅。五尺之童。皆能知之。雖然謂但以今日之勢。遂足令彼曳尾龜伏。抱頭鼠竄。則天下恐無此易事。我父老昆弟亦知滇黔討賊之苦乎。滇軍以萬五千人入蜀。當賊軍七萬。黔軍以六千人入湘。當賊軍四萬。雖曰以順討逆。所至克捷。轉戰數千里。收復名城以百數。而衆寡既已懸殊。就令我軍死傷僅及賊軍三分之一。試思所損耗果已何若者。滇黔地瘠民貧。又天下所共知。其出征軍士。經月不得一餉。徒奮義氣與賊拚命耳。及我兩粵

扶義以興滇黔人士。始得喘息欷歔曰。吾儕力不能勝之重擔。今後其庶得健者爲我分任。舉國人無論老幼男女皆額手相慶。距躍三百曰。此積年悍賊。其將斃於兩粵健兒之手。嗚呼。我兩粵之爲重於天下如此。其凜凜也。今我兩粵主帥及將校士卒自審責任之重。致命遂志。誓不與賊共戴天。而更以總制節麾通籌帷幄之役責諸吾二人。吾二人者。春煊則衰朽之軀。啓超則文弱之質。何足以酬吾兩粵人之望。更何足以酬天下人之望。然身旣許國。義不避難。自今以往。但知與兩粵十數萬軍士同死生已耳。嗚呼。我父老昆弟其敬聽之。今茲之役。苟非國賊袁世凱斃於吾兩粵大軍之手者。則吾兩粵十數萬之軍士。乃至三千八百餘萬之人民。皆將斃於國賊袁世凱之手。兩者必居一。更無中立之餘地。戰而不捷。吾二人固萬死不足以蔽責。而此賊之怨毒。旣集於我父老昆弟之身。其必瀦吾廬而係吾孥。敲吾脂而剝吾髓。豈惟吾身。世世子孫且永爲賊魚肉矣。嗚呼。我父老昆弟聞我軍士之抱此決心以與賊拚命也。其不眉飛而色舞者。決非人情也。雖然。又當知雖有勇敢之軍人。決非可枵腹以從戎。空拳以遏敵也。一師出境。需餉幾何。需械幾何。賊方盜據全國之府庫。挾全力以抗義師。我則滇黔桂皆瘠如枯腊。惟盼河潤於吾粵。我父老昆弟試外度事勢。內質天良。今茲護國軍軍資。非我粵人任之而誰任者。無數仁人志士。勇將勁卒。擲頭顱。飛血肉。日日與劇賊賭性命於呼吸之頃。而席豐履厚之紳商。乃或袖手坐視。不爲之謀饋運饟糈補充軍械之資。雖人不相責。而寸心何能即安者。夫我粵商民。以愛國好義聞於天下久矣。數年以來。袁賊假國家名義。以欺罔吾民。吾民誤聽之。而於彼所謂內國公債救國儲金種種名目。猶且輸將若不及。況今日之事。爲數千年國命絕續所係。爲我身及我子孫生死榮悴所關者哉。春煊與啓超雖庸駑不足齒數。但既已爲我父老昆弟所不棄。竊願以生命爲券。以名譽爲證。爇香齋心。九頓首爲我粵北征軍人請命。且爲滇黔桂三省出征軍人請命。望我父老昆弟祕密爲乘韋之犒。慷慨作指囷之贈。則三軍騰飽。共拜仁漿義粟之嘉。而懋賞酬庸。更待歸放馬牛之後。謹啓。

聞訃辭職書

舍弟啓勳。昨來奔告先考之喪。聞變慟絕。方啓超遄匿港舟之日。正先考彌留在牀之時。朋好但顧大局。先既不以病聞。後復不以喪告。啓超終天之恨。萬刦莫贖。進於國家。無毫髮之補。退於名敎。爲不孝之人。從此報親。唯有雙淚。苫次昏迷。寧論國事。諸公嚴倫紀之大防。諒不援金革以相責。所有撫軍都參謀政務委員長各職。應請准予解除。啓超唯冀大局稍定。卽當稽顙叩求。蒙自武鳴兩公宏錫類之仁。撥數卒護葬。俾先考得早安窀穸。啓超一息不絕。永當銜結。謹攄哀悃。修詞無次。百惟矜閔。同誼諸賢。統希代達。梁啓超稽顙。

電報第三

復陸都督電 三月廿八日龍州發

萬急。行營陸都督鑒。勛密頃已到龍州。沿途軍民備極歡迎。益增慚悚。奉勘電敬悉。明午卽偕曾君赴邕。亟圖晤敎。龍張來使所商。不知何事。但若以取消帝制爲取消獨立交換條件。務乞堅拒勿許。袁之無信。而陰險中外共知。若彼仍握政權。將來必解西南諸鎭兵柄。再施伎倆。行專制。如此非特義軍諸將校遭其荼毒。且地方治安亦不克保。今日之事。除袁退位外。更無調停之餘地。現在外交極順手。臨時政府一成。可望承認。超在滬港與各方面熟商擬遵照約法大總統缺位副總統繼任之條文，由現在之都督及岑、蔡、李與超公同宣布，恭承黎公依法繼任，並組一軍務院，用合議制執行軍國重事，如此對外則有統一機關，承認可望辦到。辦法請就近問覺頓，便悉。超來更面罄其詳。龍、張調停之電，及袁氏取消帝制僞令，反覆已極，超即當擬稿覆駁，呈備采用。粵之得失，爲國命所係，彼若尚持異同，非使之屈而從我不可。即彼欲要求保其地位，亦請勿輕許。龍與超本有私交，豈欲過爲已甚，但彼失政已甚，粵人共棄，望公如望慈父母，公安能捨而不救。至於爲國家計，粵不得手，西南大局終無法維持。公篤於念舊，但允保全彼生命財產，即爲仁至義盡。若公輕許彼把持吾粵，則是不忍於一二友人之爵位，而忍於全粵數千萬人幸福之消滅，忍於全國命脈之顛危，終不免以私害公，將難免於千秋之責備矣。以公血誠毅力，知必不爲此等邪說所中。既承過愛，招商大計，愚見所及，不敢不披瀝盡言，尚希以正義嚴詞謝絕。粵使桂省幸甚，國家幸甚。公介胄在身，有進無退，若非有他要，公希勿返邕。超即衆程詣行營領教一切也。如何之處，尚盼示復。啓超叩勘。

致湯覺頓電　三月廿八日龍州發

急。行營轉湯覺頓先生鑒：勛密。昨抵南關，今至龍州，奉陸督電，知公已在營。又聞有粵使至礎商條件，不審內情如何。今日禍根不拔，全國將無噍類，取銷僞令，百醜畢露，所言外國干涉，尤屬無根，安能墮其術中，致負初志。龍但爲祿位，寧知國家，其言不可誤信。現在舍袁退位外，對京無調停餘地；舍龍退職外，對粵無調停餘地。陸督既舉大義，必能善始善終，特恐仁厚太過，稍事優容，將失天下之望。已專電力陳大計，請公先就近詳述鄙懷，並代表京滬港各方面意見。襄都督貫徹志事甚幸。如何盼覆。啓超勘。

致各都督各總司令電 三月廿八日龍州發

急。雲南唐都督、貴陽劉都督並轉前敵各司令鑒：袁逆取銷帝制，希圖調和，萬無許理。一兩日當擬電痛駁，寄乞連署，務望堅持貫徹初志。啓超叩。勘二。

致唐都督電 三月廿八日龍州發

急。雲南唐都督鑒：刪、昨、今之電計達。蜀中軍情如何？瀘已克復否？北京捏稱已奪敍，想不確。乞用護密示確息。啓超叩。勘三。

致馬司令電 三月廿八日龍州發

急。百色南寧探送馬慎堂司令鑒：勛密。啓超承陸都督招，頃已抵龍。想念風采，未克趨謁爲歉。聞有學使至行營磋商條件，幹督既爲國家百年大計，應四萬萬人之屬望，舉世大義，非肅清禍源不足以貫徹初志。現在舍袁退位外，對北京斷無調停之餘地；舍龍張退職外，對廣東亦更無調停之餘地。此兩著關係全局安危，絲毫不容有失。超已詳電行營力陳利害，望公更聯絡各要公極力主張，以全我督令名，不勝大幸。啓超叩。勘。

致陸都督電 三月廿九日龍州發

加急。行營陸都督鑒。勛密勘電計達。因粵電有待。粵使議定旋邕一語。未審內容如何。伏枕焦憂。不能成寐。用特披衣再草此電。瀝述鄙懷。袁氏最大之罪惡。在專用威迫利誘手段。將全國人廉恥喪盡。若彼依然掌握政權。則國家元氣必至澌滅無餘。舉國淪爲禽獸。將何以立於天地。今茲義軍申討。其大宗旨乃欲爲中國服一劑拔毒再造散。不專爲帝政問題已也。袁氏圖帝不成。乃欲更保總統。反覆無恥。至於此極。威信墜地。中外共棄。豈復能有統治國家之力。欲以此敷衍止亂。五尺之童。知其不可也。彼自知已陷末路。乃借外國干涉爲口實。欲利用吾民愛國心爲自固之計。啓超在滬數月。於各邦趨嚮。詳細研究。慎之又慎。苟有一毫危及國家。豈肯輕心以掉以今日大勢論之。若我義軍。虎頭蛇尾。不能爲國民驅除元兇。萬一他人攘臂代我驅除。其時袁既無力抵抗。而我國民亦無發言之餘地。則中國其眞已矣。今但待廣東得手後。馮華帥必聯合各省要求彼退位。國事便可大定。有何危險之處。今若許其調停。正諺所謂既有今日。何必當初。行同兒戲。將爲天下笑。且以彼狠鷙鬼蜮之性。必將啣恨報復。權既復歸於彼。勢且聽其魚肉。則是我公本月十五日之義舉。乃反陷桂將校桂士民於死地矣。至龍氏惟知利祿。豈知國家。若彼不抗義師。我公自可盡親舊之誼。力保其生命財產。乃至加以種種優禮。原無不可。若猶欲把持廣東。是安可許。粵民三年來之苦況。公當洞悉無遺。豈忍聽其哀號呼籲。不爲拯救者。啓超誠駑下無似。然一面既激發於愛國之天良。一面復深感我公之垂愛。此次應招來桂。實頗歷艱辛。蟄伏運煤船艙底。不見天日者八晝夜。無護照而偷入安南境。避間諜耳目。一日數遷。旬日以來。幾於日不得食。夜不得息。然啓超固甚樂之。不敢告勞。但求能贊助我公。爲國家立百年大計。則素願克償。榮幸何極。今方入境。而適值袁氏取消帝制之時。粵使詭辯乞憐之日。誠慮我公或持之不堅。受敵以隙。則公之初志既乖。令名既墮。而啓超亦復無顏以見天下士矣。伏望我公上之爲國家計。中之爲桂省計。下之復憐念啓超間關萬里辛苦赴義之微誠。持以毅力。善始善終。卽欲有所審顧。亦乞待啓超詣行營一商。然後定計。無任馳企之至。啓超生性直爽。又感我公以意氣相期許。故敢傾瀝所懷。詞多戇直。諒承原諒。覺頓久在京師。深悉各方面情形。而耿耿効忠於我公。粵使來商各件。能一諮覺頓。使陳意見。當有裨益也。今日行百五十里。方疲倦思息。因茲事所關。千鈞一髮。徬徨焦急。復草此電。草成已天晚矣。敢不告勞。惟冀垂察。晨間應此中各團體歡迎會演說。下午卽乘船赴邕。知念並聞。啓超百叩。鹽。

覆梁燕孫電 四月六日南寧發

北京梁燕孫兄鑒。奉電同茲深慨。弟之顧大局愛和平。當爲兄所夙信。後以政象泯棼。確成絕望。故揮淚以從諸君子之後。以兄解人。試就四年來所蘊毒所造孽以推例將來。豈猶謂有一綫光明之可希冀者。帝制之發生與撤銷。朝四暮三。何關大計。須知國人所爲痛心疾首。正以其專操權術。以侮弄萬衆。失信天下已久。一紙空文。徒增惡感耳。以云外侮。弟等何嘗不日懷冰淵之懼。積久相持。非國之福。盡人能知。然禍源之塞。曷由安國人之心而平其氣。弟卽苟且自卹。亦豈能回全國人之聽。項城猶怙權位。欲糜爛吾民以爲之殉。萬一事久不決。而勞他人爲我驅除。則恥辱眞不可湔。而罪責必有所歸矣。弟與項城私誼不薄。誠不忍其卒以禍國自禍。乞兄爲致拳舉。學既嚮應。變局益急。亦宜善自爲謀。啓超叩魚。

覆張總長電 四月六日南寧發

北京教育部張總長鑒。奉電慨歎。記帝制議興。僕所爲文。有云天下大器也。可靜而不可動。今茲之禍。誰職其咎。信義久墜。而欲以一紙空言挽已去之人心。云何能濟。僕於項城忠告善道。旣竭吾才。今之主張。良非得已。以公之明。亦思比年政象所演。其斬喪國家元氣者何限。長此養癰。舉國士夫。淪爲禽獸。且率獸食人。國又將何以立。項城若稍知自省。則瀛海九洲。何處不可從容以養餘日。其勿復更以禍國者自禍矣。僕文弱書生。何足輕重於世事。西南諸帥。氣義相感。輒復遨遊其間。聊效輶採。若夫輿情所趨。軍氣所激。固非搖筆弄舌者所能參與也。無緣握晤。臨楮惘然。啓超叩魚。

覆莊思緘電 四月六日南寧發

北京莊思緘參政鑒。勘電悉。漫游至邕。聊效輶采。何敢言天下大計。幹公松坡各行其是。又豈區區所能左右。弟與項城私誼如舊。公云前嫌。不知所解。但所云國勢岌岌等語。順思今茲之禍。誰職其咎。信義久墜。而欲以一紙空言挽已去之人心。中智猶知其不可。公既循纓冠之義。宜令彼自改約法。宣稱直接對全國人民負責任者。亟思所以自處耳。無緣握晤。臨楮惘然。菊老希爲敬謝。啓超叩魚。

致周孝懷電 四月六日南寧發

梧州莫鎮守使請轉周孝懷鑒。幹公頃他往。尊電明日乃得達。幹對粤別有規畫。持之頗堅。弟初不謂然。今亦首肯。覺頓今日銜命東下。乞公小待晤後。請溝通意見。聯名電幹。啓超叩。魚。

致李俠和電 四月七日南寧發

急。廣南李總司令鑒。昨長電計達。粤已於魚日獨立。其當局雖或不饜人望。然藉此免糜爛。我軍得專力規復中原。自是大佳。弟明日即偕陸督赴梧。或遂入粤。請轉達滇黔。啓超叩。陽。

致龍子誠張堅伯電 四月七日南寧發

廣州龍都督張前巡按鑒。誠密。虞萬急電悉。幹公現赴武鳴。今夕返邕。相偕星夜東下。聞敵軍一旅。乘海容將到。而城廂內外。欲乘機蠢動者頗多。尊處兵力或恐不敷分配。設有糜爛。前勞盡棄。後事何堪設想。擬由梧派軍助防。尊指如何。幹公對粤無他意。兩公當能深信。今在驚濤駭浪中。同舟共濟。此心更可表天日。若承推誠相許。請飛飭肇慶三水各軍。告以理由。俾免誤會而生衝突。如何。盼立覆。啓超叩。虞。

致張堅伯電 四月七日南寧發

廣州張前巡按鑒。請托日領代致津領轉意界二馬路舍下電文如下。頃安抵南寧。尅日來粵任。又請屬王叶吉。將此情轉達家嚴。瑣瀆罪甚。容面謝。啓超叩陽。

致廣州各界電　代　四月八日南寧發

廣州分送各官署各團體各報館公鑒。袁氏叛國。普天同憤。榮廷迫於大義。興師申討。自桂獨立後。疊與龍張二公往返電商。同仇敵愾。二公本久懷義憤。故迅速準備。於魚日發表。旋承來電。促榮廷與梁任公先生赴粵共商討賊方略。頃偕任公於庚日由邕首塗。星夜東下。兩粵唇齒之邦。必須聯爲一氣。乃足以內充實力而收克敵致果之功。望我同志推誠相信。勿懷猜疑。紳商學報各界。戮力同心。協助各官廳共維秩序。務使境內乜(?)無驚然後不授賊黨以口實。而使各友邦起敬。將來掃滌妖氛。還我山河。實與諸公共利賴之。廣西都督陸榮廷叩庚。

致廣東民黨領袖電　代　四月八日南寧發

陳君炯明李君根源林君虎楊君永泰文君羣徐君勤朱君執信鄧君鏗葉君夏聲暨各同志均鑒。榮廷迫於愛國大義。從國中仁人志士之後。出師討賊。自桂省宣佈以來。因念兩粵唇齒一家。必須聯絡安堵。乃可以蓄養精銳。以圖北伐。因龍張二公往復電商。二公深明大義。蹶起作桴鼓應。昨連接數電。敦促榮廷偕梁任公東下。面商規取中原之計。榮廷等已於本日首途。星夜前來。岑西林不日亦當由滬至。現袁氏方以撤帝制欺人。冀利用國人苟安之心理。以扶其頹勢。吾輩正當乘此時一鼓作氣。急摧兇鋒。若境內自生葛藤。豈不爲賊所竊笑。且對外信用亦將失墜。其爲前途障礙者實大。伏望諸賢念大敵之未殄。察小忿之宜捐。努力同心。維持秩序。俟榮廷東來就商一切。諒斷無不能疏通之意見。若此時義憤太過。流於躁進。竊恐爲人藉口生事。陷粵境於糜爛。此固非諸賢愛國愛粵之本意。卽榮廷爲捍衛兩粵計。亦不能坐視也。謹布腹心。伏維亮察。陸榮廷叩庚。

致廣東民黨領袖電 四月八日南寧發

李君根源林君虎楊君永泰文君羣徐君勤均鑒。幹公於粵事計畫精詳。粵之宣布。全屬於此間熟商之結果。龍張爲幹公至誠所感。亦以至誠相應。絲毫無可猜疑之餘地。今日之事。必須兩粵完全安堵。乃可蓄精銳以殲狂寇。幹公已專電爲兄等略述此意。務望苦勸各同志協保秩序。待幹公到後。斷無不可解決之問題。此時若生葛藤。則是破幹公之計畫。授敵以閒隙。非諸君所忍出也。要之粵爲討賊之策源地。粵若糜爛。猶獲石田。將焉取之。想諸賢必深會此意也。啓超叩庚。

致譚督辦岑伯著電 四月十四日梧州發

譚督辦岑伯著先生並轉總商會報界公會均鑒。昨日驚聞海珠之變。哀痛欲絕。天道夢夢。喪此良士。邦人諸友。想同感傷。惟念死事諸賢實以顧全大局爲職志。王廳長之遺言。譚督辦之哀啓。人非木石。讀之無不感動。榮廷啓超對於粵事。以維持秩序。戮力北伐爲宗旨。堅持此志。始終不渝。明日卽由梧首途。星夜東下。自信竭其精誠。必可以爲鄉邦挽此浩刧。望我父老昆弟力持鎮靜。勿懷憂疑。數日之內。當親承教。共圖善後。再者頃讀各報。知省中政商學各界準備歡迎，無任惶愧。今公敵未去，大難未平，榮廷啓超方自咎不暇，且到省伊始，肩責最繁，尤恐不能分出晷刻，徧爲酬應，反增罪戾。謹此堅辭，相愛厚意，中心藏之。陸榮廷梁啓超叩。寒。

致龍都督電 四月十五日梧州發

龍都督並分送軍界全體將校士卒公鑒：榮廷啓超承龍都督之招，來粵共商大計，本擬輕裝減從，星夜馳來，嗣疊接龍督四電，力言北伐救國之急務，作兩粵全師進取之遠猷，敦迫率兵來會。榮廷等義無可諉，隨帶桂軍萬人，次第東下。此事純出於龍督之意，專爲國家前途起見，與兩粵內部交涉，毫無關係，仍恐軍界諸君及粵中父老，或有誤會，謹先將榮廷等之心迹及計畫，披瀝陳之。榮廷生性恬淡，率直，毫無爭權貪位之心，粵中軍界，多有會與榮廷共事者，當能深知其爲人。今迫於公義，揮淚興師，誓自行督兵出境北伐，並廣西都督一席，亦不願久居，今茲來粵，只欲以旬日之間，議定大計，即行北上，斷不能久淹滯粵境。外間或有慮榮廷到粵，粵中軍界將有變動，榮廷敢矢信誓，保其必無。望我軍界諸君，推誠信之心。至於啓超，本一介書生，於軍事素無所知，其不願干預軍政，自無待論。其對於各黨派之賢俊，惟有敬愛，絕無偏袒。兩年以來，專意於社會教育事業，與黨派久脫離關係。此次迫於義憤，勉從諸君子之後，竭其棉薄，首義之始，即自誓無論何種地位，斷不肯居，若有相强，惟有引身而退。今次來粵，惟本恭敬桑梓之心，稍盡維持調護之責，粵事粗定，便須歷游他方，更思自効。此來於省中軍界，絕無影響，更何待言。須知今之國賊，實爲袁氏，袁氏一日不退，國患一日不息。今袁勢日趨窮蹙，然淫威積之既久，摧陷尚費全力，我軍人舍力報國，正在此時。若兩粵境內秩序安謐，無內顧之憂，自能出其勁旅，迅定中原，若內部自生葛藤，則爲敵所乘，勢將自潰，更何所挾持以救國，而身家權位，更何所託。龍督與榮廷啓超有鑒於此，敬一月以來，苦心調護，務成兩粵一家同心禦侮之局，耿耿血誠，可表天日。想我軍人必能深會此意也。特此先行馳告，其北伐進取方略，俟與龍督會晤後，當決定迅速進行。凡我軍人志切從戎者，請各安待，必有以償諸君之壯志也。陸榮廷梁啓超咸。

致陸都督電 四月廿五日肇慶發

廣西行營陸都督鑒：勛密代擬推戴西林電文如下：肇慶西林岑公鈞鑒：兩粵獨立，六軍同仇，固出於報國同具之誠，亦以完我公未竟之志。今雖義聲遠播，寰海改觀，惟元兇之竊據依然，斯羣生之倒懸益急。計自滇黔首義以來，以貧瘠之區，當方强之寇，猶能轉戰千里，匡復百城，使黨逆者膽寒，好義者氣王。我兩粵情形，本爲重於國中，我軍民事功，豈可反居人後。某某等所部將校士卒，切齒國賊，誓不共天，磨厲以須，請纓日至。獨念克敵致果，非統一無以圖功，而決勝運籌，必元戎乃能坐鎮。我公爲國蓍龜，百折不回，四海傾心，友邦起敬，況兩粵夙爲舊部，湛洽恩威，三軍仰若雲天，萬姓戴如父母。若承出總戎機，必可迅平大難。今謹代表軍民，奉戴爲兩廣護國聯軍都司令，稟節制以一士氣，伏盛德以殲國仇。伏望我公俯鑒精誠，起肩艱鉅，則眷我良士，同懷挾纊之溫，而控此大邦，佇見止戈之武。謹此電陳，不勝鼓舞待命之至。某某叩云云。公若謂可用，請由公領銜，並率全桂高等軍官聯署，發一公電，仍由尊處電龍督及粵省各統將各機關團體。啓超叩有。

致各都督各總司令電 四月廿八日肇慶發

廣東龍都督廣西行營陸都督南寧陳護督百色李總司令雲南唐都督貴陽劉都督永寧蔡總司令松坎戴總司令鑒。護密。得滬同人聯名電稱馮段徐王聯合退袁。目的相同。惟不主獨立。以馮爲未獨立之省分領袖聯鄂贛魯汴成一系。爲將來媾和談判主張地步。我獨立省分須發展勢力。多得一省。則發言權加一分。宜速進兵經略贛湘。勿待馮等提議停戰云云。鄙意急進兵自是一定辦法。馮段諸公旣決意退袁。亦當引爲同調。除由此間別行接洽外。謹奉聞。啓超叩。勘。

致各都督各總司令電 四月廿八日肇慶發

廣西行營陸都督南寧陳護督雲南唐都督貴陽劉都督永寧蔡總司令百色李總司令松坎戴總司令鑒。松坡尤電悉。三策中上策自難辦到。中策聯諸鎭迫退位。事機漸熟。別由勘一電奉聞。下策所謂鞏固四省勢力。徐圖發展。此着求諸在我。鄙見實謂上策大約時局最終之解決。其一當視四省實力。其二當視外交。外交承認。略有成議。所以遲遲者。因統一機關久未成。而正式負責之人。今雖由四省宣言舉黃陂依法繼任總統。然未能親臨指揮。前奉蓂公書。知軍務院組織。極蒙贊許。惟人地兩問題待商。竊意撫軍長一職。以滇省首義之勛勞。自非蓂公莫屬。黔桂粤當無異辭。惟爲交通計。其地點似不能不在粤。蓂公旣不能來粤。擬增設副長攝職。推西林任之。昨今得龍陸兩督電言。欲推西林爲四省都司令。此職西林決不肯擔負。望勿强以所難。但使軍務院告成。內部自能統一鞏固。迅圖發展。現桂軍尅日出湘。粤局亦已粗定。前隊日內出贛。段馮諸公。則暫持中立態度。以退位爲媾和條件。四省以實力盾其後。外交從旁贊助。可集大勳。望持初志。毋稍中餒。滇黔桂蜀餉械。半月內當有以報命也。因滇電綫壞。音訊遲梗。共以爲苦。現已修復。凡百皆可迅商。切盼常惠教言。此電所陳。尤乞立復。啓超叩。勘二。

致唐都督電　四月廿八日肇慶發

雲南唐都督並轉蔣總司令鑒。報載華甫宣布松坡所允之議和條件。有認袁仍爲總統之條。想屬謠揑。粤事漸定。東南正極得手。外交爲我後盾。袁力已屈。萬勿輕縱。啓超叩。勘。

復馮上將軍電　四月三十日肇慶發

南京馮上將軍鑒。勘電敬悉。感電未達。大局至此。非急謀收拾。必將舉全國以殉一人。公之守正衛國。賢愚無不同仰。得公出任調停。大難或有寧日。超雖不才。敢辭奔走。惟方組織聯合。倉猝頗難離去。且必四省同意。奉教始能生效。以公憂國之熱。必能一言而萬紛立解。敢乞祕示方略。俾可持向四省詳共商榷。超有護密電本在時事新報館。請囑晴初往索。以後通電。卽用此本。惟滬港電局。承命中央。極多捍格。應請知照該兩局。凡有寧粤往復護密。務須迅速轉遞。免曠時日。庶裨大局。天下安危。系公一身。百惟愼衛。不盡馳結。啓超叩。卅。

致各都督各總司令電　四月三十日肇慶發

廣州龍都督廣西行營陸都督南寧陳護督百色李總司令雲南唐都督貴陽劉都督永寧蔡總司令松坎戴總司令鑒。陷一電照轉馮華帥來電計達。華帥早有退袁之志，近據各處情報，大約欲我四省强硬主張，彼則聯合中部各省巽詞勸退。馮段諸公必須引與共事，旣無疑義。超此行似不容已，惟必須四省示以方針，乃有率循。鄙意以懲罪魁爲停戰條件之主眼，以退位爲媾和條件之主眼。但使退位辦到，其他皆有磋商餘地。若承同意，請迅示復。再者袁氏方日思停戰，以懈我軍心，而彼乃暗中運兵南來，希圖侵擾。此時萬不容墮其術中。桂粤入湘入贛之兵，仍盼併力進取，勿稍鬆動。和平保障，惟恃武力。諸公想同此意也。啓超叩。陷三。

致唐都督電　五月二日肇慶發

雲南唐都督鑒：勘二電奉商軍務院組織，想已達。地點在粤，似無疑義。公爲長而西林副，切勿撝謙，致稽成立。組織條例承公獎許，想已函商劉蔡諸公。此間同人亦無甚更改，但得公承認就職，便可由此間公布，早成立一日，大局多得一分利益。盼火急示復。啓超叩。冬。

致馮上將軍電　五月二日肇慶發

南京馮上將軍鑒：卅電計達，頃復奉感電，知我公弭兵藎畫，實在勸袁退職。宗旨旣同，解決自易。超與南省旣有關係。奔走旋斡。夫何敢辭。一俟此間組織粗完。決當返滬奉教。惟我公雖熱抱寧人之志。袁氏似尚無悔禍之心。頃方進兵贛閩。謀擾吾粵。粵人敵愾。理勢當然。桂之湘防事亦同一。以此而求停戰。譬則抱薪救火。我公睠懷大局。何以處之。竚候復教。更商進止。啓超叩。冬。

致各都督各總司令電 五月二日肇慶發

南寧陸都督陳護督百色李總司令雲南唐都督貴陽劉都督永寧蔡總司令松坎戴總司令鑒。馮華帥感電想見。此間勘二電卅電迭商組織臨時政府辦法及對馮提議方針。想皆達。超復馮電許以往滬面商。惟要求先將贛閩湘北軍撤退。乃議停戰。袁今並未有退位決心。馮宗旨雖與我同。必須我表示極强硬態度。彼乃能有後盾以降伏袁氏。蜀湘續停戰之議。切勿許之。桂省征湘之兵亦當猛進。勿稍鬆動。如何之處。仍盼迅復。啓超。冬。

致廣東各軍各縣電 五月二日肇慶發

廣東各軍各縣知事鑒。春煊啓超承兩廣愛國軍人責以大義。請任今職。職之所在。惟在北討。地方之事。宜賴有司。豈謂受任之初。父老已環以愁痛慘迫來訴。拒絕則有所未忍。解救又苦於不能。本爲除民之害。始起而討袁。孰知袁未及討。而民先受害。誰實爲之。惟有自責。敢布數言。爲民請命。兩粵雖同爲獨立之區。粵西則閭閻安乂。比戶謳歌。粵東則都會戒嚴。四鄉震恐。國賊方盤踞幽燕。久稽顯戮。吾粵以天府之邦。爲中外觀聽所集。而內部糾紛若此。豈惟不足資以討賊。且恐重爲海外之所竊笑。頗聞各路各種軍隊。其忠義奮發紀律嚴整者固多。其托名徇私，因私乘便者，亦不少。甚且焚掠民居，截刦鄉渡，以致行旅梗絕，民食蕩然。問其主名所在，或則揭濟軍警備軍某營某團之旗，或則樹護國軍革命軍某路某隊之幟，眞僞不分，兇殘相競，慘聞呼籲，惻惻痛心。夫分防各地之軍隊，受國餉糈，爲民干城，剿匪安良，乃其職責，豈容意求報復，虐及善良？至於各路民軍起義之初，志其根本目的，在于討袁。其過渡程序，在促進粵省獨立。粵今獨立，秩序略完，袁猶負隅，目的未達。龍督既宣稱親自厲師，嚴裝北伐，掬誠表示，至再至三，正可按期以覘後效。愛國者決不徒思銳進，反釀葛藤，致大憝匿笑於吾旁。而父老屬額於吾後，軍民諸領袖，皆命世之英，救時之彥，何肯以衞國徽號，供豪猾之護符？又豈忍以己身令名，任他人爲點汚？益深益熱，謂宜哀此無辜，能發能收。惟有望諸賢者，若夫省中原有軍隊，當此國難洊臻之日，正爲戮力致命之時，請纓出征者，固不容稍事淹留，捍圉居守者，亦自當益嚴紀律，倘效尤以恣虐，將何說以解紛？怨毒若積於人心，責任當歸於主將。春煊以衰朽之軀，啓超以文弱之質，勉承推委，豈任鉅艱？睹此痛心，不辭苦口。所望貔貅抗隅之士，各念覆巢完卵之艱。方會黃龍痛飲之師，翻作牛刀割雞之用。特此佈告，咸使聞知云云。各縣知事接到後，仰即用大號字印刷多張，分帖城鄉鎭市，咸使聞之，不勝盼禱。岑春煊、梁啓超。冬。

致黎大總統及各都督各總司令電　五月三日肇慶發

北京黎大總統暨各部院處署、雲南貴陽南寧廣州杭州都督、各省將軍巡按使、巡閱使、都統、護軍使、鎭守使、永寧百色松坎總司令部，並轉南北兩軍前敵各司令公鑒：國事至今日，舍項城退外，更無弭兵之望，此天下公言矣。乃猶或持苟且之調停說，謂帝制既停，可認項城更爲總統。此誠如蔡公松坡所云，再醮之婦，更求歸奉宗祧，不徒大悖於禮，且亦難以爲情，此說之不可行，是無待辨，然又有爲之說者，謂北方軍隊甚衆，非項城不能統一，此言似頗近理，要非根本之談，項城果能統一北方軍隊與否，本已屬疑問，就令曰彼果能之，然項城之年既五十八矣，人壽幾何，一旦溘逝，又恃誰以爲統一者，據春煊啓超愚見，竊謂北方諸將帥若誠爲國家百年計，惟有亟自謀聯絡統一，洵能如是，則項城之去留，何至牽涉北方之治亂，若曰此事萬不能辦到，惟恃一項城勉爲維繫，項城血肉之軀，豈能無死，維繫一年耶，兩年耶，五年耶，十年耶，終有不能維繫之一日，彼退猶云召亂，彼死又當何如，圖苟安於目前，遺隱患於異日，養癰愈久，潰裂益烈，以此謀國，寧得曰忠，夫北方諸將，英豪所萃，外而馮張，內而段王，皆命世之英，薄海宗仰，非特勳名振鑠，抑亦德量淵宏，戮力和衷，何事不濟，乘此艱虞之會，圖謀解決之方，既可爲項城卸仔肩以答私恩，復可爲國家策治安以全公義，公忠體國，不當如是耶，今必欲拂輿論以强留項城，北方能否終不破裂，殊不敢知，欲南方强爲屈從，則斷無望，項城雖自侈犧羊僨豚之威，南省又豈能消乳虎食牛之氣，無論獨立風潮繼五省而起者，行將未已，就令長此止於五省，項城豈能舉五省之軍而屠之，舉五省之士而坑之者，而五省軍民既懷與日偕亡之決心，三戶尚存，九死無悔，欲其石轉，當俟海枯，積久相持，何以爲國，持調停說者，動輒以外人干涉爲詞，僕等謂既共覺外人干涉之可憂，則益當知項城引退之宜亟，外人之不能坐視我之長此擾攘，稍有識者皆能知之，然正義人道所在，無論何國，斷無或肯庇一人以與四百兆衆爲仇，然則果有干涉，其干涉之條件爲何，不難預測，要之項城既失威信於中外，其不能不退，已成鐵案，見幾而自退耶，則身名既泰，而人民亦免幾分之傷殘，國家亦存幾分之體面，若猶怙權戀棧，直待不能不退之事實完全發現，則非復吾國民所忍言矣，諸公愛國愛項城，其何以處此，又項城擠排異己，每以競爭權利相誣，彼推已腹以度人心。愈費詞而愈形其醜。他人所不敢知。如春煊者則既老矣而又久病。今玆强起從戎。專爲共和請命。凡以求死。非以求榮。項城朝退。春煊夕隱。倘懷取而代之之心。甘受天日明神之殛。若啓超者本爲文士。非有政才。投筆已乖本懷。藏山尙留絕業。皎然此志。無待自明。黃陂既已依法繼承。大局本可迎刃而解。靖難善後。自有羣公。太平幸民。切思託庇。惟目前事機之危。間不容髮。項城能讓。乃可息爭。爲國家計。爲項城計。舍此坦途。更無他路。敢瀝肝膽。布其區區。責善解紛。欽遲後命。岑春煊梁啓超同叩江。

致段國務卿電 五月四日肇慶發

北京段國務卿鑒。堂密契闊經年。懷想何極。國事敗壞。遂至今日。此固公與超共事時所常私憂竊歎。特不料禍發若是之速耳。籌安搆禍以來。公守正謇諤。薄海同欽。超本書生。素厭破壞。心所謂危。苦口忠告。上欲以挽國家浩刼。下欲以全項城威信。既竭吾才。曾不見聽。爲世道人心起見。不得不從諸賢之後。藉武力以圖匡救。明知瞑眩之藥。然欲療積痼。安能不用。耿耿此心。公宜諒之。今相持之勢已若此。公忍辱負重。出執國命。公不輕出。國人共知。公既出而事猶不濟。則國家前途。寧復可問。竊謂今日之有公。猶辛亥之有項城。淸室不讓。雖項城不能解辛亥之危。項城不退。雖公不能挽今日之局。此着若不辦到。無論各省踵起。獨立之風潮。防不勝防。就令長此止於五省。而局勢已不可收拾。項城既不能盡屠五省之民。五省卽不能復爲項城所有。相持益久。外患斯乘。與國何仇。忍爲斷送。項城威信。中外兩墜。不能不退。已成事實。早退一日。則糜爛少一分。退愈遲則國家元氣斲喪愈甚。能自退則身名俱泰。最上也。我國人共退之。抑其次也。若既不肯自退。我國人又不能退之。更閱數月。或更有他方面不能不退之事實發生。則項城固爲中國萬𠟠之罪人。即公與超及南北當道之羣賢負慝。亦曷其有極。公今所處功首罪魁。間不容髮。語曰當斷不斷。反受其亂。在公斷之而已。今黃陂既經南省宣言依法繼承大局。本可迎刃而解。得公主持中幹。一切當指揮若定。超與南部諸英。感情素洽。苟有可以助公安社稷者。惟力是視。伏望示以方針。俾決進止。西林頃方同居。嚮慕我公甚至。屬爲代致拳誠。此老羸病。牽率任事。常言項城朝退彼且夕隱。匡濟善後。不能不責善於我公。臨穎痛切。不盡欲言。啓超叩支。

致廣東各界電 五月十日肇慶發

總商會商團敎育會各善堂報界公會鑒。啓超前承父老昆弟嘉招。擬偕陸督來粵。共籌大計。中間遷延。久未踐約。負疚無量。直至本月五日。始得抽身詣省。與龍都督熟商粵中善後及出境討賊兩大事。大端幸皆就緒。惟時日忽迫。未克遍詣各團。暢聆宏誨。歉仄無似。謹此待罪。並謝前度歡招盛意。超日內當隨大軍度嶺北征。俟淨洗甲全之日。當更與諸父老同敍契闊也。啓超叩蒸。

致唐都督電 五月十一日肇慶發

雲南唐撫軍長鑒。魚電悉。撫軍長一職。西林謙讓。堅不肯承。我公再造國家之功。薄海宗仰。務乞俯肩大任。濟此時艱。不勝大幸。啓超叩眞。

致馮上將軍電 五月十二日發

南京馮上將軍鑒。感勘齊諸電均奉悉。我公維持大局之苦心。實深欽佩。今日時局。除項城退外。別無解決之方。此已成天下公言。至元首繼承問題。經四都督等宣言。黃陂依法繼任。此舉根據法理及已成之事實本無絲毫疑義之餘地。迺聞近有人倡議。謂民國四年以後。大總統固已失其地位。副總統名義亦當同歸消滅。中國目前實一無政府無法律之國。不應援引約法。謂副總統可以代行職權云云。聞此不勝駭詫。查此次國民所以積憤於項城。正以項城破壞約法。約法者。民國之生命也。項城毀之。國人爭之。國人以愛護約法。故不惜麋頂踵以爲之殉。項城雖自絕於約法。而約法未嘗因此而損其毫末也。項城所以失去總統資格。全因其犯約法上之謀叛罪。並非約法消滅。總統名義消滅。而彼之資格隨而消滅也。約法巋然存在。副總統名義誰得而消滅之。項城犯罪。缺位。黃陂當然繼任。此與美國前總統麥堅尼遇害缺位。副總統羅斯福當然繼任事同一律。何議何疑。況四省既已宣言於前。決不能反汗於後。若退位繼任兩問題相持不決。則恐和平克復。永無其期。我公數月來委曲調護之苦心。豈不盡歸水泡。望公念外患之易乘。察輿情之難拂。毅然主持。爲國家挽此浩刼。幸甚幸甚。段芝老處曾有電瀝述。乞公便爲道鄙懷。啓超叩文。

致各都督各總司令電 五月十四日發

廣州龍都督廣西行營陸都督南寧陳護督雲南唐都督並譯寄貴陽劉都督四川行營蔡總司令鑒。護密。擬用軍務院名義，復馮電文如下：馮華甫先生鑒：致五省庚電及廣西佳電敬悉。息事寧人，禦侮急難，僕等夙志寧讓。我公東日通電，未審內容，不敢懸答。惟以本院同人所見，非項城退職去國，時局終無從解决。其理由經僕等以箇人名義先後痛陳，不復贅述。尊處主張，若歧恐無復商榷餘地。停戰之約，本蜀中兩帥互訂，其性質限於局部。項城一日竊位，公憤一日不息，五省軍民方日以姑息遷延相咎責，除蜀境外，其有銳進，則僕等固無辭以沮之也。況五省以外人同此心，五省雖復按兵他方，又豈能無事？怖影莫若息蔭，止沸惟在抽薪，以公之明，見必及此。今茲之役，議和兩字不能適用，退袁靖難，心理大同，本無不和，何所容議？惟待袁退兵息之時，戮力以議善後耳。倘有良謨，願得承教云云。此電擬用撫軍全體署名，若尊處同意，希立示復，當由此間拍發。啓超。寒。

致蔡松坡電 五月十四日肇慶發

四川行營蔡總司令鑒：義密。南來月餘，電梗音沈，祗增焦灼。此間發滇黔蜀通電將三十通，似皆未達，何耶？此次任事諸賢，艱苦無過吾弟。眷言西顧，每用洟熒。吾爲粤事，亦吞聲嘔心，卒無善果。海珠之變，殲我三良，雖非龍主謀，而粤局內容可以想見。悍將蟠於上，私黨鬨於下，浩刼終無幸免，所爭早暮耳。然吾深思熟計，以圍攻觀音山雙方相消之兵力，足舉湘贛閩而有餘。龍變而桂亦疲，更何挾以禦賊？況糜爛後之收拾，非朞月可奏功，而獨立省分內訌之醜聲，徒令老賊匿笑，友邦藐侮。故飲洟言和，奮身入虎穴鴻門，惡會僅乃生還。今出贛之師，略可一萬，更當與浙合兵規閩入湘。桂軍已萬餘，海軍運動亦奏効，大勢可望一變。馮段和議，雖難顯拒，然實力發展一分，則條件有利一分。此役結果，最低限度亦須造成南北均勢，否則實無以對死事先烈也。停戰之約，本吾弟與陳所訂。弟處疲敝太甚。不妨仍許展期。惟不必代兩粵負責。聽其自由活動。兩粵既取攻勢。退位將立成事實。按兵於湘蜀贛閩而會商善後。庶目的稍得保障。前勞不至盡棄。此間計畫本此方針。弟對馮段於感情不決裂之範圍內。不妨嚴詞以告除堅持退位外。其善後條件可卸責於軍務院。兄數日內即往滬視察大勢。徐圖應付。電仍由肇轉達。通電宜勸此電並轉循若。啟超。寒。

致各都督各總司令電　五月十五日肇慶發

廣州龍都督張堅伯先生廣西行營陸都督南寧陳護督雲南唐都督任參贊貴陽劉都督並由滇轉四川行營蔡戴總司令鑒。護密。松弟有電。舟公東電。悉。統觀半月來黔蜀諸電。意旨聯絡馮段。趣重和平。此固將來一定辦法。惟所爭者時間問題。此間及滬同人意。謂北方望和平甚急。我卻宜受之以緩。現桂軍正大舉出湘。西林亦整旅待發。俟湘贛閩到手。海軍歸附。乃議善後。庶均勢局成。而共和得確實保障。此間抱此方針。故設軍務院。派外交代表。僅認局部停戰。非袁已去國。不肯息兵。現彼以和平說弛吾氣。仍日派兵窺粵。意未可測。四省總代表似可緩派。待超到滬。察情形。若有必要。再電請公推。公推時超固不敢辭責。但須與唐少川共事。並推參贊數人。其人亦待到滬後商定奉聞。蓂公庚電詢國會事。軍務院第二號布告已認舊國會為合法。惟能否自由集會。乃事實問題。手續地點種種。皆費研究。想議員諸公自有良謨也。超今日行以後。來電請由肇轉達。啟超。咸。叩。

致段國務卿電　六月七日上海發

北京段國務卿鑒．聞項城凶報．昔緣義憤．曾與分張．今念交期．轉深嗟悼．茫茫百歲．想公同之．超前在粵上公一電．即慮及今日今當危疑之際．國命間不容髮．乞公速奉黎大總統即日依法就職．宣告中外．集北方軍人．曉以大義．使保持秩序．以待善後．民志一定．大難立平．國之存亡．爭此一着．若別生枝節．則公將爲萬矢之的．大難益滋．國事隨覆．扶危定傾．惟公之責．願當機立斷．宏濟艱難．超前月返滬．痛聞先考之喪．已辭謝一切職務．苫塊餘生．誠不忍更譚國事．特以茲事所關太大．昏迷迫切．越禮貢誠．願公護法奉國．盡瘁荷艱．早奠邦基．俾不孝得托庇歸里．營葬廬墓．哀感何旣．棘人梁啓超稽顙．虞．

致馮上將軍電　六月七日上海發

南京馮上將軍鑒．抵滬旬日．以新聞先考之喪．昏迷失次．不及通候．爲歉．項城凶報．想已徵實．昔緣義憤．曾與分張．今念交期．轉深嗟悼．茫茫百歲．想公同之．今當危疑之際．國命間不容髮．惟有奉黃陂依法繼任．即日就職．宣告中外．民志立定．大難可平．若別生枝節．必資野心家之利用．貽多數人以口實．更起紛擾．爲外所乘．國將淪胥．不救．一髮千鈞．繫於此著．望公一面電京主持．一面速聯已獨立未獨立各省．一致主張．即開國會．庶挽浩刼．而奠邦基．超苫塊餘生．誠不忍更譚國事．以茲舉所關太大．迫急越禮貢誠．惟我公護持國法．當機立斷．大局幸甚．棘人梁啓超稽顙．虞．

致各都督各司令電　六月七日上海發

雲南唐都督並轉蔡戴兩總司令貴陽劉都督南寧陳護督並轉行營陸都督廣州龍都督肇慶岑都司令並轉李總司令杭州呂都督鑒項城奄逝時局銳變請即分電段速奉黎大總統即日就職宣告中外仍電未獨立諸省曉以大義使一致奉戴勿生枝節再爲厲階仍用軍務院名義電各國使館聲明意嚮以免驚疑收拾北方惟段是賴南方似宜力予援助毋使勢孤更不可懷彼我成見致生惡感即對袁似不妨表相當之哀悼以示洪量而攬同情國家存亡間不容髮願共敬愼宏濟艱難超去歲去津曾與蔡戴二公約言謂袁朝倒則超夕隱比在桂粤亦屢爲岑陸龍三公述此意天降鞠凶先考見背兩月始聞萬死莫贖前已電請解去兩廣都參謀軍務院撫軍領政務委員長諸職俾得伏塊思哀稍報罔極今大難漸平先靈略慰超前既有成言今復遘大故伏乞哀其慘酷曲予矜全此後國事非棘人所忍與聞惟茲苦衷願執事勿加罪責善後萬端羣公攸賴伏惟努力勉副時望越禮陳情諸祈矜鑒啓超稽顙虞

致黎大總統電 六月八日上海發

北京大總統鈞鑒陽電奉悉超前月返滬痛聞先考之喪昏惘失次昨得踐位慶報倘遲電賀猥承先施慚感莫名國人望治猶解倒懸勢雖險艱轉圜亦易項城以違法專欲失天下望今宜盡反其所爲請以明令規復舊約法效力尅期召集國會委任段公組織新閣延攬各派俊彥署理閣員共圖匡濟帝制禍首不懲無以謝天下請分別拘留候裁判必民氣平民志定然後一切興革乃有著手望先此數者以新觀聽超苦塊餘生本不忍更譚國事重違明問越禮奉陳惟祝早奠邦基俾超得託庇還鄉營葬廬墓歿存同感梁啓超稽顙庚

致陳陸兩都督電　六月八日上海發

南寧陳護督轉行營陸都督鑒。聞喪哀痛。缺問人事。昨始由小壻告以前此在粵已拜我公過量之賻。仁人之粟何幸得而祀親。不孝之身萬死無以報德。西嚮百踊。無辭中謝。頃大憝已伏天誅。不孝無足輕重之身。惟當居廬稍伸萬一之痛。黃陂繼任。大局粗定。惟政府能否完全鞏固。尚不敢知。現當千鈞一髮之時。往日官僚政治。既不足以圖新。一般政客。又囂張過甚。多空言而不切時勢。將來維繫大局。仍恃倡義各督之主持。尤以我公進退爲標的。昨因黃陂有電垂詢。已將新政府首宜興革大事數端。託黃君溯初上謁府院。代達鄙意。三數日後。必有報告。中央態度既明。始有因應之法。竊謂公宜駐節現在所到之地。不必進而授他人以口實。亦不宜退而懈義師之志氣。應當如何應付。在滬見聞較確。必隨時上陳。要之不圖根本建設。則天下之亂未已。超求結廬墓次。故尤迫望太平。舍公無所託命。用敢越禮上陳。啓超稽顙。齊。

致熊秉三蹇季常徐佛蘇電　六月九日上海發

天津熊秉三蹇季常徐佛蘇先生鑒。聞有赦帝制禍首明令。時論譁然。恐增口實。激大變。雖未得嚴懲。亦豈可於人心惶惑時。更姑息以危國本。請迅告芝老。超。青。

致籍亮儕胡海門電　六月十日上海發

南京將軍署籍亮儕胡海門兄請告華帥主恢復舊約法速集國會制新憲否則經年不能開國會將生奇變切宜注意勿生枝節超蒸

致各都督各總司令電 六月十日上海發

雲南唐都督貴陽劉都督南寧陸都督陳護督廣州龍都督成都陳都督西安陳都督長沙湯都督肇慶岑都司令李總司令四川蔡總司令戴總司令鑒陽電想達黃陂繼任大局漸定乞速電賀令中外安心超昨覆黃陂言四事一規復舊約法二速集國會三請任芝老組織新閣四帝制禍首付裁判謹聞啓超蒸

致熊秉三塞季常電 六月十日上海發

天津熊秉三塞季常兄鑒聞帝制派藉開黨禁爲名運動大赦查約法上總統無大赦權望力阻勿違法又交通部取締郵電至今未已南省之無電賀此亦一原因已電促之並望商以閣令一體解除以免隔閡啓超蒸

致各都督各總司令電 六月十一日上海發

南寧陸都督陳護督雲南唐都督貴陽劉都督廣州龍都督杭州呂都督四川行營蔡總司令松坎戴總司令肇慶岑都司令李總司令鑒元首正位後京秩序尚安黎頻電海上名流段未有電都中新舊約法之爭頗烈逆黨無懲辦消息海上事雜言厖折衷不易以超觀察段無惡意惟所處旣艱恐被刼持現川陝湘旣撤銷獨立五省

態度極宜慎重。軍事計畫務維持現狀。已出發之軍。暫駐現駐地點。軍務院條例。本定國務院依法成立時撤廢。可再宣言聲明。一面由五省提出條件。一復舊約法。二召集國會。三懲治禍首。四南省北軍撤還。五廢將軍巡按官制。一律改稱都督。六雙方要人在南京或武昌開善後會議。直接唔商。鄙見如此。希公決。一致進行。啓超眞。

致黎大總統電 六月十二日上海發

北京大總統鈞鑒。奉蒸電。渥賜弔唁。莫名哀感。惟奪情任事之敎。實悚切不敢承。不孝奉諱後七十日始聞喪。成服此七十日中。言笑晏晏。飲食衎衎。禮情兩戾。不復成人。惟有伏塊思哀。稍酬罔極。況正當甲兵淨洗之時。豈更有金革毋避之義。不孝本迂拙書生。於時局何關輕重。進不能於國有補。退宜行吾心所安。今値國基再造之餘。當求民德歸厚之道。我公爲國之楨。愛人以德。伏望哀其慘酷。卒予矜全。北行之召。乞恕方命。若遇事垂賜咨詢。雖在疚。敢忘芹獻。肅此敬覆。伏惟矜鑒。啓超稽顙。文。

復籍亮儕胡海門電 六月十二日上海發

南京將軍行署籍亮儕胡海門兄鑒。蒸電慰悉。頃得京電。稱已決約法。復舊派宗孟到寧。疏通意見。並囑超與濟武來寧會商。超斬焉縗經。實不克行。且並華帥處亦不便直接通電。祈轉達乞諒。舊約法誠多缺點。規復後國會可集修改自易。默察現在形勢。國會當無甚搗亂。望勿疑。再欲圖南北統一。宜速廢軍巡官制。一律改稱都督。庶獨立痕跡不拭自消。爲利實大。但此議由未獨立各省發議。最足收效。乞商華帥。毅然主持。超文。

致籍亮儕電 六月十三日上海發

南京將軍署籍亮儕兄鑒。懲禍首事。請華帥極力主持。正人心收衆望。此著最要。芝老勢孤。宜力助之。西南諸省。惟華帥馬首是瞻耳。超在憂。不便直電。望代向華帥極致希望之誠。宗孟到。請來滬一談。超元。

致唐都督電 六月十四日上海發

雲南唐撫軍長鑒。奉蒸電。漢佩藎籌。超會上四電。想達。尊電四項外。當加懲禍首廢軍巡官制兩項。懲禍首爲初獨立時之要求。不容拋棄。且非此不能一新政界空氣。馮已電京强硬主張。各督宜爲聲援。但不宜多事株連。庶反側易安。廢軍巡官制。則取消獨立之難題不發生。體面所關至鉅。善後會議在滬不如在寧或鄂。能得松幹兩公與段馮面晤。較有責任。而收實效。軍務院於臨時內閣經同意成立後。即行取消。亦權宜之策。此電乞用萬急轉岑蔡劉戴陸龍諸公。超寒。

致蹇季常電 六月十四日上海發

天津蹇季常兄鑒。滇蒸電稱已電京要求四事。一舊約法。二國會。三撤兵。四在滬開軍事會議。並聲明軍院俟國院正式成立時取消。此是公電。惟另有讓步辦法。但使約法規復後。芝老重組織臨時新閣。閣員得軍院同意。亦可先行撤銷等語。超深謂然。新閣員組織之艱。同人深諒。必不過爲挑剔。望溯初以此意告當局。超寒。

復馮上將軍電 六月十四日上海發

南京馮上將軍鑒。電悉。本宜速來就教。但聞喪未逾三七。斬焉縗絰。不敢以入公門。謹託周孝懷、范靜生兩君代表趨謁。面陳一切。大局雖定。善後問題。尚極紛糾。愛國識時之士。咸屬望我公。想有藎籌。速副民望。濟武昨已入都。並聞。啓超稽顙。寒。

復陳護督陸都督電 六月十四日上海發

南寧陳護督並轉陸都督鑒。齊電及蒸、眞文各通電。想達。奉文電駁遺令。大快人心。同人初閱此令。亦甚憤。嗣知實非有意。蓋袁死後。徐菊人屬某祕書擬草案頭。只有新約法。隨手徵引。頃已知誤。得段來電。約法決復舊。頃派人詢馮意。馮電約超往寧商。超雖不往。而此事大約必實行。我輩對中央措辭。當嚴正。而勿露意氣。浙、滇兩通電皆甚得體。但滇肇皆無懲禍首一條。當補提。現溯初往京。孝懷往寧。情形如何。當續報。超。寒。

復黃溯初電 六月十六日上海發

北京長安飯店黃溯初兄鑒。文電今日始譯出。芝老主約法復舊。甚慰。惟各省派三議員代表解決。似可不必。且難辦到。政府但當發一簡單申令。稱某年某月某日公布之約法。未經臨時約法某條條改之程序。今廢止之云云。便得。此非以命令變更根本法。不過將已成事實。依法宣言。望勿引嫌。此問題不決。一切善後辦法。無從著手。

再延旬日。流言益滋。於收拾大局妨礙益多。議員代表。推舉甚難。恐生枝節。鄙見如此。少川在座。意見相同。芝老電約來京。超斬焉縗絰。實不克行。乞代致意。求諒。超銑。

復段總理電 六月十六日

北京段總理鑒。删電敬悉。本當趨詣。襄公賢勞。但聞喪未逾三七。斬焉縗絰。不可以入公門。且恨抱終天。神志昏瞀。更不能有所擘畫補益。方命之罪。伏希矜原。今日收拾時局。必須先有數事一新天下耳目。則以後建設。當迎刃而解。公既力任其難。超綿力所逮。當間接自效。不敢規避。啓超稽顙。銑。

致劉都督電 六月十七日

貴陽劉都督鑒。七電未得覆。松處亦然。甚焦灼。頃接滇轉貴青電有應商者。一復舊約法。召舊國會。已成輿論。臨時議會說。萬不可倡。以免集矢。二南省全權總代表不可派。此與前此南京議退位不同。不宜太取對抗形式。即欲派代表。望勿推超。非敢規避。實因中國民德太漓。近年奪情已成通例。諸公愛人以德。望聽超守禮終制。亦矯末俗之道。三參贊之說。在肇時對南京退位會議。會提此議。今情形已殊。尊電想係誤引。每省分派。超不謂然。四善後會議。若在寧。馮願力助。但察數日來情形。此會議殊有難處。南省共同要求之件無多。其要端已分電中央。殆將解決。所餘爲安插軍隊。補償軍費問題。恐非政客所能代表。五軍院撤廢時期。似以蓂公所主張爲宜。以上各節。乞分轉電各處。超篠。

致劉都督電 六月十九日

貴陽劉都督鑒。鹽戌電嘯奉直接得電。此爲嚆矢。集舊議員。誠慮滋弊。但已成輿論。萬不能持異同。惟有設法勸勉。減意氣之程度耳。同人所主張。擬此次國會只議數事。一制憲法。以天壇草案付議。二舉副總統。三修正國會組織法。數事辦了。卽閉會。遵新憲新組織法改選。此議多數贊同。但開會後形勢有無變遷。則不敢知。屆時各省似宜電致議員。以此相勸告。以力求保國會榮譽。勿激擾以貽口實。勸議員箇人無干涉立法之嫌疑。得各省有力之責善。當能促多數之反省。或可望收良果。文懲禍首問題。中央極遲疑。卽吾輩亦非樂强以所難。但此事若不趁此時急辦。以塞民怨。則國會開後。必爲第一激烈之議案。其時據法律解決。更無通融餘地。且牽連不知所屆。大局或陷極險。昨馮商擬以行政處分。將十三人褫職。永不錄用。似亦折衷緩和之一法。馮已函段松坡亦不妨以私誼警告段勸速斷。此電乞斟商分轉各處。並盼賜覆。啓超皓。

致張佩嚴電 六月十九日

肇慶都司令部張佩嚴先生鑒。巧電悉。所稱屢電促香草北上。始終未一接。何耶。超在津與蔡戴約袁朝倒超夕退。此志如山。不能搖動。況斬焉縗絰。安有入公門之理。尊電所不敢承。香草代表西林。超所最望。惟香頤視爲畏途。聞昨電勸印泉行嚴二公務派其一。當能照辦耶。超皓。

致各都督各總司令電 六月二十一日

雲南唐撫軍長肇慶岑都司令永寧蔡總司令貴陽劉都督衡州行營陸都督南寧陳護督廣州龍都督長沙湯都督鑒。得浙督咨電內開。前談唐公蒸電請召集軍事會議。嘗致篠電請定會議地點。及選派代表方法。尚未奉復。鄙意討袁之幕雖終。統一之論方始。軍事善後。尤關緊要。端緒紛繁。非預討論不免紛歧。應由獨立各省。速派軍事重要人員。到滬籌商以爲軍事會議之豫備。蔣君尊簋軍界泰斗。遠邇共仰。敝省軍事情形。尤爲熟悉。茲特推請在滬接洽。一切應請尊處轉電獨立各省。從速派員到滬協議。至盼。呂公望叩咨等因。爲全局計。爲獨立各省善後計。此項會議。斷不可少。惟代表宜以有力軍人。深悉本省及各軍所部情形者爲宜。貴處能否迅派。乞示復。拜復浙啓超馬。

致呂都督童師長周參謀長電 六月二十一日

杭州呂都督童師長周參謀長鑒。伯器來。述諸公期許之殷。並奉兩書及玉照。感謝無量。超不堪聞政。別有電詳述理由。但尊處與西南之團結。主持當隨時盡力耳。咨電經已照轉。並加催促。謹聞。啓超馬。

致李印泉章行嚴電 六月二十一日

肇慶都司令部李印泉章行嚴兄鑒。暢卿來。略悉各情。粵事孝懷別覆。國會可望規復。惟我輩若不於事前商定各項方針。萬一不得良果。將貽天下口實。望兩公速來主持。請幷促榮西。超馬。

致蔡松坡電 六月二十四日

大洲驛蔡總司令鑒。禡電迴奉西報稱。弟病劇。正憂灼。僅喉病。尙無慮也。國事少發意見最妙。都滬近情。有致黔馬電致滇敬電詳陳。想皆轉達。兄已宣告政治退隱。弟能否退。應否退。尙當三思。超敬。

致各都督各總司令電 六月二十四日

大洲驛蔡總司令雲南唐都督貴陽劉都督松坎戴總司令鑒。法使傳松噩耗。中外惶駭。想不確。已電重慶日醫往診。別聘德醫雇專船星夜趕來。望節勞愼攝。中央因陳周交鬨。兩皆撤回。任松總轄軍民。明令日內便發。發時不管用何名義。似宜囫圇暫許。勿峻拒。徐圖應付。超敬。

致熊秉三電 六月二十五日

天津熊秉三兄鑒。松任川事。爲川計誠善。但彼以病軀。而素性又綜覈。事必親躬。任此恐戕其生。尙當三思。就令欲彼任此。則中央所發命令。必當爲彼留餘地步。萬不可如廣東之開頑笑。最好不受官職。但言陳周去後。一切軍民政交某接管。似此庶可兩全。請迅以此意達京。並託濟武。超有。

復段總理電 六月二十五日

北京段芝老鑒。奉禡電具見愼重國法至意。但其中有誤解法理之處。旣辱明問。敢盡所懷。尊電惟一之論點。謂不宜以命令變更法律。僕等所見。則三年約法絕對不能認爲法律。而此次宣言規復。絕對不能認爲變更。此義辨明。則一切可迎刃而解。凡法必有系。元年約法。旣經政府公布。前大總統宣誓遵守。欲脩改自有其脩改之程序。卽該五十五條所規定是也。脩改不依此程序。卽不能冒約法之名。新者旣不能冒此名。則舊者之效力自在。不過此三年餘有法外之力爲之梗。而固有之效力一時中斷。今法外之力旣去。則固有之效力自然復活。今全國人民急望政府下一明令者。不過欲政府將已然之事實宣布。以釋羣疑。何變更之可言。卽如此次我大總統依法繼任。政府對內對外。迭經聲明。所依何法。非根據元年約法規定程序所衍生之大總統選舉法耶。使三年約法而爲法也。一法不容兩存。則被該法所廢止之原大總統選舉法。定當非法。云何能依。果爾則何不於六月九日開所謂石室金匱。以別選元首。夫我大總統正位。而海內外共仰爲合法者無他焉。以三年約法之不成爲法也。又如我公今所長之機關爲國務院。國務院者元年約法之機關。三年約法所未嘗有也。三年約法若爲法。元年約法定非法。公所長之院何由成立。今公發布院令。而中外共許爲合法者無他焉。以三年約法之不成爲法也。援諸法理如彼。徵諸事實如此。則三年約法之非法。確成鐵案。命令變更之嫌疑。何由存在。法之性質。辨之旣明。則尊電所援非夷法理。更無俟辨。猶慮有餘疑。請更爲剖斷。尊電謂若不認三年約法爲法。恐近年一切法規爲之動搖。乃至條約公債判決。皆將無效云云。不知法自有種別。一般法自非隨根本而搖動。法國八十年間憲法變更數十次一般法何嘗蒙其影響變更且然況元年約法之效力僅爲中止者乎今國人誓死以爭者在根本法非一般法尊電所深慮者可無慮也尊電謂三年約法所以爲世詬病正緣其以命令變更法律今不宜效尤再誤且言彼時之變更幾經曲折世猶訾其縱恣今毅然一令更修恐更貽口實云云是義不然三年之役項城以命令變更法律誠信讞也以其所變更者確爲法也曷以明其爲法也參議院議決之元首公布之國人公認爲法項城自身亦認爲法也今茲國人希望廢止三年約法決不能指爲以命令變更法律以其所廢止者確非法也曷以明其非法也法之成立其程序必根據於其母法三年約法絕無根據而反於母法也非特國人不公認爲法卽今大總統之地位今國務院之地位皆必先不認爲法而始能存在也夫以命令變更法律無時焉而可者也雖百方紆迴其途其不可如故也故項城雖巧立名目千回百折貌爲愼重而終不能逃舉世之責備今政府若認規復元年約法爲變更法律耶則豈惟政府下令爲不可而已根據各省代表之主張猶之不可也各督代表無議法之權也廣徵名流意見猶之不可也名流發言無法律上之責任也以各省軍民長官爲從違猶之不可也政府且不敢擅政府所屬之行政官更何論也求援於國會議員之箇人猶之不可也議員在院外無權能也僕等以爲政府若能認清三年約法之非法則以命令廢止命令何嫌何疑若必强指此非法之法以爲法而欲於其間求一塗飾耳目之程序則左衝右撞必終於無辦法而已來電又謂甲乙命令可迭相廢則元首更代法律隨轉將來舞法爲姦恐援我爲例云云此語尤屬過慮以令廢法項城作俑繼今以往可斷無人敢效項城亦無人能效項城今茲規復元年約法正欲根據該法第五十四條之規定產生憲法傳諸無窮豈有隨元首以迭更之理若如尊電所疑慮則規復終無善法殆可決言或更取徑於所謂造法機關者以產生法律

如是則元首更代一次，即造一次法。尊電所憂，此實當之矣。尊電又云：法爭良否，不爭遲速。僕等謂苟遲焉，而有妙算，亦所願聞，等是支離，遲何如速。前文所舉，皆法理談耳。若就政治作用論之，則今當風雨飄搖之時，全國視綫以此問題爲焦點，政府亦既察輿情之不可終拂，曷爲不磊落英斷，以繫物望而定民志。若再遷延時日，誠恐展轉誤會，國民不諒政府愼重國法之苦心，或疑爲無俯從民望之誠意，則影響所播，殊非國家之福。我公明達，其必有以處此。專此敬復。梁啓超有。

復黎大總統電 六月二十五日

北京大總統鈞鑒：頃奉有電，垂念松坡，委曲周至，同深銘刻。滬醫上泝需時，頃經探悉在川德法醫人均有名手，已託在滬德法人分電就近馳診。天不絕中國，必留此才，贊公大業。若必來滬就醫，重慶以下均有商輪可達。段總理電派兵輪，頃已電請稍緩矣。啓超稽顙。有。

復段總理電 六月二十五日

北京段芝老鑒：有電敬悉。軫念松坡，重才愛國，同深感荷。初擬自滬延醫西上，而所需時日過多，喉爲劇症，慮難久待。現經探悉在川法德醫人均有名手，已託在滬法德人分電就近馳赴行營施診，賴公之靈，必占勿藥。如需來滬就醫，屆時再當電懇轉飭沿江文武妥爲照料。宜昌以下，商輪甚便，江鯤不能泝渝，應否飭緩上駛，伏候裁酌。超有。

致段總理電 六月二十六日

北京段芝老鑒。一昨奉復兩電。想達記室。啓超自聞喪後。茹痛絕事。曾電西南各省。辭解軍務院撫軍諸職。一切國事。不復與聞。既而項城云亡。時局銳變。我公及各省當局偶垂諮訪。不敢不竭誠奉答。惟盼中央速從根本籌維。迅舉犖犖數端。以饜天下之望。荏苒兼旬。新猷未覩。念厝火積薪之局。不勝嫠婦恤緯之悲。本日晨起閲報。忽覩海軍宣言。事前既未有聞。驟聽不禁失色。默察機兆所趨。愈覺殷憂爲極。今當國運剝復之會。實爲國命絕續所關。國民望治。既火熱而水深。政府布化。實風行而草偃。輿論所請求之數事。本非强政府以甚難。何苦作無謂之遷延。徒以致無窮之口實。又爲對於前日廣東取消獨立所發之明令。於解決時局有何裨益。徒挑衆庶之惡感。增意氣之激昂。若此種揚湯止沸之策。賡續施行。則將來殘棋急刼之爭。安知所屆。我公扶危持顛。責無旁貸。願以精心鉅眼。細察全國心理所趨。逆料某事某事爲政府所不能不辦者。即自動以辦之。無俟國人之要求。逆料某事某事爲政府所不宜堅執者。務再思而後行。勿惹國人之反對。大抵政府多一分之公明英斷。則增一分之威信。時局多一日之曖昧遷延。則加一日之艱險。以公之明。其必有以處此。啓超夙愛和平。憚言破壞。區區微尙。公所素知。況亟急爲負土廬墓之謀。尤熱盼洗甲止戈之象。今覩南北形勢。益加渾沌。憂從中來。不可斷絕。不辭婞直。竭此讜言。願鑒微誠。更賜明誨。啓超宥。

通電 六月二十六日

北京黎大總統段總理雲南唐都督貴陽劉都督長沙桂軍行營陸都督湯都督南寧陳護督杭州呂都督大洲驛蔡總司令松坎戴總司令肇慶岑都司令南京馮上將軍鑒。今日見報。知有海軍暫時不受北京命令之宣言。各處紛紛向超詢問情由。超自聞喪後。已疊電辭去各職。罕接外事。惟前此曾與海軍。稍有間接交涉。項城逝後。旋已停止。於眞日電告戴之都督在案。此次海軍舉動。超事前未嘗與聞。其情節如何。無從懸揣。答復特此電陳。梁啓超宥。

致段總理電 六月二十七日

北京段芝老鑒。頃因海軍事有所感慨。上一明電。措詞稍激。想承恕諒。閱報知公堅求引退。公日來嘔心忍氣情形。超雖在遠。猶能想像一二。公之灰心。固無足怪。但以現狀論之。公若不忍辱負重。此國便將瓦解。此非超漫作諛詞。實灼見之而深憂之。故無論如何。望公必勉任其難。爲國家度此厄運。惟有一義。欲請公深爲注意者。現當人心囂然不靖之時。政府切勿授以可乘之口實。以供煽動之資料。則輿論庶漸趨平穩。而險關或可望安渡。超因海軍事。推測事勢。憂心如焚。深慮枝節愈生愈多。時局遂不可收拾。要之今日欲救危亡。必先求保全政府之威信。而增長之。公若信超確然顧全大局之人。對於西南各省及大局事。有疑難處。或賜詢訪。必當竭誠以告。倘能補助我公一二。間接以挽浩刦。何幸如之。超決擬從事社會敎育。以終其身。本絕口不欲談時事。憂危所觸。輒難自制。言挾血淚。伏唯垂鑒。靜生日內入都。此公誠摯穩健。當能以南中情形。爲公傾吐也。啓超沁。

復各都督各總司令電 六月二十七日

雲南唐都督貴陽劉都督長沙行營陸都督南寧陳護督杭州呂都督肇慶岑都司令敍州蔡總司令松坎戴總司令鑒。承電見推與唐君少川同協商善後事宜。並令會推參贊擇定地點等情。我獨立省分會派專員與北協商之議。本蓂賡都督提議。戴之都督主張。不必每省分派。超初亦覺此著甚要。惟察現在形勢似難實行。蓋現在情形。不宜取對抗協議之形式。而我各省共同之要求實不外約法國會數端。皆已單銜發表。且目的將達。更無協議之必要。此外各省軍政財政善後問題。情節複雜。絕非局外人所能代表。鄙意前議似可作罷。別由各省前敵各軍各自與中央交涉。反爲有益實際。又軍院待約法規復國務院改組後。似立當宣告撤廢。至都督名稱則暫勿改。待將來外官制畫一解決。以上各節。請公決一致。至啓超聞喪未逾百日。萬不敢越禮出而與社會交際。協商代表事能完全罷議最善。否則亦請別任賢能。俾全禮防。非敢規避諉卸。實欲求心所安。乞見原。啓超。沁。

致各都督各總司令電 六月二十八日

雲南唐都督貴陽劉都督長沙分送桂行營陸都督湯都督南寧陳護督杭州呂都督敍州蔡總司令松坎戴總司令肇慶岑都司令韶州李總司令鑒。如舟都督巧效兩電。勸奉軍務院宜亟圖撤廢。誠如蓂公言。若此機關久存。非惟我輩倡義本心不能自白。且恐有人假借名號。生事怙亂。將來反動之結果。轉助復辟派張目。此最可憂。鄙意宜各省聯名將舟公巧電所主張。逕電中央。請以明令改組國務院。任員署理。軍院即行宣告撤廢。至規復約法。除明令別無完善手續。此事殆將解決。不必別生枝節。善後會議。不外軍財兩政。非可籠統代表。舟公主各省分別接洽。超甚贊成。昨上沁電。已表此意。啓超勘。

致各都督各總司令電 六月三十日上海發

雲南唐都督貴陽劉都督長沙桂行營陸都督南寧陳護督敘州蔡總司令松坎戴總司令鑒。護密。段芝泉來電。有涉想將來。罔知所屆。人心至此。國步如何。自惟材輕。萬難收拾。仔肩之卸。國會爲期等語。兩旬來芝老應付時局。雖多未協機宜。超亦嘗屢電責備。然此公宅心公正。持躬清直。維持危局。非彼莫屬。其舉措不滿人意之處。實緣眼光稍短。非懷惡意。現有數派人專以排彼爲事。無非欲達箇人權利目的。此公若被擠去。北軍人人自危。大局將不可問。且彼賦性澹泊。豈慮把持。協力度此難關。俟國基定後。各政客豈患無機會以自表見。今汲汲傾軋。眞乃以國爲戲。首義諸公。宜持正義。免彼灰心短氣。請分致一誠懇之電。勸其勉任鉅艱。且言萬事願與協商。俟內閣改組後。必力爲擁護。仍別電元首。乞益加倚畀。或可挽其去志。超前致幹老電。謂蓄力觀變爲要。今仍抱此宗旨。然所觀之變爲何種。實難逆料。近覩人欲橫流之象。深恐元二年覆轍復見。昨電力贊蓂周兩公速撤軍院之議。實深有所懼。諸公想會此意。超卅。

致各都督各總司令電 七月一日

雲南唐撫軍長肇慶岑撫軍副長貴陽劉都督敘州行營蔡總司令松坎戴總司令長沙分送桂行營陸都督湯

都督南寧陳護督杭州呂都督韶州李總司令鑒。頃已奉明令。復約法。召國會。任段芝泉組新閣。我輩要求已達。軍院宜立即宣言撤廢。謹擬電文如下。北京大總統國務院總理各部總長參議院衆議院各省將軍巡按使北京英文京報國民公報轉各報上海時事新報中華新報轉各報均鑒。軍務院第三號布告文如下。帝制禍興。滇黔首義。公理所趨。輿情一致。桂粵浙秦湘蜀相繼仗義。其時因戰禍遷延。未知所屆。獨立各省前敵各軍。不可無統一機關。故暫設軍務院。爲對內對外之合議團體。其組織條例第十條規定。本院俟國務院依法成立時撤廢之等語。屢次宣言布告。一再聲明。今約法既復。國務總理既特任。雖閣員未經國會通過。然當國會閉會時。元首先任命以俟追認。實爲約法所不禁。現國務院既依約法而成。與本院組織條例所指正合。今大總統之依法繼任。既符獨立各省最初之宣言。政府國會。次第成立。允爲全國人民心理所同愜。本軍務院謹依組織條例。於本日宣告撤廢。其撫軍及政務委員長外交專使軍事代表等名目。一併銷除。國家一切政務。靜聽元首政府國會主持。爲此布告天下。咸使聞知云云。此電務乞公決。即日由滇拍發。用撫軍全體署名。再此電恐廣州電局閣壓不達。肇慶蔡戴行營亦慮延閣。請桂速轉肇。黔速轉蜀。啓超。東。

致馮上將軍電 七月一日

南京馮上將軍鑒。前次靜生趨謁。曾以粵省善後辦法奉商。現粵禍迫眉睫。非速求轉圜。勢必糜爛。以牽全局。超去春在粵時。龍曾言願得督辦雲貴兩廣林礦名義。即可退粵。此時爲龍稍留面目。似以此爲最宜。靜生入都。曾託向元首及芝老歷陳。乞公更爲主張。粵民永感。紹儀。啓超。東。

致黎大總統段總理陳總長電　七月一日

北京分送黎大總統段總理陳財政總長鑒。頃得松坡來電。內開。鍔喉病自去年出京以來。迄未得療治之餘裕。今已成頑性。非就專門醫家。速為調治。似難奏效。本擬卽日脫卸。飄然遠引。一以踐言。一以養疴。乃軍中會議。數次。羣尼吾行。目覩全軍情況。善後各事。諸待部署。安頓此時。實難忍絕裾而去。鍔直接所部。除川黔軍外。滇軍原有三梯團。計共二十營。自滇出發以來。僅領滇餉兩月。半年來關於給養上。毫無補充。以致衣不蔽體。食無宿糧。每月火食雜用。皆臨時東劈西挪。拮据度日。當兩軍對峙。軍事方殷之時。為對敵觀念所激。羣置給養之豐歉於不問。今大局既定。恤賞之費。不能不立為籌給。以前欠餉。不能不急事補發。息借商民貸款。不能不依限償還。凡此種種。均非由鍔負責辦清。無以安衆心而全信用。職上所需各款。共計在三百萬內外。現擬派員赴京交涉。請中央從速籌發。如蒙函丈電政府。將此項款費提前撥給。俾鍔得早日脫身。以全初志。尤為盼切。如何乞示復。鍔叩。勘等因。查此次松坡所部。勞苦功高。半年來顚沛困衡情形。此電所陳。實未罄萬一。松又以久病之身。亟思結束引退。以圖療養。政府為軫恤義勇軍士計。為護惜愛國人物計。似不能不提前籌救。以昭激勸。且表示與南軍開誠相見。一視同仁之至意。明知今當司農仰屋之時。籌維非易。幸為數不鉅。湊措宜不甚難。伏望俯念艱貞。速為設法。若中央實竭蹶。或飭東南各省及中銀滬漵分行。暫為湊撥若干。或與外國銀行商短期借墊。濟彼眉急。豈惟松坡感激。實大局有關。如何之處。盼切實賜復。俾轉慰前途。梁啓超稽顙東。

致馮上將軍電 七月一日

南京馮上將軍鑒。頃接松坡電內開。梁新會先生鑒。鍔喉病自去年出京以來。迄未得療治之餘裕。今已成頑性。非就專門醫家速爲調治似難奏效。本擬卽日脫卸。飄然遠引。一以踐言。一以養痾。乃軍中會議數次。羣尼吾行。目覩全軍情況。善後各事。諸待部署安頓。此時實難忍絕裾而去。鍔直接所部除川黔軍外。滇軍原有三梯團。計共二十營。自滇出發以來。僅領滇餉兩月。半年來關於給養上。毫無補充。以致衣不蔽體。食無宿糧。每月火食雜用。皆臨時東劈西挪。拮据度日。當兩軍對峙軍事方殷之時。爲對敵觀念所激。羣置給養之豐歉於不問。今大局既定。恤賞之費不能不立爲籌給。以前欠餉。不能不急事補發。息借之商民貸款。不能不依限償還。凡此種種。均非由鍔負責辦淸。無以安衆心而全信用。職上所需各款。共計在三百萬內外。現擬派員赴京交涉。請中央從速籌發。如蒙函丈電政府將此項款費提前撥給。俾鍔得早日脫身。以全初志。尤爲切盼。如何乞示復。鍔叩勘等因。查松坡此次任事之艱苦。超知之最詳。該電所言。實未罄萬一。蓋本身瀕於死者五六次。全軍日惟半飽。所食雜以糠殼。然而轉戰半年。衆志如一。初出滇境。僅持兩月餉。以後一無接濟。今謀善後。僅需三百萬。嚴正堅卓之操。宜鬼神所同欽。今以久病速求息肩。若政府不急爲籌維。眞足令天下短氣。知我公素愛重松坡。前靜生晉謁。曾許對於西南力爲援助。敢瀝誠奉懇代達中央。又中央或籌措尙艱。更請公從各方面代爲設法湊墊。成數俾解眉急。豈惟松坡之感。亦大局之幸。啓超稽顙。東二。

致陸陳兩都督電 七月二日

南寧陳護督並轉行營陸都督鑒。東冬電擬軍務院撤廢之布告想達。此議本根據蓂公蒸電所主張。弟最初即贊成。今約法國會已復。內閣已改組。自當實依蒸電辦法。若今猶不撤。則太不爲黃陂留地步。中外疑駭危險萬端。望兩公與滇黔合力主持。超冬。

致黎大總統電 七月三日

北京大總統鈞鑒。奉東電沖挹逾恆。獎借溢分。無任惶悚。超絕非敢有所規避。但爲私爲公。此時皆決不宜就職。已別電蹇季常轉託乾若宗孟代達下忱。伏爲矜原。此身雖在江湖。苟有利於國者。當惟力是視也。啓超稽顙。江。

致岑都司令電 七月四日

肇慶岑都司令鑒。護密。軍院之撤。滇黔浙既主張。超亦謂現在實爲適當時機。不獨爲大局計而已。即爲軍院計。今各省各軍皆無見糧。捐借之路兩絕。非與政府協商。曷由接濟結束。而政府仰屋。亦同於我。終不能不乞靈外債。南北不統一。外債決無成立之望。論者或謂以此窘斃中央。自誇妙策。夫袁既倒。而必欲更窘斃黎段。是否爲國家之福。且勿深論。曾亦思窘斃中央需一月者。未半月而我先已自窘斃耶。政客逍遙海上。絕不知軍中甘苦。而放言高論。從何理喻。論者動曰留此爲交換條件。吾不知所欲換之條件爲何。索軍費耶。外債不成。雖索北京當局而揭炙之安能有得。卽許我亦徒虛語耳。占地盤耶。我方與人對抗。卽有命亦安能受。卽此兩事。固非撤廢後無從著手也。論者謂當俟正式政府成立。此固根據條例。嚴格正辦。但事實上正式政府何時成立。殊難預期。國會開會尚待一月。其時段去留未定。段去則總理問題發生。無論誰爲總理。組閣談何容易。非一月恐難就緒。萬一國會稍濫用同意權。則全閣一兩月虛懸。亦意中事。國家安能支久。許我軍安能支久。許者所要求交換之條件。未必得要領。而此數月中。或別生變故。以至不可收拾。則國人縱不責我輩。我輩良心亦何能無疚。況卽以欲得之條件論。開誠協商。或較易對抗要求。或較難。論者必謂喝脅可以奏功。而不計猜逼可以激變。此非能周徹中邊也。鄙意謂軍院宜依蓂公蒸電提議。乘此時迅告撤銷。一面仍力促軍事善後會議之進行。我獨立各省之代表。仍集上海。先行會商。使論調略歸一致。其各省各軍特別情形。各自交涉。而全體隱爲後援。其有萬難容留之人。如龍濟光者。現在既合力驅除。此後仍堅持要請。必以去爲度。正不必以軍院存否爲輕重也。超日來因持論稍趨和平。以爲此間一部分人士所集矢。超固無畏無懟。然深恐海上政客心理。賡續煽揚。結果必爲袁氏分謗。以極端繼極端。國勢能堪幾次反動耶。超多情多感人也。激於情感。從諸君子之後。以赴今役。結果則父死不克奔喪。且斷送平生唯一之良友。而環顧各方面人士。其舉措時或類於自殺。國家前途希望。不絕如縷。公私煎痛。中夜淚熒。枕函不乾。於茲一月。有時哀憤之極。逝將一瞑不顧。今雖與政治絕緣。然區區所懷。不能不爲公一披瀝。印泉佩嚴深心遠識。必有同感也。啓支。

致陸陳兩都督電 七月四日

南寧陳護督並轉行營陸都督鑒。幹公號電江奉。感愴交并。爲覺頓復仇。國法私情皆不容已。迫龍交兇。自是正辦。然龍必不肯交。蓋不待問而知。故非去龍不能達懲兇之目的。頃已分途與中央交涉。惟有兩義欲取決於兩公者。其一中央去龍。或不致逕予斥黜。慮其負固激變。兩公謂宜調以何職。彼去春曾語超。謂欲爲滇黔桂粵四省礦務督辦。此可許否。其二繼彼者宜爲何人。超則謂非幹公不能統馭彼舊部而安其反側。且粵盜亦非幹公莫治。不識公能俯憐粵民。允一擔任否。聞湘人堅欲留公。公能擺脫否。此外則西林亦佳。然彼已踐言引退。恐更難强。且所部複雜。而與龍直接惡感甚深。不審接手後有無棘手也。以上兩條望立復。俾得向中央切實商榷。啓超支。

致黎大總統段總理電 七月四日

北京大總統國務院鈞鑒。前讀松坡督川明令。卽去電勸其就任。頻日得彼來電。似未知此事。頃奉黔州電轉述松豔電稱。周入成都自稱崇武將軍。川軍民憤甚等語。黔督問明令是否已下。必有名義。乃能維持云云。超意或周將電令閣蔵。乞嚴飭電局速送。再別電大洲驛敍州。飭蔡赴任。俾得迅平大難。蜀事幸甚。啓超叩支。

致各都督各總司令電 七月五日

雲南唐都督。貴陽劉都督。長沙分送湯都督。桂行營陸都督。南寧陳護督。杭州呂都督。肇慶岑都司令。敍州蔡總司令。松坎戴總司令鑒。東電請撤軍務院。並擬布告。想達。浙已先通電主張。諸公想皆同意。布告發時。希先以簡電飛示。因長電每經旬乃達也。軍事善後要求。一面各派代表交涉。一面仍當以電提出大概條件。各省饒瘠本既不同。兵事進行久暫亦異。自不能合提籠統條件。或不要求補助而規定兵額要求成認。或要求軍費資安插收束。皆請由各省各軍自度情形。互相知照。其代表能在滬先一會集尤妙。要求額似極宜核實。因此項須仰給外債。將來用途必列國會議案。我軍宜自占地步。勿貽絲毫口實也。啓超歌。

復唐都督電 七月五日

雲南唐都督。東支兩電均悉。軍務院卽行撤廢及軍事善後代表先行來滬集議各節。均爲目前最要之著。頃上各電。亦同此意。所擬布告。乞迅由滇拍發。俾得速布。此電當卽轉知各處。松處已頻電促其就職。惟渠尚未奉到督川明文。想爲周駿壓抑所致。已電京飭查幷補發矣。啓超歌二。

致陳都督陸都督岑都司令電 七月六日

南寧陳護督並轉行營陸都督肇慶岑都司令鑒。范靜生電述芝語。謂據最新報告。龍軍增多已逾五萬。士練械精。勢非易與。岑陸代龍策誠善。但按諸軍事方面多未妥。擬留龍暫支目前。俟時局略定。決當令其離粵。以慰衆望。此中實具苦心。望能見諒云云。濂察其對待粵事。似主意已定。頗難變更等語。超已續電痛陳暫留龍之害。更屬孝懷面陳。惟芝意能回否不可知。請轉致日初子雲柱一禮堂諸公。超魚。

復段總理電　七月六日

北京段總理鑒。支電奉悉。靜王兩電述教言。益深欽感。取消獨立事。東日已飛電各省。並代擬撤軍務院之布告。現雖未得復。然滇黔及蔡戴皆先有電來。同此主張。想因電閣遲。故至今未表示。然諒不出數日也。粵事情節複雜。可憂甚多。別有電託靜陳。再新閣員似尚徘徊。已力勸速北。聽否不敢必耳。超魚。

復黎大總統電　七月六日

北京大總統鈞鑒。歌電奉悉。鈞座延攬之誠。不言久喻。超絕非謬爲撝謙。嗚高鈞譽。尤非選擇職務。有所薄而不爲。素性所存。以鈞座知我之深。必能信諒。實緣自審才器所宜。覺今後報國之途。與其用所短以勞形於政治。毋寧用所長以獻身於教育。軍興以前。早懷此志。一俟大局稍寧。自當經始所業。現當國運嬗代。要關鈞座宵旰勞勤。超雖無職守。在義亦當趨詣。稍襄憂勤。奈縗絰在身。不敢以入公門。守制滿百日後。若故鄉秩序未復。營葬非時。或當北行。一承鈞誨也。啓超稽顙。魚。

致各都督電　七月七日

杭州呂都督。雲南唐都督。貴陽劉都督。南寧陳護督。並轉行營陸都督鑒。得京電。知將有明令任命五省軍巡。奉到時。望必一致復電受命。袁死後獨立本已不成名詞。黎又爲我軍首戴。斷無抗理。廢軍院既各省同意。望即日

宣布統一之形既成善後乃可著手粤民水深火熱專恃幹公爲解倒懸元首爲地擇人苦心遠識乞幹公千萬勿辭謹代表鄉人百叩以請啓超陽

致陳陸兩督軍電 七月七日

南寧陳護督衡州桂軍行營陸督軍鑒得京電知已任幹老督粤元首總揆軫念吾鄉擇賢作牧超雖苦塊哀痛亦爲喜躍孝懷靜生入都時原約以政府主意若決務先電超待電商幹老求同意乃可發表但粤禍迫眉睫非急調龍粤必糜爛轉折電商動費旬日故不能待事前未接洽之咎望爲政府曲原尤請幹老即日復電受命千萬勿辭更請舜老竭誠勸駕幹老高蹈本懷超所深察但請再勞苦數年爲吾粤清積匪定治本此後林泉之興正長也龍調何位置京電未詳大約交代尚稍需時日望幹老即日由湘返旆以蘇粤民並告日初停戰勸西林約束所部以免塗炭蠻攻觀音山決非易且使龍藉口反抗禍尤烈也盼立復並加轉行營啓超陽二

致蔡松坡電 七月七日

敍州蔡督軍鑒督川命想已復電允受望更勿遲段來電言曹軍聽弟裁處望電京主張撤退超陽

致范靜生電 七月七日

北京化石橋尚志學會范靜生君鑒孝懷同鑒電悉已立分電各處且電肇息兵惟陸非一月後不能到龍久不

交代。恐粵難未已。譚浩明現在肇。可派其暫行代理。此著極要。乞商當局。務望垂採。請孝速電岑止兵。電由贛綫往。勿致龍閣。李宜有位置。超陽戌。

致陳陸兩督軍電 七月八日

南寧陳護督並轉行營陸督軍鑒。督粵之命。事前未求同意。純爲救粵急起。見萬勿誤會。幹公若辭。龍必藉口戀棧。爲困獸之鬥。粵必糜爛。幹公體上天好生之德。宜不忍坐視。即決意高蹈。亦必先接任以度此難關。徐圖舉賢自代。全粵安危。繫公一諾。謹百拜請命。超已電京請就月波日初擇任一人派署。先交代以待公至湘境。桂軍似不必拔隊全退。湘方亂亦宜留兵助鎭。愼堂在營。當可料理。望輕裝減從。速救此一方民。此電望舜老速轉行營。並立復。超庚。

致陳督軍電 七月八日

南寧陳護督鑒。陽庚電計達。幹老實授粵督。暫署湘督。湘粵各得所。甚善。惟龍離任太遲。粵難終無由靖。已請改派月波或日初暫署。仍託華甫勸龍速退。未知能否有效。總望幹老作速返斾。乞爲力勸。又請懇勸肇慶即日息兵。否則曲直有在。且困獸之鬬。所傷實多也。盼復。啓超庚。

致岑西林電 七月八日

肇慶岑都司令鑒。得京電。知已任幹老督粵。公當爲粵慶得人。龍仍暫署。恐實難相安。已電京商改派。未知能否有效。惟在粵滇桂兩軍。此後態度。最當審愼。如孟浪續攻。曲在公等。且若絕不許龍以收束之餘裕。則與困獸鬭。勝算未卜。卽勝其傷實多。一旦粵城糜爛。公等將分受怨毒。願公熟商愼處。盼立復。啓超庚。

致馮上將軍電 七月八日

南京馮上將軍鑒。頃得京電。知以龍辦礦。任陸督粵。粵人欣感無量。陸到任前。龍仍暫署。此亦正辦。惟粵中如肇羅欽廉高雷潮韶等屬。已處於與龍不能兩立之地。李軍正進逼省城。現超雖去電力勸息兵。然龍作數月淹留。恐粵難終未已。望公以私誼電龍。自行電京。言願迅離任。求別派署。爲龍計早晚終須去。速則稍留去思。遲則益增惡感。萬一戰端不弭。粵固糜爛。龍亦狼狽。何苦不求身名俱泰之道。望公飛電爲陳利害。能派員面勸尤善。龍若採納。則署理者似以廣西師長譚浩明最宜。譚現駐梧也。盼復。啓超庚。

致唐劉各督軍戴省長電 七月十日

雲南唐督軍貴陽劉督軍瀘州蔡督軍南寧陳督軍並轉行營陸督軍松坎戴省長鑒。蓂公虞電。擬正式閣成。始撤軍院。固屬正辦。然新閣恐甚難產。現危機四伏。似不宜久留此空名。以資口實。望當機立斷。超蒸。

致羅總司令電 七月十二日

瀘州蔡督軍轉羅總司令鑒。經年共事。尺素未通。藏寫之懷。與日俱積。得松電。知病轉劇。須東下療養。蜀事舉公自代等語。松體本弱。今漸成痼疾。我輩當爲國家護惜此賢。若中央能允所請。望公更勿辭。公雖有桂長之命。然桂局安謐。所待於公者不如蜀之切也。如何盼復。啓超文。

通電 七月十五日

北京分送參議院衆議院國民公報英文京報轉各報貴陽劉督軍並轉唐蔡任戴岑陸陳諸公鑒。劉督眞電。追述衆議院副議長陳君國祥參預首義功績。字字核實。無任欽佩。去冬滇黔舉義。固全由唐劉任諸公忠勇飆舉。神機獨運。亦賴京津諸賢。苦心戮力。戴循若偕王伯羣由滇黔入京。專與超及松坡商護國軍方略。同寓火道口陳君宅中。伯羣信宿卽行。此後迭次祕密商議。惟蔡戴及蹇季常湯覺頓並陳君與超六人。徐佛蘇旋加入。時京津偵騎密布。此七人之危苦可想。其間與滇黔通電。多賴陳君斡旋。蔡戴南下各事。應賴陳君料理。起義後京中消息。全賴蹇陳兩君隨時詳報。俾滇黔得以防維應付。其賢勞堅卓。視從軍者未遑多讓。此皆事實。超敢證明。又參議院議長王君家襄。於帝制發生後。卽請假南下。超在滬時。義軍初起。旋託王君北行偵察。與蹇陳及梁君善濟共事。同歷艱苦。此爲劉督所未知者。謹一併據實陳明。藉供秉公審查之助。梁啓超叩咸。

復陳陸兩督軍電 七月十七日

南寧陳督軍並轉行營陸督軍鑒。舜公文元電刪奉。敬爲粵民謝。得幹公通電。知蒸日已拔隊南旋。湘人甚觖望。

粵人則以蒞粵期近，額手相慶也。幹公若辭，粵民將無噍類，哀鳴叩請，聲嘶以悲，望鑒厥誠。松坡因病請假，留羅代蜀督，羅到桂任恐無期，並聞。啓超。篠。

致岑西林電 七月十七日

肇慶岑都司令鑒：前離肇時，由尊處在滇借款項下撥交六千元，充東游及此間同人通電之費。弟既因聞喪輟行，電費及其他所需有限，尚能自行籌措。公款至艱，未敢濫用，現存中國銀行，未動分文，應撥充何項公益，乞商示遵。啓超。篠。

復陳陸兩督軍電 七月十七日

南寧陳督軍轉行營陸督軍鑒：銑電悉。公高蹈本懷，超所深悉，原不敢以鄉事瀆擾。然粵局非公莫解，殆成全國輿論，西林固超所最望。然一則因宣言袁退己隱，此老磊落鯁直，有言必踐，其見重於天下亦在此，我輩愛人以德，不宜强以所難。二則西林近諸病復發，咯血頗劇，粵局慪氣腐心之事正多，或非所以優耆碩。三則數月來岑龍逼處，惡感太深，恐龍不讓，致勞攻取，非惟粵禍愈滋，且亦損岑威望。四則安插龍所部軍隊，實將來一大難題，彼部多曾隸公麾下，公接手遺留較易，岑雖好，終隔一層。且肇慶諸賢憤龍已甚，操之過蹙，尤恐激變。五全粵久成盜匪世界，痛勦肅清，非公莫任。以此諸端，元首總揆之倚畀我公，實具苦心。尊電所言，固屬實情。超謹以代陳政府，惟爲政府計，任命屢易，於威信不無失墜，能否聽採，殊不敢知。且聞龍已電京，謂待公到即交代，今若改命，恐生支離。粤事將不可問。望公俯念粤人倒懸待救之血誠。不避艱辛。勉肩茲任。謹百拜哀請。仍盼示復。啓超篠。

復大總統國務卿電 七月十九日

北京大總統國務院鈞鑒。奉篠日大總統鈞電。以軍務院之成立撤銷各應時宜。渥垂奬勉。並勗以將來匡濟之責。詢以目前結果之條。凡在同人。宜同欽感。啓超猥以書生。激於義憤。追隨諸帥。偶贊戎機。嗣以遭憂。自陳解職。各方既職責有歸。局外本無勞喋瀆。辱齒明問。略獻愚忱。一此次西南以護法之故。出師逾十萬。滇黔桂皆瘠省。粤督則始終未與肇慶開誠一致。故各方面軍費所出。竭蹶萬端。多恃息借以支軍食。而正餉則積久無藝。今圖收束。非可空言。望飭所司。迅予籌維。俟各省及前敵各軍核實册報。提前撥發。二新簡川督蔡鍔。積勞致疾。屢電乞休。復委啓超代爲陳請。蔡君年力富盛。報國之日正長。國家護惜人才。似當曲爲矜恤。可否俟周駿亂定。許其休沐。三滇第二軍總司令李烈鈞。勞苦功高。昔任封疆。既積經驗。年來憂患飽經。益復斂才就範。似宜優加倚畀。竟其賢勞。四此次死事諸賢。在義宜有崇恤。其陣亡將校。乞飭各軍主帥從速册報。啓超所知。有廣西代表前中國銀行總裁湯叡。因謀兩廣和平。在粤慘遭戕害。同難者尚有陸軍少將譚學夔。廣東警察廳長王廣齡等。皆一時俊彥。爲國捐軀。似宜優加表恤。以慰忠魂。以上隨述所感。略酬蕘詢。自餘大計。政府國會自能主持。未敢多瀆。謹復。梁啓超叩。皓。

致各督軍各總司令電 七月二十四日

雲南唐督軍肇慶岑都司令貴陽劉督軍南寧陸督軍陳督軍瀘州蔡督軍羅護督軍重慶戴省長鑒。蓂公號電漾奉。超前因對峙相猜。大局甚險。故本蓂公六月蒸電之旨。力主速撤軍院。詞涉危急。諸公不嗔責而垂採。銘感良深。中央舉措。誠多不滿人意。然與其謂有惡意。毋寧謂不接頭。滬上代表入京。南旋所述頗詳。今日之局。與其對峙增猜。不若統一協議。新閣員久不北行。致中央不得有力之發言。亦一失著。我謂彼不誠。彼亦謂我不誠。若緣此生反動。責任固分擔矣。現軍院既撤。彼疑我者已解。但望閣員速往。國會穩健。彼此相煎不急。大局或可維持。善後費中央聲言允任。惟須常敦促。事實上亦須彼籌款有著。索取乃有效也。綿薄所逮。自當盡心。啓超敬。

論文第四

異哉所謂國體問題者

秋霖腹疾。一臥兼旬。感事懷人。百念灰盡。而戶以外甚囂塵上。𠫤然以國體問題聞。以厭作政談如鄙人者。豈必更有所論列。雖然。獨於茲事有所不容已於言也。乃作斯篇。

吾當下筆之先。有二義當爲讀者告。其一當知鄙人原非如新進耳食家之心醉共和。故於共和國體。非有所偏愛。而於其他國體。非有所偏惡。鄙人十年來夙所持論。可取之以與今日所論相對勘也。其二當知鄙人又非如老輩墨守家之斷爭朝代。首陽蕨薇。魯連東海。此箇人各因其地位而謀所以自處之道則有然。若放眼以觀國家尊榮危亡之所由。則一姓之興替。豈有所擇。先辨此二義。以讀吾文。庶可以無蔽而邇於正鵠也。

吾自昔常標一義以告於衆。謂吾儕立憲黨之政論家。只問政體。不問國體。驟聞者或以此爲取巧之言。不知此乃政論家當恪守之原則。無可踰越也。蓋國體之爲物。既非政論家之所當問。尤非政論家之所能問。何以言乎不當問。當國體彷徨歧路之時。政治之一大部分恆呈中止之狀態。殆無復政象之可言。而政論更安所麗。苟政論家而牽惹國體問題。故導之以入彷徨歧路。則是先自壞其立足之礎。譬之欲陟而捐其階。欲渡而舍其舟也。故曰不當問也。何以言乎不能問。凡國體之由甲種而變爲乙種。或由乙種而復變爲甲種。其驅運而旋轉之者。恆存乎政治以外之勢力。其時機未至耶。絕非緣政論家之贊成所能促進。其時機已至耶。又絕非緣政論家之反對所能制止。以政論家而容喙於國體問題。實不自量之甚也。故曰不能問也。豈惟政論家爲然。卽實行之政治家亦當有然。常在現行國體基礎之上。而謀政體政象之改進。此卽政治家唯一之天職也。苟於此範圍外越雷池一步。則是革命家之所爲。非堂堂正正之政治家所當有事也。其消極的嚴守之範圍則既若是矣。其積極的進取之範圍則亦有焉。在甲種國體之下爲政治活動。在乙種反對國體之下仍爲同樣之政治活動。此不足成爲政治家節操之問題。惟犧牲其平日政治上之主張。以售易一時政治上之地位。斯則成爲政治家之節操問題耳。是故不問國體只問政體之一大義。實徹上徹下。而政治家所最宜服膺也。

夫國體本無絕對之美。而惟以已成之事實爲其成立存在之根原。欲憑學理爲主奴而施人爲的取舍於其間。寧非天下絕癡妄之事。僅癡妄猶未足爲深病也。惟於國體挾一愛憎之見。而以人爲的造成事實以求與其愛憎相應。則禍害之中於國家將無已時。故鄙人生平持論。無論何種國體。皆非所反對。惟在現行國體之下。而思以言論鼓吹他種國體。則無論何時皆反對之。昔吾對於在君主國體之下而鼓吹共和者。嘗施反對矣。吾前後關於此事之辯論。殆不下二十萬言。直至辛亥革命既起。吾於其年九月猶著一小冊。題曰新中國建設問題。爲最後維持舊國體之商搉。吾果何愛於其時之皇室者。彼皇室之僇辱我豈猶未極。苟微革命。吾至今猶爲海外之僇民耳。復次當時皇室政治種種予人以絶望。吾非童騃。吾非聾瞶。何至漫無感覺。顧乃冒天下之大不韙思爲彼匄垂絶之命。豈有他哉。以爲若在當時現行國體之下。而國民合羣策合羣力以圖政治之改革。則希望之遂或尚有其期。舊國體一經破壞。而新國體未爲人民所安習。則當驟然蛻變之數年間。其危險苦痛將不可思議。不幸則亡國恆於斯。卽幸而不亡。而緣此沮政治改革之進行。則國家所蒙損失。已何由可贖。嗚呼前事豈復忍道。吾請國中有心人試取甲辰乙巳兩年新民叢報中之拙著一覆觀之。凡辛亥迄今數年間。全國民所受之苦痛。何一不經吾當時層層道破。其惡現象循環迭生之程序。豈有一焉能出吾當時預言之外。然而大聲疾呼。垂涕婉勸。遂終無福命以荷國民之嘉納。而變更國體所得之結果。今則既若是矣。

今喘息未定。而第二次變更國體之議又復起。此議起因之眞相何在。吾未敢深知。就表面觀之。乃起於美國博士古德諾氏一席之談話。古氏曾否有此種主張。其主張之意何在。亦非吾所敢深知。（古氏與某英文報記者言則謂並未嘗有此主張云）顧吾竊有惑者。古氏論中各要點。若對於共和君主之得失爲抽象的比較。若論國體須與國情相適。若歷舉中美南美墨葡之覆轍。凡此諸義。本極普通。非有甚深微妙。何以國中政客如林。學士如鯽。數年之間。並此淺近之理論事實而無所覺識。而至今乃忽借一外國人之口以爲重。吾實惑之。若曰此義非外國博士不能發明耶。則其他勿論。卽如鄙人者。雖學識譾陋。不逮古博士萬一。然博士今茲之大箸。直可謂無意中與我十年舊論同其牙慧。特其透闢精悍。尚不及我什分之一百分之一耳。此非吾妄自夸誕。坊間所行新民叢報飲冰室文集立憲論與革命論之激戰新中國建設問題等。不下百數十萬本。可覆按也。獨惜吾睛不藍。吾髯不赤。故吾之論宜不爲國人所傾聽耳。夫孰謂共和利害之不宜商搉。然商搉自有其時。當辛亥革命初起。其最宜商搉之時也。過此以往。則殆非復可以商搉之時也。（湖口亂事繼起。正式大總統未就任。列國未承認共和時。或尚有商搉之餘地。然亦僅矣。）當彼之時。公等皆安在。當彼之時。世界學者比較國體得失之理論。豈無一箸述足供參考。當彼之時。美墨各國豈皆太平宴樂。絕無慘狀呈現。以資我龜鑑。當彼之時。迂拙愚戇如鄙人者。以羈泊海外之身。憂共和之不適。著論騰書。淚枯血盡。（吾生平書札不存稿。今無可取證。然得吾書者當自知之。吾當時有詩云。報楚志易得。存吳計恐疏。又云。茲括安可觸。弛恐難復張。又云。讓皇居其所。古訓聊可式。自餘則有數論寄登報也。）而識時務之俊傑。方日日以促進共和爲事。謂共和爲萬國治安之極軌。謂共和爲中國歷史所固有也。嗚呼天下重器也。可靜而不可動也。豈其可以翻覆嘗試廢置。如奕棋。謂吾姑且自埋焉。而預計所以自掮之也。譬諸男女婚媾。相攸伊始。宜慎之又慎。萬不可孟浪以失身於匪人。倘蹈危機。則家族親知。臨事犯顏。以相匡救。宜也。當前此饒有審擇餘地之時。漫置不省。相率慫恿以遂苟合。及結褵已歷年所。乃日聒於其旁曰。汝之所天。殊不足以仰望而終身也。愛人以德。宜如是耶。夫使共和而誠足以亡國也。則須知當公等與高采烈以提倡共和促進共和之日。即爲陷中國於萬刦不復之時。諺有之。既有今日。何必當初。人生幾何。造一次大罪孽。猶以爲未足。忍又從而益之也。夫共和之建。曾幾何時。而謀推翻共和者。乃以共和元勳爲之主動。而其不識時務。猶稍致留戀於共和者。乃反在疇昔反對共和之人。天下之怪事。蓋莫過是。天下之可哀。又莫過是也。

今之論者則曰。與其共和而專制。孰若君主而立憲。夫立憲與非立憲。則政體之名詞也。共和與非共和。則國體之名詞也。吾儕平昔持論。只問政體。不問國體。故以爲政體誠能立憲。則無論國體爲君主爲共和。無一而不可也。政體而非立憲。則無論國體爲君主爲共和。無一而可也。國體與政體。本截然不相蒙。謂欲變更政體。而必須以變更國體爲手段。天下寧有此理論。而前此論者。謂君主決不能立憲。惟共和始能立憲。吾前此與革命黨論戰時彼嘗持論如此今茲論者。又謂共和決不能立憲。惟君主始能立憲。吾誠不知其據何種理論以自完其說也。吾今請先與論者確定立憲之界說。然後徐察其論旨之能否成立。所謂立憲者。豈之必有監督機關與執行機關相對峙。而政權之行使。常蒙若干之限制耶。所謂君主立憲者。豈非以君主無責任爲最大原則。以建設責任內閣爲必要條件耶。既認定此簡單之立憲界說。則更須假定一事實以爲論辯之根據。吾欲問論者以將來理想上之君主爲何人。更質言之。則其人爲今大總統耶。抑於今大總統以外而別熏丹穴以求得之耶。今大總統不肯帝制自爲既屢次爲堅決之宣言今不過假定以資辨論耳不敬之罪吾所甘受也如曰別求得其人也。則將置今大總統於何地。大總統藎瘁國事既久。苟自爲計者。豈不顧速釋此重負。頤養林泉。試問我全國國民能否容大總統以自逸。然則將使大總統在虛君之下而組織責任內閣耶。就令大總統以國爲重。肯降心相就。而以全國託命之身。當議會責任之衝。其危險又當何若。是故於今大總統以外別求得君主。而謂君主立憲即可實現。其說不能成立也。如曰即戴今大總統爲君主也。微論我大總統先自不肯承認也。就令大總統爲國家百年大計起見。甘自犧牲一切。以徇民望。而我國民所要求於大總統者。豈希望其作一無責任之君主。夫無責任之君主。歐美人常比諸受豢之肥腯耳。優美崇高之裝飾品耳。以今日中國萬急之時局。是否宜以如此重要之人投諸如此閑散之地。藉曰今大總統不妨爲無責任之君主也。而責任內閣之能否成立。能否適用。仍是一問題。非謂大總統不能容責任內閣於其下也。現在國中欲求具此才能資望之人。足以代元首負此責者。吾竟苦未之見。蓋今日凡百艱鉅。非我大總統自當其衝。云誰能理。任擇一人而使之代大總統負責。微論其才力不逮也。而威令先自不行。昔之由內閣制而變爲總統制。蓋適應於時勢之要求。而起廢之良藥也。今後一兩年間之時勢。豈能有以大異於前。而謂國體一更。政制卽可隨之翻然而改。非英雄欺人之言。卽書生迂闊之論耳。是故假定今大總統肯爲君主。而謂君主立憲卽可實現。其說亦不能成立也。

然則今之標立憲主義以爲國體論之護符者。除非其於立憲二字別有解釋。則吾不敢言。夫前清之末葉。則固自謂立憲矣。試問論者能承認否。且吾欲問論者。挾何券約。敢保證國體一變之後。而憲政卽可實行而無障。如其不然。則仍是單純之君主論。非君主立憲論也。既非君主立憲。則其爲君主專制。自無待言。不忍於共和之敝而欲以君主專制代之。謂爲良圖。實所未解。今在共和國體之下。而暫行專制。其中有種種不得已之理由。犯衆謗以行之。尚能爲天下所共諒。今如論者所規畫。欲以立憲政體與君主國體爲交換條件。使其說果行。則當國體改定伊始。勢必且以實行立憲宣示國民。宣示以後。萬一現今種種不得已之理由者依然存在。爲應彼時時勢之要求起見。又不得不仍行專制。吾恐天下人遂不復能爲元首諒矣。夫外蒙立憲之名。而內行非立憲之實。此前清之所以崩頹也。詩曰殷鑒不遠。在夏后之世。論者其念諸。

且論者如誠以希求立憲爲職志也。則曷爲在共和國體之下。不能遂此希求。而必須行曲以假塗於君主。吾實惑之。吾以爲中國現在不能立憲之原因。蓋有多種。或緣夫地方之情勢。或緣夫當軸之心理。或緣夫人民之習慣與能力。然此諸原因者。非緣因行共和而始發生。卽不能因非共和而遂消滅。例如上自元首。下自中外大小獨立官署之長官。皆有厭受法律束縛之心。常感自由應付爲便利。此卽憲政一大障礙也。問此於國體之變不變。有何關係也。例如人民絕無政治興味。絕無政治知識。其道德及能力皆不能組織眞正之政黨。以運用神聖之議會。此又憲政一大障礙也。問此於國體之變不變。有何關係也。諸類此者若令吾悉數之。將累數十事而不能盡。然皆不能以之府罪於共和。甚章章也。而謂共和時代不能得者。一入君主時代卽能得之。又謂君主時代能得者。共和時代決不能得之。以吾之愚。乃百思不得其解。吾以爲中國而思實行立憲乎。但求視新約法爲神聖。字字求其實行。而無或思遯於法外。一面設法多予人民以接近政治之機會。而毋或壅其智識。閼其能力。挫其興味。壞其節操。行之數年。效必立見。不此之務。而徒以現行國體爲病。此朱子所謂不能使船嫌溪曲者也。

主張變更國體者最有力之論據。則謂當選舉總統時。易生變亂。此誠有然。吾十年來不敢輕於附和共和。則亦以此。論者如欲自伸其現時所主張以駁詰我。吾勸其不必自行屬稿。不如轉錄吾舊著。較爲痛快詳盡也。今幸也。茲事既已得有比較的補救良法。蓋新頒之大總統選舉法。事實上已成爲終身總統制。則今大總統健在之日。此種危險問題自末由發生。所憂者乃在今大總統千秋萬歲後事耳。夫此事則豈復國民所忍言。然人生血肉之軀。卽上壽亦安能免。固無所容其忌諱。今請遂爲毋諱之言。吾以爲若天佑中國。今大總統能更爲我國盡瘁至十年以外。而於其間整飭紀綱。培養元氣。固結人心。消除隱患。自茲以往。君主可也。共和亦可也。若昊天不弔。今大總統創業未半。而遽奪諸國民之手。則中國惟有糜爛而已。雖百變其國體。夫安有幸。是故中國將來亂與不亂。全視乎今大總統之壽命。與其御宇期內之所設施。而國體何論爲君主爲共和。其結果殊無擇也。聞者猶有疑乎。請更窮極事理以質言之。夫君主共和之異。則亦在元首繼承法而已。此種繼承法雖今元首在世時制定之。然必俟今元首卽世時而始發生效力。至易見也。彼時所發生之效力能否恰如所期。則其一當視前元首生前之功德威信能否及於身後。其二當視彼時有無梟雄跋扈之人。其人數之多寡。其所憑藉。是否足以持異議吾以爲立此標準以測將來。無論爲君主爲共和。其結果常同一也。現行大總統選擧法規定。後任大總統應由前任大總統推薦預書其名以藏諸石室金匱使今大總統一面崇閎其功德。而鞏固其威信。令國人心悅誠服。雖百世之後。猶專重其遺令而不忍悖。一面默察將來易於醞亂之種子在何處。思所以預防維而消弭之。其種子存乎制度上耶。則改其制度。毋使爲野心家之資。其種子存乎人耶。則裁抑其人。導之以正。善位置而保全之。毋使陷於不義。（漢光武宋太祖優待功臣之法）更一面愼擇可以付託大業之人。（依大總統選擧法無論傳子傳賢純屬前任大總統之自由也）試以大任。以養其望。假以實力。以重其威。金匱中則以其名裒然居首。而隨擧不足重輕之二人以爲之副而已。如是則當啓匱投票之時。豈復有絲毫紛爭之餘地。代代總統能如是。雖行之數百年。不敝可也。而不然者。則區區紙片上之皇室典範。抑何足恃。試歷覽古來帝王家之掌故。其陳尸在堂。操戈在閾者。又何可勝數。從可知國家安危治亂之所伏。固別有在。而不在憲典形式上之共和君主明矣。論者盛引墨西哥之五總統爭立。及中美南美葡萄牙之喪亂。以爲共和不如君主之鐵證。推其論指。得毋謂此諸國者。苟變其國體爲君主。而喪亂遂可以免也。吾且詰彼。彼爹亞士之統治墨西哥三十年矣。而今歲五月（月份記不確）始客死於外。使因總統繼承問題而致亂。則亂宜起於今年耳。若謂國體果爲君主。斯可以毋亂。且使爹亞士當三十年前而有如古德諾者以爲之提示。有如籌安會者以爲之鼓吹。而爹氏亦憬然從之。以制定其皇室典範。則墨人宜若可以長治久安。與天同壽矣。而豈知苟爾爾者。則彼之皇室典範。未至發生效力時。彼自身先已逃亡於外。其皇室典範。猶廢紙也。夫及身猶不能免於亂。而謂死後恃一紙皇室典範可以已亂。五尺之童。有以知其不然矣。故墨西哥之必亂。無論爲共和爲君主。其結果皆同一也。所以者何。爹亞士假共和之名。行專制之實。在職三十年。不務培養國本。惟汲汲爲固位之計。擁兵自衛，以刼持其民。又慮軍隊之驕橫，常挑間之，使互相反目，以遂己之操縱。摧鋤異己，惟力是視。其對於愛國之士，或賄賂以變其節，或暗殺以戕其生。又好鋪張門面，用財如泥。外則廣借外債，內則橫征暴斂，以至民窮財盡，無可控愬。吾嘗十年前嘗評爹氏爲並時無兩之怪傑，然固已謂彼死之後，洪水必來，墨民將無噍類矣。此皆吾十年前評爹氏之言，嘗見新民叢報及新大陸游記，非今日於彼敗後而始非嘗之也。吾友湯覺頓亦嘗著一文，述爹氏之政治罪惡，其言尤爲詳盡，見國風報。湯文出版時，墨亂方始起也。由爹氏之道以長國家，幸而託於共和之名，猶得竊據三十年，易以君主，恐其亡更早矣。中美南美諸國亦然，歷代總統皆以武力爲得位之階梯，故武力相尋無已時。共和不適，固不失爲致亂之一原因，若謂此爲唯一之原因，吾有以明其不然矣。若葡萄牙改共和後不免於亂，斯固然也。然彼非因亂又何以成共和？前此亂時，其國體非君主耶？謂共和必召亂，而君主即足以致治，天下寧有此論理？波斯非君主國耶？土耳其非君主國耶？俄羅斯非君主國耶？試一翻其近數十年之歷史，不亂者能有幾稔？彼曾無選舉總統之事，而亦如此，則何說也？我國五胡十六國、五代十國之時，亦曾無選舉總統之事，而喪亂慘酷，一如墨美，則又何說也？凡立論者，徵引客觀之資料，不能專憑主觀的愛憎以爲去取，果爾者，不能欺人，徒自蔽耳。平心論之，無論何種國體，皆足以致治，皆足以致亂。治亂之大原，什九恆繫於政象，而不繫於國體。而國體與國情不相應，則其導亂之機括較多且易，此無可爲諱也。故鄙人自始不敢妄倡共和，至今仍不敢迷信共和，與公等有同情也。顧不敢如公等之悍然主張變更國體者，吾數年來懷抱一種不能明言之隱痛深慟，常覺自辛亥壬子之交，鑄此一大錯，而中國前途之希望，所餘已復無幾。蓋既深感共和國體之難以圖存，又深感君主國體之難以規復，是用怵惕彷彿，憂傷憔萃，往往獨居深念，如發狂易。特以舉國人方皆心灰意盡，吾何必更增益此種楚囚之態，故反每作壯語，以相煦沫。然吾力已幾於不能自振矣。吾友徐佛蘇當五六年前常爲我言。謂中國勢不能不革命。革命勢不能不共和。共和勢不能不亡國。吾至今深味其言。欲求所以祓此妖讖者而殊苦無術也。夫共和國體之難以圖存。公等當優能言之矣。吾又謂君主國體之難以規復者則又何也。蓋君主之爲物。原賴歷史習俗上一種似魔非魔之觀念。以保其尊嚴。此種尊嚴。自能於無形中發生一種效力。直接間接以鎮福此國。君主之可貴。其必在此。雖然。尊嚴者不可褻者也。一度褻焉而遂將不復能維持。譬諸範彫土木偶。名之曰神。异諸閎殿。供諸華龕。羣相禮拜。靈應如響。忽有狂生拽倒而踐踏之。投諸溷牏。經旬無狀。雖復舁取以重入殿龕。而其靈則已渺矣。自古君主國體之國。其人民之對於君主。恆視爲一種神聖。於其地位。不敢妄生言思擬議。若經一度共和之後。此種觀念。遂如斷者之不可復續。試觀並世之共和國。其不患苦共和者有幾。而遂無一國焉能有術以脫共和之軛。就中惟法國共和以後。帝政兩見。王政一見。然皆不轉瞬而覆也。則由共和復返於君主。其難可想也。我國共和之日。雖曰尚淺乎。然醞釀之則既十餘年。實行之亦既四年。當其醞釀也。革命家醜詆君主。比諸惡魔。務以減殺人民之信仰。其尊嚴漸褻。然後革命之功乃克集也。而當國體驟變之際。與既變之後。官府之文告。政黨之宣言。報章之言論。街巷之談說。道及君主。恆必以惡語冠之隨之。蓋尊神而入溷牏之日久矣。今微論規復之不易也。强爲規復。欲求疇昔尊嚴之效。豈可更得。復次。共和後規復君主。以舊王統復活爲勢最順。使前清而非有種族嫌疑。則英之查理第二。法之路易第十八。原未嘗不可出現於我國。然滿洲則非其倫也。若新建之皇統。則非經若干年之艱難締構。功德在民。其克祈永命者希矣。是故吾數年來獨居深念。亦私謂中國若能復返於帝政。庶易以圖存而致强。而欲帝政之出現。惟有二途。其一則今大總統內治修明之後。百廢俱興。家給人足。整軍經武。嘗膽臥薪。遇有機緣。對外一戰而霸功德巍巍億兆敦迫受茲大寶傳諸無窮其二則經第二次大亂之後全國鼎沸羣雄割據剪滅之餘乃定於一夫使出於第二途耶則吾儕何必作此祝禱果其有此中國之民無孑遺矣而戡定之者是否為我族類益不可知是等於亡而已獨至第一途則今正以大有為之人居可有為之勢稍假歲月可冀旋至而立有效中國前途一綫之希望豈不在是耶故以謂吾儕國民之在今日最宜勿生事以重勞總統之憂慮俾得專精壹慮為國家謀大興革則吾儕最後最大之目的庶幾有實現之一日今年何年耶今日何日耶大難甫平喘息未定強鄰脅迫吞聲定盟水旱癘蝗災區徧國嗷鴻在澤伏莽在林在昔哲后正宜撤懸避殿之時今獨何心乃有上號勸進之舉夫果未熟而摘之實傷其根孕未滿而催之實戕其母吾疇昔所言中國前途一綫之希望萬一以非時之故而從茲一蹶則倡論之人雖九死何以謝天下願公等慎思之

詩曰民亦勞止汔可小息自辛亥八月迄今未盈四年忽而滿洲立憲忽而五族共和忽而臨時總統忽而正式總統忽而制定約法忽而修改約法忽而召集國會忽而解散國會忽而內閣制忽而總統制忽而任期總統忽而終身總統忽而以約法暫代憲法忽而催促制定憲法大抵一制度之頒行之平均不盈半年旋即有反對之新制度起而推翻之使全國民彷徨迷惑莫知適從政府威信掃地盡矣今日對內對外之要圖其可以論列者不知凡幾公等欲盡將順匡救之職何事不足以自效何苦無風鼓浪興妖作怪徒淆民視聽而詒國家以無窮之戚也

吾言幾盡矣惟更有一二義宜為公等忠告者公等主張君主國體其心目中之將來吾主為誰氏不能不求公等質言之若欲求諸今大總統以外耶則今大總統朝甫息肩中國國家暮即屬纊以公等之明豈其見不及此

見及此。而猶作此陰謀。寧非有深仇積恨於國家。必絕其命而始快。此四萬萬人所宜共誅也。若卽欲求諸今大總統耶。今大總統卽位宣誓之語。上以告皇天后土。下則中外含生之儔。實共聞之。年來浮議漸興。而大總統偶有所聞。輒義形於色。謂無論若何敦迫。終不肯以奪志。此凡百僚從容瞻覲者所常習聞。卽鄙人固亦歷歷在耳。而馮華甫上將且爲余述其所受誥語。謂已備數椽之室於英倫。若國民終不見舍。行將以彼土作汶上。由此以談。則今大總統之決心。可共見也。公等豈其漫無所聞。乃無端而議此非常之舉耶。設念及此。則侮辱大總統之罪。又豈擢髮可數。此亦四萬萬人所宜共誅也。

復次公等曾否讀約法。曾否讀暫行刑律。曾否讀結社集會法。曾否讀報律。曾否讀一年來大總統關係淆亂國體懲儆之各申令。公等又曾否知爲國民者應有恪遵憲典法令之義務。乃公然在輦轂之下。號召徒衆。煽動革命。（凡謀變更國體則謂之革命此政治學之通義也）執法者憚其貴近。莫敢誰何。而公等乃益白晝橫行。無復忌憚。公等所籌將來之治安如何。吾不敢知。而目前之紀綱。則既被公等破壞盡矣。如曰無紀綱而可以爲國也。吾復何言。如其否也。則請公等有以語我來。且吾更有願爲公等進一解者。公等之倡此議。其不願徒託諸空言甚明也。其必且希望所主張者能實見施行。更申言之。則希望其所理想之君主國體。一度建設。則基業永固。傳諸無窮也。夫此基業果遵何道始能永固以傳諸無窮。其必自國家機關令出惟行。朝野上下守法如命。今當開國成家伊始。而首假塗於犯法之舉動以爲資。譬諸欲娶婦者。橫挑人家閨闥以遂苟合。曰但求事成而節操可毋沾沾也。則其既爲吾婦之後。又有何詞以責其不貞者。今在共和國體之下。而曰可以明目張胆集會結社以圖推翻共和。則他日在君主國體之下。又曷爲不可以明目張胆集會結社以圖推翻君主。使其時復有其他之博士提示別種學說。有其他之團體希圖别種活動。不知何以待之。詩曰。毋敎猱升木如塗塗附。謀國者而出於此。其不智不亦甚耶。孟子曰。君子創業垂統爲可繼也。以不可繼者詔示將來。其不祥不亦甚耶。昔于令升作晉紀總論。推原司馬氏喪亂之由。而歎其創基植本異於三代。陶淵明之詩亦曰。本不植高原。今日復何悔。嗚呼。吾觀於今茲之事。而隱憂乃無極也。

（附言）吾作此文既成。後得所謂籌安會者。寄示楊度氏所箸君憲救國論。偶一翻閱。見其中有數語云。（蓋立憲者國家有一定之法制。自元首以及國人皆不能爲法律外之行動。賢者不能逾法律而爲善。不肖者亦不能逾法律而爲惡。）深歎其於立憲精義。能一語道破。惟吾欲問楊氏所長之籌安會。爲法律內之行動耶。抑法律外之行動耶。楊氏賢者也。或能自信非踰法律以爲惡。然得毋已踰法律以爲善耶。嗚呼。以昌言君憲之人而行動若此。其所謂君憲者。從可想耳。而君憲之前途。亦從可想耳。

孟子曰。予豈好辯哉。予不得已也。以生平只問政體不問國體如鄙人者。曷爲當前此公等第一次主張變更國體時而嘵嘵取厭。當今日公等第二次主張變更國體時而復嘵嘵取厭。夫變更政體則進化的現象也。而變更國體則革命的現象也。進化之軌道恆繼之以進化。而革命之軌道恆繼之以革命。此徵諸學理有然。徵諸各國前事亦什九皆然也。是故凡謀國者必憚言革命。而鄙人則無論何時皆反對革命。今日反對公等之君主革命論。與前此反對公等之共和革命論。同斯職志也。良以中國今日當元氣彫敝汲汲顧影之時。竭力栽之。猶懼不培。並日理之。猶懼不給。豈可復將人才日力。耗諸無用之地。日擾擾於無足重輕之國體。而阻滯政體改革之進行。徒阻滯進行。猶可言也。乃使舉國人心皇皇。共疑駭於此種翻雲覆雨之局。不知何時焉而始能税駕。則其無形中之斲喪所損失云何能量。詩曰。嗟我兄弟邦人諸友。莫肯念亂。誰無父母。嗚呼。論者其念之哉。其念之哉。或曰革命者事實之不得已也天下惟已成之事實爲不可抗吾子疇昔抗之不已以自取僇辱。今何必復爾爾者。惟然。吾固知之然使吾捐棄吾良心之所主張。吾之受性實有所不能。故明知其無益焉而不能以自已也屈原賫志於汨羅。賈生損年於墮馬。問其何以然。恐非惟不能喻於人抑亦不自喻也吾昔曾有詩云十年以後當思我舉國猶狂欲語誰。吾生平之言亦多矣大抵言之經十年之後未有不繫人懷思者然非至十年以後則終無道以獲國人之傾聽。其爲吾之不幸耶。其爲國家之不幸耶。嗚呼。吾願自今十年之後國人毋復思吾今日之言。則國家無疆之休焉耳。

國體問題與外交

吾對於外間所謂國體問題者。既已辭而闢之矣。惟於外交方面。尚未論及。今約略一商榷。如下方。

變更國體。於內治上能生若何之效果。茲勿贅論。但曷爲當歐戰方酣之今日。忽倡此議。若有迫不及待者存。吾實惑之。推論者之意。得毋欲乘列強多事之秋。無暇相干涉。而我乃得孤行其意也夫一國國體之變革本爲戶以內之事。苟非緣此釀成大擾亂以妨及國際間之治安。則外人應無所容其干涉。不必乘人多事而始圖之也。雖然干涉與不干涉其道存諸我。承認與不承認其權操諸人。雖不干涉矣。而其承認新國體。猶必出以觀望。此事理之無可逃避者。徵諸民國之已事而最易見也。就令非有意觀望。然既無干涉之餘暇。則亦必無承認之餘暇甚間也。故以吾料之。我國若於今日變更國體。就令列強皆無違言。而欲其完全正式承認。則非俟歐洲平和會議告竣之日。決無望也。夫此次之平和會議。其必不徒解決歐洲問題而已。而遠東問題。必爲重要議案之一。此稍有識者所能見及也。故我外交當局方日籌將來所以參預折衝之道。今若忽焉變更國體。未經承認。則並國際團體之資格而失之。更何塗以求參預。於斯時也。恐有自命爲遠東主人翁者代表我以解決一切。則吾國其從茲已矣。信如是也。則今之倡變更國體說者。雖萬死何以謝天下也。

復次遠東之局。雖爲歐美人所深注意。而其發言力最强者。實我肘腋間之一國。此衆所同見也。此一國者。既有承認之餘暇。則亦有干涉之餘暇。謂我國生此大事。彼不乘機謀交換利益。而袖手以相承認。雖五尺之童。有以明其不然也。其不應耶。試揣彼力能否相撓。不必積極的干涉。但使消極的不承認。則新皇室其既旰食矣。其應之耶。試環觀國人對於彼之惡感爲何如。遷就之以締造新皇室。則新皇室之府怨於民。又何如者。而謂能長治久安。吾未之前聞。信如是也。則今之倡變更國體說者。又雖萬死何以謝天下也。

以上所陳。皆至淺之事理。不易之形勢。而今也國體論八表同昏。似於此毫未有所覺察。吾雖欲無言。又安能無言。

袁政府僞造民意密電書後

雲南軍政府討賊檄文中。指斥袁世凱運動帝制之罪惡。有威偪利誘矯誣民意等語。袁氏乃嗾其素所奴畜之參政院。反唇相稽。謂雲南亦曾經表決贊成。曾經請願推戴。誰實偪之而誰實誘之者。嗚呼。吾至是而不得不嘆袁氏惡膽之鉅而凶顏之厚也。自國體問題發生以來。所謂討論者。皆袁氏自討自論。所謂贊成者。皆袁氏自贊自成。所謂請願者。皆袁氏自請自願。所謂表決者。皆袁氏自表自決。所謂推戴者。皆袁氏自推自戴。舉凡國內國外明眼人。其誰不知者。然而袁氏方以爲天下皆易欺。狡不自承。以至今日。今北京政府致各省將軍巡按密電之全文。既暴露矣。其電皆有姓名。有月日。有印據。原紙且經軍政府拍照印布。袁氏及其黨人。縱有萬手。當莫能揜。縱有萬喙。當莫能賴。則請我全國父老昆弟。乃至普天下萬國含生負氣之人類。試一張目以視。一閉目以思。此果何等妖孽。何等罪業。而乃容其橫行於光天化日之下。而莫或過問也。今請將其各電中要點。摘錄指證之。

九月二十六日孫口口電云。（現擬另籌徵求民意辦法。由各省將軍巡按使都統就在省各縣紳民中每縣擇定一人。召集臨時公民大會。）九月二十七日籌安會代表團電云。（各縣投票人事實上雖係軍民長官指定。而形式上仍須用各縣推舉字樣。以昭鄭重。一面指定各縣投票人。一面卽將各縣投票人姓名。分飭各縣知事補具詳文。正式推舉。但須倒塡日月耳。）八月三十日段口口等十人電云。（現擬定第一次辦法。用各省公民名義。向參政院代行立法院上請願改革書。每省各具一請願書。均由此間代辦。隨將稿底電聞。請將尊名並貴省紳商列入。）夫公民名義而曰用誰。用之政府用之也。用其名者。謂不必取其實云爾。請願改革公民。而由將軍巡按使都統就在省人員擇定。公民耶。私民耶。請讀者一裁判之。各省請願改革書。乃由段口口等十人代擬。此誰實願之。而誰實請之者。乃至二十餘省之將軍巡按紳商。皆由北京政府代爲之列名。民意耶。官意耶。帝意耶。請讀者一裁判之。九月二十九日朱口口等電云。（現正提議另組公民大會。卽在各省會地點開會表決。以期速定大計。惟組織之方法。雖由參政院議定。而組織之精神。則在各監督長官有以操縱之而利用之。此項公民每縣擬公推一人。能於在省各機關中挑選此項人員。必不至於誤會意旨。）觀此則公民機關。全恃長官之操縱利用可知也。請讀者試思所謂利用操縱者何事。而意旨之示人以勿誤會者又何事也。公民而在省中各機關挑選。公民耶。公吏耶。請讀者一裁判之。十月七日朱口口等十人電云。（國民代表大會推戴電中須有恭戴今大總統袁世凱爲中華帝國皇帝字樣。委託參政院爲國民代表大會總代表電須用各省國民大會名義。至商軍政各界推戴電簽名者愈多愈妙。將來宣詔登極時。國民代表大會及商軍政各界慶賀書亦請預擬備用。）觀此則推戴袁世凱之由來可知也。參政院得有國民總代表資格之由來可知也。乃至各省各界無量數之推戴電及慶賀書其由來皆可知也。民意耶。官意耶。帝意耶。請讀者一裁判之。十月十日國民會議事務局電云。（國民會議議員各縣之初選當選人實爲產出國民代表之樞機。允宜特別注意。各縣初選監督當能體會入微。善爲運用。儘可於未舉行初選之前。先將有被選資格之人詳加考察。擇其性行純和宗旨一貫。能就範圍者預擬爲初選當選人。再將選舉人設法指揮。妥爲支配。果有滯礙難通處。不妨隱加以無形之强制。）觀此則國民大會之當選人以何種方法產出可知也。所謂體會運用。所謂能就範圍。所謂指揮支配。所謂無形强制。請讀者試思此何等語。其中含有幾許惡孽。更問讀者此項選舉人能否有絲毫自由選擇當選人之餘地。此項代表人能否有絲毫自由主張意見之餘地。而天下萬國往古來今果聞有此種選舉法焉否也。十月十一日朱口口等十人電云。（每縣初選當選人來省報到。必須設招待員或派員疏通意見。再由監督長官以談話宴飲爲名。召之至署。將君憲要旨及中國大勢。並將擬定充選之人名示之。須用種種方法。總以必達目的爲止。）十月二十六日朱口口等十人電云。（國體投票開票後。當即行推戴。無須再用投票手續。即由公等演說。應推戴袁世凱爲中華帝國大皇帝。如贊成應起立表決。後即將擬定之國民推戴書交請各代表署名。事畢再由公等演說推戴及催促大皇帝卽位之事。可用國民代表名義。委託代行立法院爲總代表。卽將預擬之國民代表致代行立法院電稿交請各代表贊成。至推戴書文內。必須敍入字樣。已將漾電奉達。此四十五字萬勿更改）嗚呼。吾迻錄至此。則已無從更下批評。讀者但繹文察義。則可以恍然於全國一千七百餘票何故無一票之反對。可以恍然於各省投票決定國體後何故皆卽以同日上推戴書。而無一省之延緩。可以恍然於各省何故一致委託參政院爲總代表。而無一省之參差。可以恍然於各省推戴書中何故皆用恭戴今大總統袁世凱爲中華帝國皇帝承天建極傳之萬世等四十五字。而無一字之異。嗚呼民意耶官意耶帝意耶。請讀者自裁判之。十月二十九日國民會議事務局電云。（前次電達。以後尊處用款。有無窒礙情形。統希隨時密示。本局謹當竭誠相助。以便尊處放手辦事。）請讀者掩卷一思。所放手以辦者何事。所竭誠以助者何款。吾更何言。吾惟欲問外國資本家借款與我者。與夫我國民之應募三年四年公債者。購儲蓄票者。捐救國儲金者。當初夢想所及。曾知其所出之款。乃作此項用途否也。十月十一日國民會議事務局電云（京外官署往來密商之件。實爲治亂安危所係。設或稍有洩漏。輕蹈事機不密之嫌。而事關國本。密件若傳於道路。尤恐貽政治歷史之污。此節對內對外。動關國家威信。務望特派親信人員嚴密保管。）又十二月二十一日該局電云（此項電文無論如何愼密。終涉跡象。倘爲外人偵悉。不免妄肆品評。更或史乘流傳。遺留開國缺點。中央再四思維。以爲不如一律查明燒燬。萬望趕速愼密辦理。）吾不知讀者諸君讀至此兩電。其感想何如。吾所最怪者。則袁氏及其黨人。乃猶知此爲政治歷史之污。乃猶知此爲開國缺點。乃猶知此爲有傷國家威信。乃猶知此爲難逃外人品評。夫袁氏不嘗日日揚言。謂改變國體。主權在民。政府更無發言之餘地乎。謂吾誓死不肯爲帝。無奈國民全體擁戴。强迫勉犧牲身家以從其請乎。若果爾爾者。誠可謂最大之榮譽。最高之道德。何所謂汚。何所謂缺。何害於威信。何畏於品評。而祕密之。而燒燬之。何爲者也。以切切祕密亟亟燒燬之件。又曷爲而全文暴露於天下萬國人之眼前。則吾願袁氏及其黨人勿怨他人。惟速自反焉可耳。十月十五日國民事務局電云。（國體改革果能於形式上辦到絲毫無憾。自足爲久安長治之基。凡關於法律上之形式。除確有十分障礙者外。投票程序。務必表示鄭重。庶對內可以爲彈壓反側之資。對外可以杜干涉責任之漸。）十一月七日朱口口等十人電云（某國近藉口中國人心不一。恐有變亂。强拉英俄隨同勸告。此事萬無緩辦之理。各省票數全體推戴齊至時。政府自當稍取委蛇遜讓態度。以表示重視邦交之意。而在國民一方面則宜表示決心。有進無退。使外人見我萬衆一心。則日之勸告自歸無效而消滅矣。此事務希萬分祕密。）嗚呼。吾又不知我邦人士讀此。其感想復何如。彼曷爲而衣此種種形式。謂即此可以杜干涉也。及五國勸告既至。則又欲假借所謂民意者以嚇退之。尤可笑者。勸告明明五國。彼乃又云某國藉口。强拉英俄。一若英俄等四國全失其國家人格。全無復自由意志。惟聽某國之操縱指揮。一如彼之祕密奴使各省將軍巡按。奴使公民。奴使參政院然者。其侮辱友邦至於此極。吾不知我友邦讀此果作何感想也。至其欲勸逼國民表示決心。有進無退。使勸告無效而消滅者。我國民終受其逼勸與否。自是別一問題。若果悉遵彼之發蹤指示。則寧非政府率領全國國民演第二次義和團之惡劇。此非吾故爲深文周納。請明眼人觀因推果。一審此電作此語者。是何心理也。

以上各節略擧大端。至其種種鬼蜮情形。請讀者將各電原文子細熟觀。當能想像八九。質而言之。此次皇帝之出產。不外右手挾利刃。左手持金錢。嘯聚國中最下賤無恥之少數人。如演傀儡戲者然。由一人在幕內牽線。而其左右十數嬖人蠕蠕而動。此十數嬖人者復牽第二線。而各省長官乃至參政院蠕蠕而動。彼長官等復牽第三線。而千七百餘不識廉恥之輩冒稱國民代表者蠕蠕而動其醜態穢聲播於社會者何啻千百萬事特其眞憑實據。一時未能具體的暴白於大衆之前。故一任巧詞狡賴莫可如何。今吾普請全國父老及友邦公正賢達之士各憑良心以鞫此獄。第一請問數月以來京外運動帝制所表現之事實。是否與各電所賅使一一符合。第二請問此諸電者能否由反對派揑造片詞隻字拍照蓋印原紙之影相機器是否可憑。第三請問段口口朱口口梁口口周口口張口口袁口口等十餘人是否袁氏爪牙心腹。國民會議事務局是否袁氏機關。（堂密）（華密）等電碼是否袁氏獨有之祕密符號。由此觀之則此一齣傀儡戲。全由袁氏一人獨演更安有絲毫疑義存者。然吾料袁氏於窮無復之之時。必且將爲無賴之狡辯謂此等電皆彼輩羣小所私發。我始終未嘗與聞若果爾者則袁氏應是土木偶人。於萬事無所知覺天下寧有此情理。卽使强執無理之理而硬推諉爲未嘗預聞祕密則猶有許多公開之事。袁氏亦得諉爲不聞知否彼籌安會非顯然犯罪之團體耶。據約法法律命令無論若何辯護該會員斷不能逃極刑。而在輦轂之下。白晝橫行袁氏豈得云未見何爲不解散其會。逮捕其人參政院之國體開票在十一月十一日。當未開票以前。人民之贊成君主贊成共和政府何從預知而所謂大典籌備處者。於九月下旬已經成立。在總統府中設辦事機關。其處長處員皆袁氏自行任命。袁氏又得諉爲不聞不知否。據此可知此項密電者。皆由袁氏强迫段口口朱口口周口口梁口口等十餘人用其名義以拍發。與彼電文中所商定强迫公民用其名義以推戴者同一手法平心論之此次罪惡豈惟各省將軍巡按使不能負其責任。卽段朱周梁輩亦僅爲從犯。而主犯實在袁世凱之一人。各省將軍巡按使就法律上之責任言之。彼等皆有服從中央命令之義務。中央所命云何能抗。卽心中不以爲然。亦只得奉行惟謹。就政治上之責任言之。彼等欲扶持國家。翦滅叛賊。亦必須有所準備。待謀定然後動。觀於雲貴各省官長之態度。前此不得不虛與委蛇。至今日始能奉辭伐罪。則其他各省長官。類皆同一苦心。不難推見。故曰各省將軍巡按使無罪也。至如段朱周梁楊孫之輩。其人格之卑鄙齷齪。誠不足道。然不過欲做官耳。欲發財耳。若夫冒犯天下之大不韙。作此罪惡滔天之陰謀。彼等尙無此胆量。譬之畜犬。非得主人之嗾使。安敢妄恣搏噬。是故此次陰謀一切表裏之責任。皆應由袁氏一人完全負之。可斷言也。此獄之主名既定。則罪狀何若。願與全國父老及各友邦公正賢達之士更進鞫之。

法律上之罪狀。顯而易見者也。元首叛逆行爲之制裁。明載於約法中。其他若紊亂國憲之罪。陰謀煽動破壞國體之罪。見於刑律及單行法律。及單行法律命令中者。不下十數條。吾今不必一一徵引。若國家法律猶能保持絲毫效力者。則袁氏數月來之行爲。若者宜受死刑之宣告。若者宜受無期徒刑或某等某等有期徒刑之宣告。若者宜受停止公權褫奪公權之宣告。若者一罪累犯。若者數罪俱發。案據事實。印合條文。鐵案如山。何所逃避。然法律既皆被犯罪人自身蹂躪以盡。國家所挾以繩之者既全失其具。然則吾民除以實力擁護法律復活法律外。更有何道以圖救濟者。嗚呼。我國父老昆弟其諦思之。我友邦公正賢達之士其諦思之。使我民國約法第三十一條第九項猶能有一二分效力之存在。則今茲之事。以立法院一度之彈劾。大理院一紙之裁判。萬事皆了。而何至動干戈於邦內。尤當知我中國此數年中。若猶爲有法律之國家。則袁氏與其徒黨自當有所嚴憚。而種種獸性蜮技。皆戢不敢發。更何從有今日之事。又當知此等憲典法令。本皆袁政府躬自制定頒布。就中號稱國家根本大法之約法。袁氏已惡原本之不便於己。而擅自改定。以成今本。我國民之於立法事業。久已無絲毫容喙之權能。一切法律皆隨袁氏一人所認爲利便者以制定之。以自身所制定之法律而自身日日破壞其效力。則法律更何所託命者。而託命於法律之下之人民更何所託命者。嗚呼吾欲問我全國父老昆弟吾欲問我友邦公正賢達之士。問國家爲物。是否無法律而可以生存。問人民生息於無法律之國家之下者。是否有根據本能以亟求建設法律厲行法律之權利。是否有應犧牲一切以擁護現行法律之義務。夫我國民今日之反抗袁氏者。在外人或視爲法律外之行動。雖然當思法律外之行動誰實爲始作俑之人。使法律之爲物。尚有幾微之痕跡存留於袁氏心目中。則吾民固甚願在法律內與之周旋。譬之私人曲直之相持。苟有法廷可以赴愬。誰樂舍此而出於決鬥。我國民今日所處之境遇。願我友邦公正明達之士一易地而思也。況乎即執法律以相繩。則我國民今日之舉動。正自有法理上極强之根據。吾願我友邦公正賢達之士。諦審諦觀今茲之役。誰實爲革命。誰實爲叛亂。請問維持現行國體者爲革命耶。抑在現行國體之下謀推翻之以別建反對之國體者爲革命耶。遵守現行憲法法律者爲叛亂耶。破壞現行憲法法律者爲叛亂耶。此種最普通之定義。無論何人應皆可立答而決無絲毫游移商榷之餘地明甚。則更請子細覆讀此十五通之電文。而印合以數月來之事實。試問袁氏及其徒黨之爲革命爲叛亂。又豈更有絲毫游移商榷之餘地者。則更問國中既有此種革命叛亂之人。凡奉職於國家機關者。應否竭其力之所及以討伐而平定之。明乎此義。則知今茲各省將軍巡按使以中華民國守土之官討中華民國叛國之賊。實爲法律範圍內應行之權利。不容辭之義務。或者不察。乃反以革命軍之名加諸各省。其顛倒黑白不亦甚耶。

抑我國民所爲深惡痛絕於袁氏者。不徒在其法律上之罪狀而已。而實在其道德上之罪狀。法律上之罪狀。害僅中於一時。道德上之罪狀。毒乃延於累世。法律上之罪狀。僅爲一國國民之所難恕容。道德上之罪狀。實爲世界人類所宜同嫉。道德之節目萬端。而其根本之根本莫重於有信。一切惡人皆可以遷善。惟專作妄語之人自欺其良心之人。則永絕善根。萬劫不植。袁氏一生。其言與行。無一不相違。其心與口。無一而相應。彼袁氏蓋天下古今第一愛說謊且善說謊之人也。苟非爾者。何至有爾許多人爲其所賣矣。鄙人卽曾被賣之一人矣。彼其生平說謊之歷史。若悉數之。恐累數萬言而不能盡。卽以五年來兩次變更國體之已事論之。猶憶當辛亥年（一九一一年）十一二月之交。袁氏早已與武昌南京通款輸情。授受總統。其間蓋歷四五十日。而袁氏於此期間。蓋無日不指天誓日。謂以死效忠於淸室。直至宣布共和之前數日。其心腹將帥若段祺瑞馮國璋張勳等。蓋猶在夢中也。至於此次之稱帝。彼其四年以來。矢忠共和之言。已章章在人耳目者。且勿論。直至籌安會發生之前一月。馮將軍入謁。彼猶言若强之爲帝。將逃往英倫。此語曾由馮將軍宣布之於各報中。盡人所同見也。籌安會發生以後。京外官吏往見者。彼之言論。壹皆與所以語馮將軍者大同小異。尤有外國報館訪事往謁。彼言帝制非所主張。彼常以恪遵約法擁護共和爲職志。此語登於紐約獨立週報中。上海泰晤士報及各報多轉載。又盡人所同見也。此猶可曰口說無憑。當九月初二日參政院開院時。彼所下敎令。不嘗明言本大總統認改變國體爲不合事宜乎。此猶曰對內也。彼答覆五國警告。不嘗明言主權在民。人民欲采何種國體。政府無權過問乎。而豈知彼一面日日作此等語調發此等文書。裝作浮雲富貴敝屣萬乘之態。一面乃日日嗾使其徒黨徧發彼竊醜極穢之種種密電。欽派代表。敕令推戴。如此行爲。豈復知人間有羞恥事。夫以彼兩次就任。疊宣明誓。而背棄之若無物。天猶敢欺。何況於人。責以道德。徒形詞費。最可惜者。各友邦人士至今猶在夢中。而甘受其侮弄者尙多數耳俚諺有云寧遇大盜勿逢狗偷袁既處心積慮欲篡取國家爲其一姓之私產使彼果有膽量者能堂堂正正標出旗幟曰我欲爲帝爾四萬萬人其速奉我爲帝不爾者吾將屠戮之世界各國其速認我爲帝不爾者吾將攻伐之似此雖蠻橫猶不失爲有血有氣之一男子今乃專用鼠竊伎倆晝伏夜動東偷一盂西偷一鉢以前清託孤之大臣而盜賣前清以民國服務之公僕而盜竊民國既假借外人言論（古德諾）以劫持吾民復冒用吾民名義以欺罔列國不自量度而貿然嘗試一遇挫折則靦然乞憐以總統爲未足則覬覦皇帝若皇帝做不成則又將謀保總統險詐反覆卑劣無恥一至此極以此等人而爲一國之元首吾實爲中國人羞之以此等人而全世界人類四分之一歸其統治吾實爲全世界人類羞之

護國軍總司令蔡將軍誓師之言曰（吾儕今日不得已而有此義舉非敢云必能救亡庶幾爲我國民爭回一人格而已）嗚呼我全國父老昆弟及我友邦公正賢達之士曾亦知將軍此言其中含有幾斗之血幾斛之淚者嗚呼我國四萬萬人之人格至今日已被袁世凱蹂躪而無復餘袁氏自身原不知人之所以異於禽獸者何在以爲一切人類通性惟見白刃則戰慄見黃金則膜拜吾挾此二物以臨天下夫何求而不得者四年以來北京政府曷嘗有所謂政治惟有此二物之魂影縱橫披猖盤旋熏灼於人人心目中而已夫無論何國皆中人之資居大多數中人云者導之善則可以嚮善導之惡則可以趨惡袁氏據一國之最高權日日以黃金誘人於前而以白刃脅人於後務欲硬制軟化一國之人以爲之奴隸自非眞强立之士其不易自拔也有固然矣嗚呼吾實有奇恥深痛之語羞與友邦人士言而又不能不自訟於友邦人士之前者蓋四年以來我國士大夫之道德實已一落千丈其良心之痲木者什人而七八此無庸爲諱者也而此種罪業誰造之吾敢斷言曰袁氏一人造

之。袁氏窺破人類公共之弱點。乃專務發達此弱點以資其利用。其有能自制其弱點而不甘受彼利用者。則必設法屠殺之驅逐之竄斥之。使其不能自存。當前淸之末。袁氏執政已專用此策。以自植勢力。我國政界惡濁之空氣。實自茲播種。及其爲總統。乃益煽而揚之。試思以此種人爲淘汰之術。挾大力以鼓鑄社會。云何可當。使袁氏帝國成立。賡續行此政策數年乃至數十年。其必善類日漸滅絕。惟惡種獨能流傳。其不至舉我全國人盡喪失其爲人類之價値焉而不止也。夫人類之生於宇宙間。自其公共之目的與公共之天職。卽各人各自濬發其良知良能以貢獻於社會。而使社會日以向上是已。然則人類社會一部分之墮落。卽爲人類社會全體公產之損耗。其理甚明。今全世界之人類十六萬萬耳。而其中乃有四萬萬見扼於袁氏之手。日日獎勵其獸性獸慾而剿絕其人類之本能。此種人道公敵。若不驅除。吾恐世界末日之期。行將逼近矣。我國民之反抗袁氏。實由自覺爲人類全社會之一員。不甘使我自身及我子孫日淪禽獸。蔡將軍所謂爲國民爭回人格者。此其義一也。復次。我國民道德雖云墮落。然現在已經墮落者不過闒茸官吏之一部分。其多數人民之質直潔白固依然也。卽官吏之大部分中。其良心雖日卽痲木。然究未嘗消滅也。袁氏欲爲帝。則竟自帝。吾民力不能抗。而聽其所爲。夫又何尤。今也不然。曰吾不欲爲帝也。汝等四萬萬人强帝我。我其何所逃避。嗚呼。我友邦人士欲知我國民有若干人願帝袁氏乎。吾恨有一法不能試演。若能召集全國民於外國領土內。使爲無記名投票。則百票中必有九十九票之反對。吾敢斷言也。此法旣不能試演。似無由證實吾言。雖然。諸君若肯將此十五通密電。細讀細思。自能得確切不磨之反證。試思贊成帝制推戴袁世凱。而果爲民意。則何故由袁氏爪牙腹心發起。何故必由各省長官指派代表。何故代表以在省各機關之人員充選。何故由北京代擬請願書推戴書。何故以政府訓令明示種種操縱利用之法。此等疑問五尺童子所能立答也。抑尤當知天下事無論大小問題。謂一國中只有贊成絕無反對。此實爲事理所絕無。昔一八零四年拿破崙一世稱帝。行國民總投票贊成者三百五十七萬二千三百二十九票。反對者仍有二千五百六十九票。一八五二年拿破崙三世稱帝贊成者七百八十三萬九千票。反對者猶二十五萬三千票。今也參政院所開之一千七百八十票。求一張之反對者而不可得。請明眼人一思。此豈復情理內之現象者。要之此次實演一齣催眠術之幻劇。袁氏及其徒黨十數人爲施術者。而參政院各省軍民長官乃至代表人選舉人皆爲受術者。又如機器。袁氏及其徒黨十數人自司轉捩。而參政院各省軍民長官爲其軸。代表人選舉人爲其輪。此當事人被袁氏蹂躪人格之明證也。其所謂選舉者。謂吾民選舉也。吾民則何嘗選舉者。其所謂代表者。謂代表吾民也。吾民則何嘗請代表者。實際上四萬萬人無一人不反對。而彼仍强指爲四萬萬人無一人不贊成。此全體國民被袁氏蹂躪人格之明證也。今次各省軍巡長官之反抗袁氏。乃表明我不甘爲催眠劇之受術者。不甘爲機器之輪。一般人民之反抗袁氏。乃表明我不能承認他人代我署名之確證。蔡將軍所謂爲國民爭回人格者。此其義二也。嗚呼。我友邦公正賢達之士。其思之。凡人生於天地間。是否有應自保持其人格之權利。是否有應自保持其人格之義務。更還觀我國民今日所處之境遇。何等黑闇。何等寃酷。使他國人易地以處。其自衞之道。宜何若也。

尤有一事欲請我友邦人士諦審毋誤者。須知今次我國民之反抗袁氏。絕非由某地方之特別惡感。絕非由某黨派之特別私仇。質而言之。除袁氏鷹犬之百數十外。直可謂之全國一致。不過或爲積極的反抗。或爲消極的反抗。各因其性情地位而態度少殊。且積極態度之表示。亦不能不審時機而後發耳。今舉其已顯著者。若雲貴首義之蔡鍔唐繼堯任可澄劉顯世戴戡等。本非袁氏之敵黨。盡人所同見也。不寧惟是彼袁氏三十年來最親交之友人。前此曾任最高要之職者。或現今仍任最要之職者。文官若北方之某氏。南方之某氏。武官若北方之某氏。南方之某氏。皆凝然示其不屈之態。吾今不必歷舉其名。實則此已等於公開之祕密。稍留心我國時事者宜共知之。即如鄙人固亦曾與袁氏共事數年。曾竭吾心力以爲彼贊助。此次國體問題發生。吾以友誼婉勸力爭。不知幾度。吾豈樂與反抗者。而我之良心遂迫我使不得終默。吾雖不文。然吾之此文字字皆能委曲傳達全國人民之心理。吾敢公言也。以吾觀之。此次我國民之反抗袁氏。在國法上爲討伐一國之叛逆。在道德上爲驅除人類之妖魔。一息尚存。義無返顧。欲其寧息。惟有兩途。一則袁氏退讓政權。一則袁氏將我民屠殺過半。而我國民所深望於我友邦者。則願兩無所袒。靜待我國民之自圖解決。若我友邦以平昔與袁氏有私人交誼故。不忍於哀鳴籲懇。而或貸助以金錢。或代彼迫害其敵。此固各友邦之自由。抑亦尋常國際上習見之成例。惟吾欲請我友邦公正賢達之士。稍放遠眼光。一觀我國形勢。各友邦若執扶袁之態度。爲能脫我國於危亂耶。更欲請我友邦公正賢達之士。當手持經卷對越上帝時。一自聽其良心所宜之命令。應否助一惡魔。使得肆其淫威。以蹙四萬萬良善之民於死地。他國民爲擁護法律保持人格起見。不得已而行其自衞權者。其人爲可憐可敬。抑爲可憎可嫉。吾知我友邦其必有以善處此矣。

吾於篇末。宜更贅數言。讀吾文者。愼勿以吾爲訕謗一國元首也。謂吾所指斥者爲中華民國元首耶。則中華民國已無元首。謂吾所指斥者爲中華帝國元首耶。則世界上並無中華帝國。曷言乎中華民國已無元首耶。約法上犯叛逆罪之人。其大總統資格當然消滅。固無論矣。且袁氏亦已不復以大總統自居。新華宮中固久無大總統其人也。此文撰成後。續見各報所登北京大典籌備處一月二十五日發各省通電云。（現在我國所奉元首爲皇帝而非大總統。今上所居者爲皇帝地位而非總統地位。）云云。觀此則我中華民國已無大總統其人益可信。曷言乎世界上並無中華帝國耶。則還質之我友邦。我友邦若曰有之。則吾無詞也。若猶未有也。則吾不知所謂帝國元首者爲何物也。夫對於一國元首宜有相當敬禮。吾能知之。今吾所口誅筆伐者乃一匹夫。故吾得恣吾言而無所不盡也。抑吾此文一露布。其必有莫大之危險與莫大之艱窘隨乎吾後。吾自知之。天下人亦皆能知之。然吾以中國國民一分子之資格。以世界人類一分子之資格。吾確信露布此文爲吾身不容辭之義務。吾若有所畏憚規避。吾良心之責備。吾弗能堪也。我全國父老昆弟尚其鑒諸。我友邦公正賢達之士尚其鑒諸。

西南軍事與國際公法

我中國與外國交涉事件。爲國際公法開特別之新例。勞法學家之研究。辯論者不一而足。若租借地之領土權問題。藩屬之宗主權問題。租界及鐵路保護線之行政權問題等皆是也。今也西南軍事起。以與北京政府對抗。其政治上之理由。孰爲善而孰爲惡。其國法上之根據。孰爲順而孰爲逆。我國民自能辨別之。惟今茲之役。確爲國際公法史上開一奇異之新例。所望世界學者。稍一注意。而各友邦當局愼所審擇也。

聞滇事初起。北京政府曾與外交團交涉。請勿認滇軍爲交戰團體。外交團謂非請命於各本國政府後不能有所表示。吾以爲我各友邦之在今日。其應否認北京政府爲交戰團體。誠屬一問題。若應否認西南軍政府爲交戰團體。則不成問題也。交戰團體之意義維何。謂在固有之一國家正統政府之下。而起革命軍。而各條約國認其新起之軍政爲有價値，乃暫守中立，而徐觀新舊兩政府之成敗也。故新政府之成立，必須經兩重程序。始焉先求各國承認其爲交戰團體，而因以取得與舊政府對抗之資格；終焉乃求各國承認其爲新國家之正統政府，而因以取得與各國政府平等對立之資格。此通義也。國際公法史上交戰團體之先例，不乏有在君主政府之下而建共和之幟以革命者，有在共和政府之下而建君主之幟以革命者，亦有在君主政府之下而擁別統之君主爲幟以革命者，亦有在共和政府之下而標異義之共和爲幟以革命者。其種類雖不一，然要之舊政府必爲固有的、爲承繼的，而新政府必爲創造的、爲破壞的。自國內言之，則必舊政府守成而新政府革命也。自國際上言之，則舊政府必已列於國際團體之一員，而新政府未得列於國際團體之一員也。今中國情事乃適與相反。試一繙世界國名表，所有者爲中華民國耶，爲中華帝國耶。國書所代表，條約契約所署諾，爲中華民國耶，爲中華帝國耶。惟中華民國爲能與各國爲權利義務之交涉，惟中華民國爲能與各國爲往來聘問之交際。質言之，則中華民國者各國之友也。各國如已不認中華民國爲友，則吾無復言說。苟一日仍認中華民國爲友，則不容同時兼認中華民國之叛賊爲友，非惟不容認彼爲友而已，友之仇敵且宜同仇而公敵之，國際間之道義實然也。是故各國而表示積極的友誼於我中華民國，則不容認背叛民國之北京政府爲交戰團體，而於國際交誼所許之範圍內，思所以助我中華民國翦除其凶逆。若僅表示消極的友誼於我中華民國而已，則暫認彼北京叛徒爲一時的交戰團體，吾國民卽亦不能相强。若顛倒事理而商榷宜否承認民國軍政府爲交戰團體，則論理上顯然矛盾，而吾儕所大惑不解也。

聞者猶有疑乎，請更絜複言之。交戰團體者，革命軍專有之名詞也，故學者亦稱之爲革命團體。今欲論西南軍政府宜否爲交戰團體宜先辨西南軍政府是否爲革命軍欲辨西南軍政府是否爲革命軍則當先明革命之意義夫革命之意義至簡單而至易了解也曰謀顛覆現在之國體而別建新國體者斯謂之革命而已矣今之謀顛覆現在國體而別建新國體者爲北京政府中人耶爲雲南政府中人耶我友邦宜共知之蓋革命者非他即袁世凱其人也與袁世凱相狼狽者皆革命黨也數月來北京政府蠅營狗苟之舉動皆革命運動也夫以民國之元首盡據有民國一切機關而躬謀叛逆其罪誠不容於誅然其勢已幾於莫能禦在我國國法上本非無防制之方與解決之法即約法第十一條所謂大總統有叛逆行爲時得由參議院彈劾議院法第三十六條彈劾可決後由特別法庭審判是已使此種法律而尚有絲毫發生效力之餘地則吾民國之最高主權者（即人民）早能加此叛逆以制裁即何必動干戈於邦內以貽友邦戚無奈法律解決之力則既已窮彼叛逆者右手持白刃左手挾黃金早已取國家之機關箇人之人格一一蹂躪以盡其革命事業著著進行紙上之法律何足以當其一蹴而西南軍政府者以民國守土之官爲民國嬰城以守彼背叛民國公然革命之逆賊雖據有首都布僞命於四方而尚有此一隅之地未爲叛軍所陷於以奉保民國正朔與友邦繼續敦睦而徐圖肅清逆氛恢復舊物由此言之西南軍政府當然爲民國固有之正統政府甚明其所以未全備政府之形者以現在民國大總統既以謀逆故喪失總統之資格其依法應襲位之副總統又陷於賊中未能自拔故不得已而徐俟大難削平之後乃始謀各機關之恢復已耳而革命之爲彼而非我正統之在我而不在彼則固不煩言而決也而論者或猶妄引普通內亂之先例而商權於中立與左右袒之孰適於義其毋乃太詞費已乎

夫吾固知國際地位最後之決定全視實力何如今以我民國正統政府之勢力孤微如此而北京革命叛黨之

氣勢猶猖獗如彼。我友邦不能不稍徘徊觀望。固其所也。惟吾今者純以學者之眼光觀察之。確見夫此次現象爲中外古今國際公法史上所未聞之先例。若我有約之諸友邦。不審情實。反表同情於其所未承認之革命政府。而加妨害於其所已承認之正統政府。則凡有國者。亦何樂乎取得國際團體之資格。而一切國際法之著述。其可以摧燒矣。吾故正名定分論之如右。若夫就政治上以觀察國際之利害。則吾將更有言也。

在軍中敬告國人

啓超實國中最愛平和憚破壞之一人也。當元二年之交。國論紛拏。啓超懼邦本之屢搖。憂民力之徒耗。頗思竭其駑駘。翼贊前大總統袁公。亟圖建設。以爲以袁公之才而居其位。風行草偃。勢最順而效最捷。但使能開誠布公。正權納軌。順應世界大勢。調節社會新潮。則致國安榮。功可操券。故當正式内閣之建。勉列閣員。力圖共濟。乃與袁公共事數月。漸覺其别有肺腑。非能先公而後私。及辭職後靜觀兩年。愈懼夫縱彼頑兇。必且覆邦而淪種。夫處今日文明競進之世。而行中古權譎殘刻之政。外襲衆建之名。内蹈專欲之實。黜全國之智。箝全國之力。涸全國之資財。摧全國之廉恥。而以資一時便安之計。成一姓篡竊之謀。生於其心。害於其政。取子毁室。率獸食人。循此遷流。更閲年載。則人道且將滅絶於中國。而中國更何由自存於世界者。疇昔仁人志士。以前清失政。危及國民。匡救既窮於術。不得已乃起而奮革之。而共舉此舊邦新命以託諸袁公。袁公不務滌瑕穢。與民更始。效尤季清。抑加厲焉。前勞既虚。後望更絶。於是國人乃囂然喪其樂生之心。而國家益儳然不可以終日。啓超與袁公誼既親舊。事共艱危。誠不忍覩其自裂身名。且陷國家於萬劫不復。三年以來。直諫巽語。調護維持。矢志靡他。吾才既竭。洎夫帝制議興。敗棋刦急。猶復垂涕而道。至再至三。曾是昏迷。終不寤聽。明干國憲。悍仇民碞。西南諸鎭。仗義執言。爲民請命。啓超雖駑下無似。爲大義所驅。不敢不黽勉以從諸君子之後。今亦既杖策在軍中矣。操戈於室。不祥莫大。殺機既動。其血玄黃。淨洗甲兵。未卜何日。言念前途。惄焉如擣。雖然戎首袁公。非吾曹也。試思以袁公之所爲。求袁公之所欲。而謂能使中國毋亂。其誰信者。縱彼及身能勉維現狀。然人生安能無死。彼一旦死。厥狀且將何若。吾知無論何人。閉目以思及將來。應皆不寒而慄。蓋袁公在國中播種惡因。既深且廣。我國民終當刈此惡果。穰穰浩刼。無可逃避。所爭者早暮耳。而袁公多擅政一日。即惡因之廣深多增一度。以彫殘垂盡之元氣。更日日加以削伐。不一二年。行將澌滅而無復餘。其時欲更求負荷世難之人。恐不可復得。則惟有一任悍卒流寇。從横起滅。爲無意識之破壞。相尋不已。馴至勞外力代我收拾。則國家眞永沈九淵云。何能拔。譬猶病癰。終須一割。割爲險着。夫誰不知。然割較早則險較微。割愈遲則險愈劇。養而不割。及其自潰。雖有扁鵲。技無復施。故雖以夙耽溺於平和之夢。如啓超者。幾經躊躇審顧。懲前毖後。遂不得不毅然決然揮淚瀝血。從諸賢之後。以與袁公相見於疆場。凡欲以死中求生。亡中求存。而絕非有所爭於意氣。有所貪於權位。此雖不必嘵嘵然向人自白。然萬不得已之苦心。固願剖而捧之以與天下共見也。若夫前途肅清之略。與建設之猷。千險萬艱。固意中事。然國人則安能有所憚而委置不顧者。須知不能不解決之問題。既已臨頭。無論若何屯窘。終須以自力解決之。委心任運。運其任我耶。以啓超所見。則謂險固誠險。艱亦誠艱。然何至遂無可爲。我國民固自有天賦之特長。我國家亦不乏雄飛之緣會。徒以生息於惡政治之下。窒其本能。梏其發展。以有今日。及今努力拔此病根。安見種種憂虞。不遂迎刃而解。此眞國人所宜審擇而奮興者也。至如啓超者。樹德本淺。更事尤希。抑何足以爲國家輕重。惟痛念頻年以來，頗不免緣黨派偏見，誤斷事理，間接以釀國家隱患，中間又嘗以悲觀弛惰，自荒匹夫之責，致國民活力生一部分之損耗，今以國脈安危迫於眉睫，不敢不沈痛懺悔，請獻此身以圖自贖，微誠所貫，舍命不渝，功不敢承，罪不敢避，國之君子，其有同茲感痛者乎，相與提挈於其前，而督責於其後，豈惟啓超庶免於戾，即國家其將利賴之。

闢復辟論

余在軍中既月餘，外事稍梗絕，顧聞諸道路，謂海上一二耆舊，頗有持清帝復辟論者，以爲今日安得復有此不祥之言，輒付諸一笑，既而諸果有倡之而和之者，於是乎吾不能無言也。

就最淺近最直捷之事理言之，今茲國人所爲踔厲奮發出萬死不顧一生之計以相爭者，豈不曰反對帝制乎哉，反對帝制云者，謂無人焉而可帝，非徒曰義不帝袁而已，若曰中國宜有帝，而所爭者乃在帝位之屬於誰何，則是承認籌安會發生以後十二月十三日下令稱帝以前，凡袁世凱所作所爲，皆出於謀國之忠，其卓識偉畫，乃爲舉國所莫能及，而楊□之君憲救國論，實爲懸諸日月不刊之書，然則耆舊諸公，何不以彼時挺身爲請願代表，與彼輩作桴鼓應，至討論帝位誰屬之時，乃異軍突起，爲故君請命，此豈不堂堂丈夫也哉，顧乃不然，當籌安會炙手可熱，全國人痛憤欲絕時，袖手以觀望成敗，今也數省軍民爲帝制二字斷吭絕脰者相續，大憝尙盤踞京師，陷賊之境宇未復其半，而逍遙河上之耆舊，乃忽仰首伸眉，論列是非，與衆爲仇，助賊張目，吾既驚其顏之厚，而轉不測其居心之何等也。

夫謂立國之道凡帝制必安。凡共和必危。無論其持之決不能有故。言之決不能成理也。就讓十步百步。謂此說在學理上有圓滿之根據。尤當視民情之所嚮背如何。國體違反民情而能安立。吾未之前聞。今試問全國民情爲趨嚮共和乎。爲趨嚮帝制乎。此無待吾詞費。但觀數月來國人之一致反對帝制。已足立不移之鐵證。今夢想復辟者。若謂國體無須以民情爲基礎耶。愚悍至於此極。吾實無理以喩之。若猶承認國體民情當相依爲命耶。則其立論之前提。必須先認定恢復帝制爲實出於全國之民意。果爾則今日國人所指斥袁世凱僞造民意之種種罪狀。應爲架空誣謗。袁固無罪。而討袁者乃當從反坐。故復辟論非他。質言之則黨袁論而已。附逆論而已。

復辟論者惟一之論據。曰共和國必以武力爭總統也。曰非君主國不能有責任內閣也。此種微言大義。則籌安六君子之領袖楊口者。實於半年前發明之。楊口之言曰。非立憲不能救國。非君主不能立憲。吾欲問國人。楊口非君主不能立憲一語。是否猶有辨駁之價値。然則等而下之。彼拾楊口唾餘以立論者。是否猶有辨駁之價値。以此種駁論費吾筆墨。筆墨之寃酷。蓋莫甚矣。但既已不能自已於言。則請爲斬釘截鐵之數語。以普告新舊籌安兩派之諸君子。（復辟派所著論題曰籌安定策。故得名之曰籌安新派。）曰國家能否立憲。惟當以兩條件爲前提。其一問軍人能否不干預政治。其二問善良之政黨能否成立。今新舊籌安派之說。皆謂中國若行共和。必致常以武力爭總統。而責任內閣必不能成立。其前提豈不以今後中國之政治。常爲武力所左右。而國會與政府皆不能循正軌以完其責也。如其然也。則易共和而爲君主。而國中豈其遂可不設一統兵之人。在共和國體之下。既敢於挾其力以爭總統。在君主國體之下。曷爲不可挾其力以臨內閣。彼固不必爭內閣之一席也。實將奴視內閣而頤使之。彼時當總理大臣之任者。其爲婦於十數惡姑之間。試問更有何憲法之可言。是故今後我國軍人之態度若果如籌安兩派之所推定。則名雖共和。不能立憲固也。易爲君主。又豈能立憲者。復次責任內閣。以國會爲性命。國會以政黨爲性命。政黨而腐敗耶。亂暴耶。在共和國體之下。其惡影響固直接及於國會。而間接及於內閣。易以君主。結果亦復同一。彼時當總理大臣之任者。等是窮於應付。而又何有憲法之可言。是故今後我國政客之程度。若果如籌安兩派之所推定。則名雖共和。不能立憲固也。易爲君主。又豈能立憲者。反是而軍人能戢其野心。政客能軌於正道。在君主國體之下。完全責任內閣固能成立。在共和國體之下。完全責任內閣。又曷爲不能成立。君主國憲法可以爲元首無責任之規定。共和國憲法獨不可以爲同一之規定耶。若謂憲法之規定。不足爲保障。則共和憲法固隨時可成具文。即君主憲法又安往不爲廢紙。信如是也。則我國人惟當俯首帖耳。竚候外國之入而統治。此乃我國民能否建國之問題。而非復國體孰優孰劣之問題矣。

抑吾更有一言。今之倡復辟論者。豈不曰惓懷故主也。使誠有愛護故主之心。則宜厝之於安。而勿厝之於危。有史以來。帝天下者。凡幾姓矣。豈嘗見有不覆亡之皇統。辛亥之役。前淸得此下場。亦可謂自古帝王家未有之奇福。今使復辟論若再猖獗。安保移國之大盜不竊除之。以絕人望。又不然者。復辟果見諸事實。吾敢懸眼國門。以覩相續不斷之革命。死灰復燃。人將溺之。諸公亦何仇於前淸之胤。而必蹙之於無噍類而始爲快也。

附錄

從軍日記

當雲南首義之初。廣西之嚮應。久爲全國所期待。凡曾與陸幹卿將軍接者。共信其無變也。荏苒兩月。音響轉寂。於是漸或竊竊焉憂之。正月下旬。吾致幹卿一書。將三千言。爲反覆申大義剖利害。吾與幹卿既未前識。且茲事苟非內斷諸心者。即游說何由進。吾書不敢期於有效。盡道而已。二月十九日。吳柳隅介見一客曰陳協五。祖虞自言奉幹卿命相招。且曰。我朝至桂。夕發矣。其來至突兀。其事亦不中情理。初甚詫焉。同人且咸有戒心。謂將毋阱我。然吾察言觀色。覺其情眞也。協五復爲言。有唐伯珊紹慧者。陸之心腹也。三日後行且至。更銜令竭誠致我。且通殷勤於馮將軍。翌日。同人來會於靜安寺路之寓。謂吾行雖不容冒昧。然必以使往。得其情。取進止。覺頓請行。孟曦副焉。約以二十五日丹波丸發。船票既購定矣。而唐伯珊以二十二日果至。述桂中經畫至纖悉。更無置疑之餘地。幹卿所爲必欲致我者。自謂不堪建設之任。非得賢而共之。不輕發也。如所言。幹卿之器識。抑過人遠矣。吾遂不謀於衆。許以立行。然伯珊言。當俟彼行後十日許。我乃發上海。而與彼會於海防。且覺頓輩之行。亦須與彼偕。否則道中滋險也。而伯珊尙須如金陵謁馮華甫。以故並覺頓亦不得發。時滇軍方與賊相持於瀘渝間。狀至險艱。待桂之興。如旱望雲。伯珊往返金陵。逾一來復。此一來復之焦灼。殊難爲懷也。初吾儕於此事秘之甚堅。與聞者六七人而已。而協五。伯珊之來。藉展轉介紹。其踪跡漸露於外。滬上一派之政客。或喜刺消息而騰播之以夸衒其聲氣。吾之行止。寖假乃供多士談柄。日益爛漫。乃至時事新報之北京訪員。以專電見報。吾慮自此不復能行矣。

三月初一日。日本駐滬武官青木中將來謁。亦既有所聞。持以相質。吾告以實。遂乘勢託以代籌途旅。蓋逆料此行之艱阻。不能免也。青木慨然自任。而使其屬官松井者負其責。翌日松井報命。言既與東京香港往復商定。屬乘初四日由上海展輪之橫濱丸至香港。更乘妙義山丸入越南之海防。議既定。而伯珊亦至自金陵。遂偕行。此議初發生。最費躊躇者。則告南海先生與否也。原無取隱乎南海。然南海以不能守祕密著聞。吾此行在途二十日。生命常在人掌握中。未嘗以爲戲也。顧兩月來。南海以吾凡百專擅。蓄怒既久。今此大舉而不以告。他日責備何以堪者。實則吾之專擅。良非得已。若事事稟承南海。靡特吾精神上常感不斷之苦痛。抑凡今之與我共事者。皆將舍我去矣。難言之隱。莫此爲甚。雖然吾終不欲更開罪於長者。故瀕行遂決告之。吾在滬本蟄居不出一步。仍使覺頓往謁。將意南海深嘉許。固在意中。然有意外者。則正色大聲疾呼以主張其平昔之復辟論也。且謂吾輩若不相從。後此恐成敵國。其言甚長而厲。覺頓咋舌唯唯而已。此等不祥之言。本無價値。然正恐有利用之者。勞他日一番收拾也。頗思在舟中作一長書相忠告。其夜君勉至。遂與極陳利害。託其代諍。君勉深然吾言。然亦自審不能匡救也。吾已就睡。君勉始至。劇談殆至達旦。時三月三日也。南海聞吾不挾僕衛行。則大詫而深憂之。

三月四日午前十時。乘日本郵船會社之橫濱丸發上海。從者湯覺頓黃溯初黃孟曦藍志先吳柳隅並吾與唐伯珊都七人。自茲以往。晝伏夜動。作客子畏人之態者垂兩旬。大類劇場中之過昭關。且演之再四。滋可笑也。生平酷嗜海行。今蟄伏艙之最下層。在鍋爐旁拓一室。飲食寢處其間。溽悶至不可耐。每深夜羣動盡息。竊躡舷欄。一晌憑眺。謂此樂萬鍾不易。因悟天下之至樂。但當於至苦中求之耳。舟居既多暇。遂撰重要文告數種備用。先是既爲廣西草電兩通。一致袁氏勸退職之最後通牒。一通電各省申討。至是復爲草致廣東龍張二氏之最後通牒。及檄告廣東軍民檄告在粤雲南軍士二篇。瀕行之夕唐蓂賡書至極言選舉元首設立臨時政府之急務。因思兩廣既下。玆事信不容再緩。乃覃思其條理。以謂黃陂繼任。乃約法上當然之程序。但依法宣言一次已足。無須選舉選舉乃反非法也。國務院在法律上無從發生。在事實上倉猝發生。必招惡果。今方當以綜核名實救袁氏之敝。若最初卽建一指鹿爲馬之責任內閣。其所以異於袁者幾何。故擬在軍政時代設一軍務院。厲行開明專制。磊磊落落名實相符。院置撫軍無定員。以合議制裁決軍國重事。其撫軍卽以現在首義掌兵之人充之。而主互選一人爲撫軍長。竊以此爲今日臨時政府最善之制。與同行諸員往復討論。僉所贊許。乃草擬關於元首繼承軍務院組織之宣言書五通。公電四通。軍務院組織條例附焉。以其間暇讀書。讀吉田靜致所著現代與道德終卷。其學說宗倭鏗。殊有精闢語。讀通俗世界全史第六編盡半部。其書以吉朋之羅馬衰亡史爲藍本。用演義體。至可喜。中間又爲日本人所嬲作書十數幅。此橫濱丸中海行數日之功課也。

七日舟抵香港。同行諸人皆登陸。惟吾獨留。蓋所轉乘之妙義山丸尚未至。須待數日也。老父方在港。恐貽驚憂。不敢往朝。初以爲抵港後吾據有全舟。恣所遊適。而桎拘乃逾曩四日間。竟不敢登舷一步。蓋香港政府似已微讕吾蹤跡者。詗舟中不已。而覺頓伯珊同投一逆旅。裝甫卸。警吏數輩至。傾筐篋事搜索。且曰同行三人其一安在。時覺頓篋中片紙隻字。纖悉檢舉。而機要文牘在伯珊小革囊中者獨漏網。亦天幸矣。在滬時聞旅行越南之護照甚易得。但費數金耳。故不復措意。至港乃聞新例至苛。須本人親到法領事館驗照相。且印手模。雖日本人亦然。此例於初三日始厲行。吾離滬前一日也。其是否專以甚我。蓋未可知。然吾得護照之望則既絕。吾力主直越省城衝梧州。蓋袁黨必不料我敢於出此。似險實穩也。使湖初走商同人。湖初既持不可。而覺頓反對尤烈。餘子和之。議遂輟。七八兩日中。日本駐粵武官駐港領事郵船會社三井洋行兩支店長皆來謁。備極慇勤。港中黨人領袖林隱籌虎亦至。然百方求護照。終不可得。

八日譚典虞自省來謁。吾復與商入梧之策。典虞奔走一日。布置就緒。而覺頓持之甚堅。謂安能以我爲孤注。彼有死不承。議復寢。於是只能貿貿然仍適海防。作偷度之計矣。多人則偷度更無所施。乃議分道。覺頓與伯珊於初九日入梧州。此原議也。志先柳隅亦於數日復入梧州。則典虞所爲我布置者。彼兩人履之。孟曦則依嚴重繁複之程序。取護照以蹈我於海防。我獨與湖初偕作鼠態也。發滬時服華服。篋中春衣亦數襲。且備衾褥。至是悉屏去。服西服。冒稱日本人。行李一小革囊耳。十一日港中黨人領袖李印泉根源楊暢卿永泰等四人來訪。譚極暢。且極沉鬱。蓋此次各派皆經淘汰。去莠留良。其良者皆飽受數年來苦痛之教訓。客氣悉除。誤解一埽。人人各自懺悔其前此之所爲。溫和派有然。激烈派亦有然。此佳朕也。

偷度之舉。今全託諸日本人矣。而日人所規畫。信復纖悉周備。數口岸十數人通力合作。全神營注。所以將護者惟力是視。蓋受之於彼政府也。所乘之妙義山丸。以十二日正午發香港。蓋三井洋行之運煤船也。三井支店長林氏。以小輪由橫濱丸伴渡彼舟。登舟卽展輪。一刻不淹。船以運煤爲職。儉陋狠籍可想。然彼蓋臨時爲我別治一室。一切器用悉新置。飲饌亦腆。艙面特加糞除洗滌。黝光可鑑。三日夜恣我徜徉。呼吸海氣。橫濱丸爲縟麗之地獄。此其樸儉之天堂矣。舟中日與湖初獨對。譚讌至樂。因念幹卿此次慇慇相招。期我以粵中善後。初時同人殊不願我以此自承。謂終不能行其志。徒敗名耳。雖然。中國之政治。以省爲單位也久矣。今後此種積重之勢。且有加無已。吾儕自審能否謝事不任。如其不能。宜審所擇。欲行其志。恐地方實較中央優也。此當視所以與幹卿相處者何如。若其耦俱無猜。固當任之。卽恭敬桑梓。亦宜爾也。溯初深以爲然。舟中草敬告國人一篇。讀民友社出版之近代文學。稻毛詛風著之現代思潮與敎育終卷。

舟宜以十四午達彼岸。阻霧半日。十五晨至焉。彼岸曰洪厓。產煤地也。距防里程未詢悉。小輪船程則五小時也。海防有日商曰橫山者。駐港日領事以政府之命。命彼於十四日赴洪厓。候妙義山丸入港。受指揮。橫山如期至。十五晨。船長告以故。彼一謁我。卽折歸海防部署。當船將入港時。船長卽豫幽我二人於艙底之一室。煤爲四壁。以煙養肺。吾蟄其間凡十四小時。畏人見也。其夜三時。橫山以游船來。且挾其夫人及夫人之女伴與俱。時風雨淒厲。天黑如磐。游船艤吾舟一里外。吾儕出煤室。隨船長顚頓趨陸。別以小筏渡赴游船。蓋竟夜不就枕。顧事後聞船長宗像氏乃亙三夜不敢交睫也。吾與溯初和衣假寐。至翌晨。橫山來。余起張目推篷。喜欲起舞。境之幽奇。蓋我生所未見也。距洪厓市十里許。石島棋布海中千數。皆壁立絕躋攀。而細樹雜花。蒙蘢其上。似筍者。似几者。似鼓者。似蓋者。似編磬者。似榻似枕者。似曲屏風者。似盂者。似瀚壺者。似蛇蟠者。似鶯立者。似騎士者。似垂冕旒者。似僧入定者。殊態詭狀。不可殫紀。童時泝江見小孤山。至今歎奇絕。今小孤千百。耀我心目。安得不狂舞。溯初咄吾旁曰。是未足敵我雁宕也。無極峭聳之峯。吾曰。天下事豈不付諸機緣。我生能否至雁宕。殊不敢知。覯此旣歎天之厚我矣。於是吾舟穿黠羣島間者凡六七小時。正値煙雨迷空。益縹緲動出塵想。吾欲求古人詩名狀之不可得。惟魏武短歌行東臨碣石以觀滄海。水何澹澹。山島聳峙一章。氣象庶幾髣髴。中間亦舍舟探一洞。溯初殊平視之。我之儉眼。惟讚仰而已。又駕小筏觀打魚。魚大小垂三十尾。以百二十小錢易之。念此間人生計之觳薄。一爲憮然。午後四時。舟乃向海防。自念吾今日所趨何事。所履何塗。乃覺有此半日與此沖夷閑曠之境相會。信乎天之厚我也。

横山豈導我淸遊。導我偷度耳。蓋力避關吏譏察。紆其塗。延其晷。入夜八時。悄然達海防矣。海防有僑商張南生者。雲南特派員也。忠純而密察。以人招之至。商今後進取之路。而以法人受袁之托。譏禁甚嚴。無所爲計。且爲言袁政府昨方有電至。專指目我。勸速發勿淹。然吾與伯珊約。待彼相逕。彼最速亦七日後乃能至也。於是横山乃更謀匿余於其牧場。越南政府前此頗能中立不左右袒。最近態度乃一變。袁之魔術。乃如將斂之彗。餘芒猶熠熠也。綜所歷地。尙以上海爲最自由。若海防者。雖接境滇桂。而消息一無所通。可慨也。是夜卽宿横山家。家殊湫隘。僅一榻。彼夫婦所御者。讓我與溯初作大被同眠。此安能適者。更和衣相對一夕而已。時十六日也。夜分南生以唐蓂賡三書至。促吾往甚急也。

吾欲遂入鎭南關。迓伯珊於前途。溯初力阻勿蹈險。翌十七晨。卒與横山赴其牧場。曰帽溪者。汽車行二時許。適野之樂可想也。牧場與礦區相屬。地數十里。皆横山所有。役工徒至七百餘人。横山十年前孑身至此。不名一錢。今如中世小侯。擁采地矣。有敎育之國民。而能以力自拓其命運。可敬羨也。吾既當隱此間一來復。以待桂使。念光陰蹉跎可惜。乃遣溯初先赴雲南。蓋雲南望我既久。吾既不能往。宜亟以人慰勞之。且待商之事亦至多也。溯初挾日人陳護照。稱新聞記者。下午三時。復與横山返海防。今夕行矣。於是同行七人。今惟吾孑身在萬山中。一小行篋裏十數卷書相伴耳。

自離滬迄今未半月。所歷殊變幻。複賾可演小小一部冒險小說也。就中所最感歎者。則日本人之懇切而緻密。

各種各色人。咸動於其政府默示指揮之下。如身使臂。臂使指。條理井然。而樂於趨功。無倦容。無强態。雖一事也。可以喻大。如此之國民。安往而不優勝者。彼今固無所爲而爲之。至竟有所爲耶。無所爲耶。念此抑滋慄也。吾既堅踐湖初之約。誓枯坐六七日待伯珊矣。此間距鎮南關。僅汽車程二小時。將以小舟適諒山再偷度。不復經海防與河內。袁諜縱密。當無如我何也。此六七日不可負。欲利用之著國民淺訓一書。成否抑未敢知。

三月十七日記於越南帽溪山莊

哀啓

哀啓者。不孝啓超。今負人間世無等之重罪。猶復靦然視息。更何敢有所述以辱我先君子。雖然我先君子之潛德。與夫不孝之罪狀。固不可不於未死之前一陳述也。嗚呼痛哉。先君子往矣。當世賢士大夫其久親炙於先君子者蓋寡。或罕能道其行誼。然吾鄉鄰族鄙。乃至附近諸縣鄙之耆獻。聞先君子之喪。慮無不汍瀾愴悼。是以知先君子平昔之德業。感人深也。吾家自始遷新會。十世爲農。至先王父教諭公。始肆志於學。以宋明儒義理名節之敎貽後昆。而先君子以幼子最見鍾愛。傳家學獨劬。少亦治舉子業。連不得志於有司。遂謝去。敎授於鄉。不孝啓超啓勳及羣從昆弟。自幼皆未嘗出就外傅。學業根柢。立身藩籬。一銖一黍。咸稟先君子之訓也。先君子常以爲所貴乎學者。淑身與濟物而已。淑身之道。在嚴其格以自繩。濟物之道。在隨所遇以爲施。故生平不苟言笑。跬步必衷於禮。恆情嗜好。無大小。一切屏絕。取予之間。一介必謹。自奉至素約。終身未嘗改其度。不孝等每勸勿太自苦。輒敎以家風不可壞。而蠶然以後輩之流於淫佚爲憂也。粤瀕海。民俗凤剽悍。賭盗械鬭。視爲常業。先君子常疾首痛恨。謂三害不去。鄉治無由。而舉吾鄉夙會與隣鄉曰東甲者。械鬬三十年不解。東甲固同宗也。頗挾其科第資財。思以屈我鄉。鄉人愈積不能平。既而不孝啓超弱冠登第。稍有聲於庠序。鄉人咸欲假以伸夙怨。先君子曰。此和解之時。非報復之時也。率不孝詣東甲。謁其宗祠。徧拜其父老。使執子弟禮加謹。於是東甲大懽。積年乾餱之愆盡蠲。至今敦睦友助。過他鄉焉。縣之諸鄉化之。鬬者盡慚。相率請先君子爲之解紛。先君子未嘗不銳以自任。而所至蓋未嘗不寧息。寖假而隣縣若新寧。若香山。若開平。若恩平。若鶴山。其鄉之民有悁忿思鬬者。輒相語曰。其先質成於梁太公。先君子則不問祁寒暑雨。必裹糧匍匐以救之。蓋近三十年。此數縣械鬬之風稍息。民命藉以全活者。不知其幾。皆先君子心力爲之也。先君子謂賭爲盜源。欲化盜必先禁賭。比年以來。治學者方以獎賭爲理財妙用。全粵久成賭國。獨吾鄉則博簺之具不得入境。蓋先君子之於此物。嫉之甚嚴。而禁之甚周。當初禁時。子弟有不率教者。或於叢篁中闢密室。或匿舟港汊複曲之處。風雨深夜。相聚而嬉。先君子恆踏泥濘揭沼沚以搜索之。既得則誨以利害。至於流涕。徹旦不息。先君子嘗緣此犯霜露致疾。而受者亦內疚以自澡雪。卒爲善士。久之而比閭相戒。以不忍欺矣。粵海濱諸縣。爲羣盜窟宅垂百年。吾鄉綰轂匡山之口。稱最衝劇。顧比歲鄉中無一盜。而外盜亦未或敢一相擾。蓋自先君子既任鄉政。先絕賭以清盜源。復辦團以防盜侵。吾鄉雖丁男不滿千。然團保之力。實足以自固。故三十年來辦清鄉之軍吏。其足跡未嘗一履吾茶坑。而吾茶坑亦未嘗一度以盜案勞有司之檢護。在鄉人固安之若素。而不知皆先君子瘁瘏心血以易之也。嗚呼。頻年來先君子以不孝故。常播越於外。鄉風亦稍替矣。而茶坑之鄉治。猶爲最於吾粵。使先君子之業不一中輟。其所大造於鄉。宜何如者。使先君子之業擴而充之。其所大造於國。宜何如者。先君子雖排難解紛。日不暇給。事後有言謝者則拚耳。

若將浼蹤踖。若無以自容。或强之則所受以饈餌二紙盒酒二瓶爲常自挈以歸。饈餌則賚童孺曰。此某鄉某某長老所餽也。酒則貯以饗客。瓶纍纍有標識。視一歲積瓶而本歲所和息之事。其數可知也。或問事非切己何所求。何所爲而勞苦若此。先君子則曰。吾亦不自知。吾但覺人有困厄爲吾力所能解者。苟吾力不盡。則吾心一息不能自安耳。直至去年夏秋之間。先君子爲林姓與陳姓周姓與劉姓兩械鬬案。猶費數月之力爲之往復奔走。其老而無倦也若此。孔子稱仁者安仁。嗚呼。吾先君子幾近之矣。先君子之孝友睦慈。其庸德實爲人所莫能及。不孝啓超生始彌月。而先王母黎見背。不及見其所以孝養者如何。而逮事先王父敎諭公者猶二十年。敎諭公年七十四而棄養時。先伯父松澗公先卒已四十年。先仲父梅澗公先卒亦十六年矣。敎諭公自六十五以後。無歲不病。兩伯母皆異宮以處。唯先君子與先慈實日夜侍。昔人稱奉親懿行。謂衣不解帶目不交睫者若干月。若吾父母之事。吾王父則十年之中若此者。歲必數月也。先慈既以積勞奄逝。其最後五年之役。則先君子一身自任之。自飲食以逮溲溺。息息需人。先君子必躬自操執。子姪僅得間接承事而已。曾未有所假手。敎諭公常以先君子之能治鄉事爲樂。且於諸孫學業責望至切。先君子日則劬勞鄉社鄉校間。夕則就病榻報告成績以博歡笑。蓋十年如一日。逮敎諭公既考終。不孝等稍稍成立。而先君子精力亦漸漸耗瘁矣。先君子同懷六人。其四殀逝。唯家三姑母適趙氏者。齒弱於先君子六歲。今又健存。而既寡居。故數十年兄妹相依爲命。浹旬不見。則結轖不能自解。先大伯母二十五而寡。先君子事之如母。有一子爲先兄啓昌字伯蕃。先君子篤愛之過於不孝兄弟。顧授之學。督課甚嚴。不稍姑息。學成。餼於庠。才名籍甚。先君子方稍自慰。而伯蕃遽以二十九歲夭沒。婦以哀殉。遺三子。不數年而長次復繼夭。唯幼僅存。先君子深痛極慟。坐是更不忍與先伯母遠離。蓋先伯母極人生不堪之境遇。晚而失明。能排遣一二以保其天年者。唯先君子是賴。先君子既以友于之愛。不顧斯須去鄉井。而不孝啓超乃自作孽。亡命十餘年不返。貽先君子以驚憂。播越至再至三。間歲輒一涉重洋撫視不孝等而噢咻之。然在家則係念兒孫遠出。又縈懷嫂妹。十餘年間。心緒未嘗一日寧帖。先君子之無量痛苦。一一皆不孝貽之慼也。先君子精力之强。體魄之健。逾於常人。平生極操勞而遘疾殊少。年二十八。遭先王母之喪。先王母之喪以急病氣息既不屬。而先君子始躬負以歸命於祖屋之正寢。其間相距可半里。因感受醫家所謂骸風者。自是每遇暴風雨將至。輒全身筋骨作酸痛。數十年不治。然舍此無他大疾苦。辛亥之冬。嘗大病一次。時革命方酣。廣東秩序大亂。扶病以適日本。不孝等一見。欲號。蓋面目幾不可識認矣。已而頤養數月。健善似反過其舊。去年三月。不孝等南歸介壽。而先君子復率之徧展諸墓。攀陟越嶺。步履甚健。不孝等竊竊自喜慰。謂更錫十齡。彼蒼其或不有所恡。時帝制之議已寖萌芽。不孝啓超乃竊請於先君子。謂將棄官避世。奉親以終。先君子正色切責曰。汝與項城既已共事。項城苟欲干國紀。汝宜思所以匡救之。匡救之不得。則思所以裁制之。懲治之。不務此二者。而唯思潔其身。非能率吾敎也。遂督促尅日北上。不孝等乃皇悚告行。嗚呼痛哉。酷哉。使早知彼日即爲與吾親永訣之時。雖日日威以夏楚。何當寸步去左右。使吾親早知彼愛子自茲以往即無復更受彼顧復之日。當亦不忍割此心上肉而麾之去也。嗚呼痛哉。酷哉。不孝啓超豈復能齒於人類。禽獸猶知反哺。不孝乃並禽獸而不如。先王父臥病十年。先君子未嘗一日不侍側。猶常以奉侍不謹。引爲大慼。不孝之於先君子。乃並未嘗得一剎那頃奉侍。受病不知何時。服食不知何藥。當吾親宛轉殗殜之日。正不孝指天畫地之時。兩月不成服。百日不奔喪。日日錦衣美食。華堂宴處。鉤心鬭角。抗顏抵掌以談當世之務。人倫道盡。何以自容。嗚呼痛哉。酷哉。先君子之喪。舊歷二月十一日。而今歷三月十四也。距喪前半月。不孝奉手諭。告以嘗攖小極旋已全愈。諭中以陳林械鬭將復起。不能卒調停。引爲至憾。復諄諄言三舍妹嫻事。冀速見其成。末更授不孝以蘇子瞻留侯論。命終身誦焉。由今思之。語語皆遺命也。使不孝稍有感覺者。以彼時奔歸侍養。何患不及事。不孝罪孽積躬。天奪之魄。聞親病而狃於小愈。瞷然不以爲意。有靈徵而不之省也。嗚呼痛哉。酷哉。不孝之罪實通於天。先君子蓋病於香港。殁於香港。其時不孝啓超身在香港。而乃委死父於不顧也。不孝方應武鳴陸公之召。入桂從軍。而取道香港。以三月八日至十二日行。不審以何罪業。爲鬼瞯弄。自發罪念。妄以所履至險。懼貽老父憂。不敢往朝。且不敢通聞問。疾大漸兩日。而不孝乃去港。不孝去港兩日。而病遂不起也。聞先君子之病。初本甚微。忽見報紙謠登不孝啓超發狂疾入醫院。疑懼相乘。遂以增劇。使不孝能以其時忽詣膝下。安見不霍然病已。卽不爾而更徵良醫選藥物。病殊非不可療。蓋病之加劇。乃在誤食湯圓。脹梗胃際。非不治之證。而人事有未盡也。天乎。律以春秋許止不嘗藥之義。不孝啓超乃躬弑吾父也。嗚呼痛哉。酷哉。先君子彌留之際。乃嚴責家人。毋得以電召不孝啓超。謂不孝方有事於國也。使不孝猶在國中者。無論如何。其必能聞報而奔視含斂。乃萬咎所叢。天罰未已。使之越在安南。窵遠夐絕之域。蜷伏展轉。經月始達南寧。音信梗斷。百無覩聞。由南寧而梧州而肇慶而廣州。中更事態萬千。所歷又復經月。不孝啓勳等罪又萬死。乃徇親朋之請。匿不以告。而不孝啓超於此兩月中。乃食肉衣錦。雍容歡笑。曾不自知其非人。親朋所以爲不孝計者。用心至苦曲。而用情至厚摯。不孝其安敢有懟。獨恨不孝天性涼薄。自絕於天。自絕於吾父。遭此大故。閱數十日曾不能於寤寐中得一徵兆以自警覺。致陷於曠古未聞之大戾而末由自贖。實自求禍。其又誰尤。猶復不知其罪。囂然思于役異域。道出港滬之間。不孝啓勳始不能更復有所隱。一一告以實。而不孝啓超既已成天地間莫大之罪人，而永刦弗克自湔拔矣。嗚呼痛哉，酷哉。邦人諸友，不知其不肖，或妄以國事相期許。國事絲毫何所裨補，而只此一垂老之親，生不克養，病不克侍，喪不克親。悠悠萬古，人間何世。彼蒼者天，曷其有極。今者干戈滿眼，魑魅搏人，奉輀歸葬，不知何日。大事未了，安敢祈死，以益其罪。有靦苟活，誠知不復能齒於人數。但思乘此苫塊餘生，一述先君子之盛德大業，庶幾海內耆碩長老，錫以鴻藻，永其謳思。小之爲泉壤之光，大之興國人之化，則不孝等雖死之日，猶生之年。神志昏亂，語無倫次，伏唯矜鑒。棘人梁啓超、啓勳、啓文、啓雄泣血稽顙。

與報館記者談話一

五年八月十日

記者曰：自項城逝世，時局銳變，國人所屬望於先生者甚重。先生因守禮，少接外事，未免令國人觖望。予曰：鄙人不幸，慘遭大故，在喪期百日中，值國運變遷絕續之交，不能多所效力，誠屬遺憾。記者曰：太公之喪，似已逾百日。先生身繫國家安危，當此危急之秋，似不宜太拘古禮。予慘然應之曰：遭喪七十七日後始聞喪，既不能親湯藥，視含斂，罪孽已不可贖。若區區百日哀情，猶不自盡，實不可以爲人。此時若出而與社會交際，則公衆議會等斷不能免。良心實所不安。禮教雖不尙虛文，然情必於禮焉寄。近年以來，奪情殆成社會通例，似非所以導民德於歸厚，硜硜之節，不敢不勉也。記者曰：願聞百日後先生出處。予曰：粵局稍定，卽當回籍奉櫬營葬。若粵仍暫未得歸，或一游各省及京師，亦未可定。記者曰：今日時事萬艱，先生似不能置身政局之外。予曰：鄙人之政治生涯，已二十年，驟然完全脫離，原屬不可能之事。但立憲國之政治事業，原不限於政府當局，在野之政治家，亦萬不可少。對於政府之施政或爲相當之應援補助。或爲相當之監督匡救。此在野政治家之責任也。鄙人嘗持人才經濟之說。謂凡人欲自效於國或社會。最宜用其所長。鄙人自問若在言論界補助政府匡救政府。似尚有一日之長。較諸出任政局或尤有益也。又國中大多數人民政治智識之缺乏。政治能力之薄弱。實無庸爲諱。非亟從社會教育上痛下工夫。則憲政基礎終無由確立。此着雖似迂遠。然孟子所謂七年之病求三年之艾。苟爲不蓄。終身不得。鄙人數年來受政界空氣之刺激愈深。感此着之必要亦愈切。亡友湯覺頓屢勸擺棄百事。專從事於此。久不能如其教。心甚愧之。此次湯君同行間關入廣西。在南寧分袂時。痛譚徹夜。湯君力言軍事稍平。決當獻身社會教育。別後數日。湯君遂殉國於海珠。亡友遺言。安可久負。頃方有所經畫。若能緝熙光明。斯孔子所謂是亦爲政也。

記者曰。副總統問題。內閣問題。爲現時全國所最注目。先生意見何如。予曰。此屬國會權限。原不敢妄參末議。必欲徵鄙人之個人私見。則現在各報盛傳舉段芝泉爲副總統之說。以段之德望。鄙人深認爲合宜。惟段爲現在時局極有關係之一人。一旦離去劇職。於時局有無影響。最當熟審。段若見推副總統。則問題之要點。在副總統能否兼任國務員。此事法律上雖無限制明文。然事實上與責任內閣之精神不甚相容。鄙見認爲不可。既如是則新推之副總統當然不宜復列閣員。總理孰適。且勿論。惟陸軍總長一席。據現在時勢之要求。段公似不容脫卸。若認副總統爲非段公莫屬。則新內閣陸軍一席。得與段公德望地位略相等之人任之。而其人願意担任與否。又不可必。鄙意若段公仍肯當此難局。則最希望國會將現內閣閣員全部同意。俾正式政府迅速成立鞏固。蓋改組內閣。不免遷延時日。若稍有波折。而影響將不可測。今時局當千鈞一髮之時。最宜慎重。現閣員中新進有爲之人物什居七八。與老成持重之段總理相提挈。實國家前途之慶事。深望其早經同意爲完全合法之內閣。庶一切政務之進行益有力也。

記者曰。默察政局現象。似新舊兩種勢力之間。常有暗潮。識者或引爲大憂。先生謂何如。予答曰。前途雖未敢絕對的樂觀。然如一般之悲觀論。實未免神經過敏之誚。蓋數年來政局經數度之翻覆。我國人實領得一種最良而最切之教訓。此教訓維何。曰凡政治之作用。當許容異種之勢力同時並存。且使各得相當合法之發展機會。此不磨之原則也。若强違反此原則。一種勢力伸張過度。而使異己之勢力感壓迫。而起恐慌。甚或濫用勢力以圖鏖滅異己之勢力。則其結果必反動而招自滅。此種教訓。當同盟會全盛時代一領得之。當袁世凱全盛時代再領得之。現在國中凡與政治有關係之人。皆飽受此種教訓而悟得一原則。若能各方面常常提醒。制其血氣之勇。則政治之進入軌道。當不難也。

記者曰。此次國會前途有無波折。答曰。以吾所聞各方面情況。當無甚波折。蓋舉舉數大問題。皆可由院外協議而定。自能力避議場之紛擾也。惟鄙意議員資格問題。似不宜提起。一提起則爭論必多。或緣此不足法定人數。則局勢不可收拾矣。又國會少數服從多數之習慣最宜養成。若少數者之意見不能通過。遂相率退出議場。以破法定人數。此最是惡習。若此等現象頻見。則合議政治永無健全發達之望矣。前次國會兩黨各占一院之多數。而其少數黨各以此互相牽掣。實爲憲政開幕之汚點。今次既無黨派之存在者。惡現象當不至再見也。記者曰。現在議員紛紛變作官吏。更閱一二月。恐京外高等官界革命之結果。且影響於國會之法定人數矣。予曰。議員自己有抱負。欲作國務員以行其志。此本政治家常軌。更無可議。國人但當觀其後效何如。不可事前漫加責備。若乃營營逐逐。日圖高官美差者。誠放棄天職。負國民之委託。瀆國會之神聖。輿論界固當予以相當之裁制也。

與報館記者談話二

五年八月十六日

是日記者諸君復以國是詢予。予曰。今欲與諸君賡續談國會之事。余以爲今茲國會議員。當常提醒十二分之自覺心。兢兢業業。以臨於議場。蓋此次之國會有成績與否。不獨爲本屆國會生命所攸繫。殆卽憲法將來生命所攸繫。更質言之。或卽國家永久生命所攸繫也。試思此次國會倘以無結果而下場。或得意外之惡結果以下場。則更有何道以發生第二之國會。今茲國會譬之則單傳獨子。一綫之宗祧託焉。則國人所以愛惜之與議員所以自愛惜宜何如者。今議員中以優秀分子自命者。紛紛轉入行政界。不可謂非國會之不幸。蓋此種現象無異議員自表示一種輕視國會之心理。以爲國會不足以行吾志而盡吾才。乃亟亟顧而之他。不知此實最大謬見。雖在平時。國會與政府之職務。猶不能有所軒輊。況此次國會其主要之任務。乃在行使國民會議之職權。以制定國命所託之憲法。較之在政府或在各省執行一局部一時之事務。其輕重豈可以道里計。今開議通常之法定人數。雖似無不足之慮。議憲法之法定人數。能否如額。實國人所共懸慮。夫此次國會之恢復。實以無量數人之血。換來國人曷爲甘出此極重之代價。凡欲求產出善良之憲法。爲國命民命之永遠保障耳。苟憲法終不能產出。則議員終何以謝天下。故吾謂議員諸君。就令對於行政上有絕大之抱負。總宜俟此次重要任務終了後。徐圖發抒。其前此錚錚有聲之健者。尤不可輕於去就。致國會失其中堅。所望議員亟以此義互相責善也。

兩年來歐洲各國之國會，皆以國防議會之性質行之，故議案極稀少，至議決極敏捷，我國今雖無對外戰爭，而國家之危急存亡，實較現在諸交戰國尤爲迫切，故今次國會允宜採用國防議會之精神，議案愈少愈妙，近聞有綏舉副總統之議，鄙人極爲贊成，乃至閣員同意暫置爲後圖，亦鄙人所深望，蓋鄙人所心營目注者惟一憲法，甚望國會擺除百務，集全副精力以赴此大業也，但現時約法效力仍存，同意權不能不行使，則惟望大總統速將閣員提出，國會議員各以良心上正直之判斷，速了此着，此後庶不致復以對人問題擾其神思，或可澄慮努力以從事於國民所熱望之憲法耳，天壇之憲法草案，曾經咨送國會，今宜即以爲議案，無庸別行起草，聞國會多數之意見，既認此程序爲適當，最堪欣慰，天壇草案幾經精心結撰，鄙人於大體上認爲善良，惟仍有數大端，竊欲商榷者。

第一　一院制之主張

一院制與兩院制，各有得失，各國學者辨之綦詳，無待泛引，但以我國現在之國情及前次經過之狀況論之，則兩院制之利益絲毫不能得，兩院制之弊害無一不備，蓋兩院議員同在黨派之旋渦中，苟兩院而同以一派占多數耶，則結果兩院常同爲一派意思所左右，所謂以上院調節下院之利益終不可得，苟兩院各由一派占多數耶，則甲院所可，乙院否之，乙院所可，甲院否之，兩院永不能一致，即議案無一能成立，兩弊有一，於此前途何堪設想，此不能謂標不黨主義可以救濟也，憲政必恃政黨爲運用，此無可逃避之公例，不黨者一時之現象也，爲國家制永久根本法，不能不計及將來，前舉兩弊，豈容輕輕看過，鄙見以爲我國實無兩院之必要，若必設兩院者，則上院必須有特殊之組織，及特殊之職權，特殊之職權且緩論，所謂特殊之組織者，謂宜設法網羅國中特殊之勢力。使萃其中堅於國會。然吾嘗百思而不得其法。蓋吾國現時社會之組織。本無所謂特殊之勢力。藉曰有之。則或非正當。或根柢甚淺薄。既不可網羅。亦無從網羅也。聞天壇起草時。頗有人力倡一院制。而參議院選出之起草員全體反對。此甚可笑。爲國家制定永遠大法。豈容以個人現在地位之觀念攙雜其間。豈惟不容有甲院乙院現在地位之觀念存。並不容有議員現在之地位之觀念存也。

第二　同意權之撤廢

同意權與責任內閣制絕對不相容。吾於元二年間已頻著論極言之。至今猶堅持此說。天壇草案僅留一國務總理同意權。視約法已較爲妥善。實則並此亦殊可不必。蓋以過去及現在之經驗觀之。總理任命爲事實問題所左右者什常八九。同意權雖規定。安見能圓滿行使之者。不過形式上經一無聊之程序已耳。當時規定此權之本意。實在防制袁氏對人立法。無可諱言。言今事過境遷。猶必斷斷焉以防制袁氏者。防制永遠未來之總理。實屬無謂。且亦安見其卒能防制者。要之國會之監督政府。實以不信任投票及彈劾爲最有力之武器。而同意權實與彼兩權不相容。故不如概行鐲除之爲愈。若萬不獲已者。則極其量亦不過如天壇草案僅以施諸總理。若如現制各部總長一一分別同意。則與連帶責任之原則背馳太甚。萬萬不可也。

第三　解散權之規定

大總統解散國會權與國會彈劾政府權。實相對爲用。以舉責任內閣之實者也。我國憲法若欲效美國之總統制。采內閣無責任之主義耶。則解散權誠爲不必要。而彈劾權同時亦不容存在。若采歐洲各國責任內閣之通例。則此兩權必須同時規定。使雙方得救濟以極運用憲政之妙。此毫無疑義者也。論者或憂政府之濫用解散權以摧殘國會。不知解散非摧殘國會。正所以鞏固國會。解散後經若干時日必須重新召集國會之榮光愈益發揮。何摧殘之有。若政府確有所自信。而國會與之相持。更無救濟之道。則悍者將如袁氏之激而橫決。黠者則舞文以遯於法外。其結果亦使憲法之效力漸趨痲木。二者有一於此。豈惟非國家之利。抑亦非國會之利明矣。且解散國會雖爲憲法所許。而此非常之舉。何至濫用。非責任心甚强而法律觀念極貞固之政治家。必不肯出此。國中若有其人。當歡迎之不暇。何必防制爲哉。天壇草案規定解散權。深爲合理。惟仍以須得參議院同意略示限制。就過去現在兩院之情況論之。則惟有解散衆議院之必要時。欲得參議院同意。殆爲必無之事。則此條規定等於廢紙。何貴有者。若鄙人所持一院制之說能成立。則參議院且不存在。同意權更無所麗矣。

第四　國會委員會之商榷

天壇草案有國會常置委員會之一機關。其員數爲六十人。由兩院議員中選舉。國會中許多重要職權。當閉會時皆由此機關行之。其用意良苦。其中亦自含有一種妙用。吾極承認之。但將來實行之後。是否得立法行政兩機關之調和。或緣此反增此兩機關之衝突。殊未敢知。且其中最重要之職權。如承認外交條約等事。經六十人參與。是否可以保秘密。尤宜注意。鄙意政府以外別設一合議機關。使參與重要行政方針。原屬一種良好之作用。但其法律上拘束行政之力。不可太强。其應否列爲憲法上之機關。亦當審愼研究也。

第五　審計院長平政院長之選舉

審計院平政院爲財政行政上之重要監督機關。若據純粹之法理論。自以簡任爲宜。爲救濟現時政象起見。則兩長由選舉而出。保障實較爲有力。鄙意宜各由國民會議選舉三人。呈大總統擇任其一。斯折衷妥善之制矣。

第六　省制當別以單行法規定

近來各方面盛倡省長民選之論。更欲規定之於憲法條文中。以求確實之保障。省長民選。吾數年前卽不贊成。至今主張仍無甚變。但可商量折衷辦法耳。他日當別爲文專論之。至於將此條列入憲法。則吾期期以爲不可，蓋憲法若涉及省行政問題。則必須另設省制一章。將省之性質與其機關之組織及權限詳細規定。若此等事項盡從省略。而惟將省長任命權突然規定。未免不倫不類。然將省制全部規定於憲法。實不相宜。蓋憲法比較的宜含永久之性質。凡制度之常須因時變革者。宜勿攔入。以免根本法之常常搖動。我國(省)之性質。在法律上殊未明瞭。其理想的組織權限。煞費商量。而彼既有歷史上之根據。自不能以驟革。今方欲借助法制之力。使其性質漸次蛻變。則所謂法制者。宜含有過渡的精神。萬不能以最完全之理想遥行規定。致有不應時勢不能實行之病。然則用一時權宜之制編入憲法耶。則又何必。故鄙意謂省制當以單行法別爲規定。議員諸君幸勿誤會謂鄙人對於省長任命權之主張與時流稍持異同。故欲在憲法中削除此項。須知卽以此列入憲法。吾之主張亦安見其必失敗。萬一能得多數贊同。則吾所主張得憲法條文加一層保障。甯非甚願。然而不欲者。實按諸理勢而覺其不可也。大抵將來之省制。宜與國會組織法議員選舉法會計法等同爲憲法之附屬法。其效力僅次於憲法一等。如此亦可以極表鄭重之意矣。

其他關於憲法上之意見。若義務敎育之當規定。緊急命令及緊急財政處分之宜有。外交條約宜使政府以外更有一機關參與同意等項。大約國會中多數意見既已一致。故不復詳論。要之憲法爲國家根本永久大法。當討議制定之大任者。萬不可有一毫黨派利害個人利害之私見摻雜其間。尤不可以矯制一時政象之故。借憲法以爲手段。蓋個人壽命甚短。國家壽命甚長。黨派之地位變動不居。經制之形式一成難變。一時政象之不良。惟當以政治手段救濟之。憲法之職任。在予政治以永久可循之常軌。若頭痛灸頭。脚痛醫脚。非惟不能收救濟之實效。必緣此而他方面別生弊害。此不可不熟計也。議員諸君。當知今日乃以國民會議議員之資格制憲法。非以國會議員之資格制憲法。所制者爲國家永久之憲法。非此一二年內暫行之憲法。明乎此。則埀範之意多。防弊之意少。體國之念重。對人之念輕。庶可以產出良憲以爲萬世之利矣。

抑鄙人竊有隱憂者。方今國命正危如累卵。眼前諸大問題使吾儕困心衡慮者何限。而政客及輿論界乃若無甚感覺。凡所接於耳目者。大率爲人的問題。而於法制問題政治問題若未或睱及。所謂人的問題者。或則汲汲於獵官運動。或則讒誣挑撥。如長舌之婦。蓋社會之惡劣根性。殆將全體暴露。何如割若干之光陰。分若干之心力。將懸於眉睫之諸大問題。略爲商榷。即如憲法一端。試使以歐美日本之國民易地以處。吾知全國所至。集會演說。所討論無非憲法問題。全國報紙所批評。無非憲法問題。議員相見晤語。無非憲法問題。可斷言矣。而中國乃一何寂寂也。又豈必與外國比較。即視元二年之現象。蓋已不知退化幾許也。諸君皆有言論之責。望有以匡正之。

與報館記者談話三　五年九月四日

記者曰。今海內對於本省人服官本省之利害。各有主張。此語範圍。上自督軍省長。下逮縣知事。無所不包。今不敢以此大問題重煩先生。但叩先生對於省長民選之意見。予曰。鄙人對於省長民選議。數年前頗反對。今感想雖略有更遷。然尙有懷疑之處。略舉如下。
(一)簡任往往不得人。前事可鑑。民選比較的易得人。在理論上吾亦承認。但有不可不防者數端。
第一現在政治道德未臻完粹。無庸諱言。省議會選舉機關人數不多。操縱甚易。若有金錢運動及其他利益交換。以求此地位者。是否有良法防止杜絕。
第二選舉必有競爭。競爭若不正當。其結果或使賢者避之若浼。惟下駟或野心家乃得當選。
第三或以黨派相持不下。故選模棱鄉愿或無能力之名宿。以謀調和此種現象。是否能免。
第四選舉能否確保不受武力之影響。
第五選舉結果。非本籍人決不能當選。則雖有外籍極適當之人才。亦將被排斥。是否於得人之道。失之太狹。
(二)民選論專以防政府之用人不當。是先以不能得良政府爲前提。是若得良政府時。而對於地方絕無爲地擇人餘裕。得毋束縛過甚。而減薄政府之責任耶。
(三)民選必有任期。若在任期中發見其人有不勝任之處。何術以去之。中央既無權策免。而其人既爲省議會選出。省議會自不能加以彈劾。則救濟之術將窮。
(四)省長一職。本會有兩種性質。其一爲國家最高行政區域之長官。其一爲地方自治體之首長。若中央政府絕對無權任免行政區域之長官。於國家統一有無窒礙。省時所執行之政務。其原於中央委任事項者殆十而六七。民選省長對於此種政務有溺職時。當用何法救濟。
(五)省長所轄屬機關甚多。其現在各簡任官是否仍舊簡任。抑改省長爲薦任。改薦任則不惟位望輕不足資鎭。且省與中央幾於斷絕關係。仍簡任則與省長劃然兩系。統常對抗軌轢。省長既一面對付督軍。一面對付省議會。更須對付中央官吏。恐一事不能辦。

(六)以上所舉皆永久利害。就目前論。國基未定。各省事實上未脫武人政治。無論此次獨立未獨立省分皆然。若民選法案成立。全國省長同時更迭。而其職位發生之由來根本變動。能否不生他方面之疑惑反抗。果爾將何以待之。

據上述六義。故鄙人對於民選論實不能無所疑慮。大抵省長發生問題。可區別爲六說。(甲)絕對簡任。(乙)絕對民選。(丙)中央指定若干人限省議會票選其一。(丁)省議會選出若干人限中央簡任其一。(戊)中央任命前提出人名求某機關同意。(己)簡任復遇某機關爲不信任投票時須予更迭。此六說中甲說吾不敢堅持。乙說吾尤不敢附和。不得已惟當於後四說中擇其一。吾所主張則在(己)說。簡任之權。中央仍留保之。惟省長對於執行國家政務有違法溺職等情。國會得爲不信任投票或彈劾。對於執行地方政務有違法溺職等情。省議會得爲不信任投票或彈劾。此最持平無弊之制也。

今此問題之解決。迫於眉睫。而各方面有力人士持絕對民選論者。似頗不乏。鄙人誠不敢愎持己見。而所慮各點。深願全國人平心一研究也。

國體戰爭躬歷談

自去年帝制問題發生。無端釀成國內戰爭。實國家至不祥之事也。今共和國體之所以復能維持。實賴全國各部分人戮力擁護。非一手一足之爲烈也。惟鄙人於茲役實始終其事。於內幕知之頗詳。大陸報主人將於雙十節發行增刊爲我國慶祝。徵余記事之文。因舉親所經歷較親切者口授記者記之云爾。

(一)帝制問題之經過

帝制問題之發生。其表面起於古德諾之論文及籌安會。實則醞釀已久。而主動者實由袁氏父子及其私人數輩。於全國軍人官吏無與。於全國國民更無與也。先是去年正月袁克定忽招余宴。至則楊度先在焉。談次歷詆共和之缺點。隱露變更國體求我贊同之意。余爲陳內部及外交上之危險語。既格格不入。余知禍將作。乃移家天津。旋即南下。來往於廣東上海間。而馮將軍國璋遣人來言。謂此問題已有發動之兆。相約入京力爭。六月遂北行。往京旬餘。晤袁氏數次。袁氏語我及馮將軍。皆矢誓不肯爲帝。其言甚懇切。馮將軍據以宣布於各報。謂此議可暫寢矣。乃僅閱一月。遂有籌安會之事。籌安會發起後一星期。余乃著一文。題曰「異哉所謂國體問題者」其時亦不敢望此文之發生效力。不過因舉國正氣銷亡。對於此大事。無一人敢發正論。則人心將死盡。故不顧利害死生。爲全國人代宣其心中所欲言之隱耳。當吾文草成。尚未發印。袁氏已有所聞。託人賄我以二十萬圓。令勿印行。余婉謝之。且將該文錄寄袁氏。未幾袁復遣人來。以危詞脅喝。謂君亡命已十餘年。此種況味亦既飽嘗。何必更自苦。余笑曰。余誠老於亡命之經驗家也。余寧樂此。不願苟活於此濁惡空氣中也。來者語塞而退。觀袁氏之所以待我者如是。可以知當時各省勸進之文。及北京各報館鼓吹之論。皆由利誘威逼而來。無一出自本心也。其時余尚有數函致袁氏。苦詞力諫。袁遂不聽。但袁方欲收攬人心。不肯與大獄。余亦居天津租界中。

未一次入京。故袁亦無從加害於余。然偵探固日日包圍於吾側也。

(二)雲貴首義

雲貴首義之中心人物蔡將軍鍔者。時方在京師。蔡君十三歲時卽從余就學。當民國二年辭去雲南都督之職。卽來京師。與余日夕過從。當籌安會發生之次日。蔡君卽訪余於天津。共商大計。余曰。余之責任在言論。故余必須立刻作文。堂堂正正以反對之。君則軍界有大力之人也。宜深自韜晦。勿爲所忌。乃可以密圖匡復。蔡君韙其言。故在京兩月。虛與委蛇。使袁氏無復疑忌。一面密電雲貴兩省軍界。共商大義。又招戴君戡來京面商。戴君者。當時甫辭貴州巡按之職。後此隨蔡君轉戰四川。前月經黎總統任爲四川省長者也。戴君以去年十月到京。乃與蔡君定策於吾天津之寓廬。後此種種軍事計畫。皆彼時數次會談之結果也。時決議雲南於袁氏下令稱帝後。卽獨立。貴州則越一月後響應。廣西則越兩月後響應。然後以雲貴之力下四川。以廣西之力下廣東。約三四箇月後。可以會師湖北。底定中原。此余與蔡戴兩君在津之成算也。其後因有事故障礙。雖不能盡如前策。然大端則如所預定也。議既定。蔡戴兩君先後南下。蔡君臨行時託病。謂須往日本療養。夜間自余家易裝以行。戴君則迂往香港。余於兩君行後。亦潛赴上海。余到上海。實十二月十八日也。而蔡戴兩君亦以十九日到雲南。余輩在津原定計畫。欲由雲南潛運軍隊到四川境後。乃始宣布獨立。二十一日余在上海得蔡君電。謂二十三日前隊出發。出發二十日然後發表獨立之公文。此正在津原議也。而余當時以別種理由。由南京發一電促其早發。且蔡戴既到滇。滇局亦不能久持祕密。故二十六日遂揭曉。後此在四川與北軍相持。死傷甚多。未始非由揭曉太速之故也。

(三)兩廣獨立及軍務院之設置

廣西陸將軍榮廷。自帝制初發生。卽持反對態度。雲南起義以前。久已祕密預備。特緣地勢關係。發之不能太驟。及雲南軍在四川與袁軍相持。事趨危急。陸君乃崛起以促時局之解決。當時兩軍成敗。間不容髮。廣西獨立。實茲役最重要之樞紐也。余自雲南初起時。卽在滬專務鼓吹輿論。聯絡各省。至今年二月下旬。陸君乃遣人來迎余入廣西。謂俟余至。乃宣布獨立。余聞命卽行。但當時廣東之龍濟光。方出全力以爲袁氏爪牙。余欲冒險經廣東以赴廣西。同志皆以爲不可。乃不得不取道於安南。然往安南須有黏貼相片之護照。吾無術以得之。於是不得不爲犯法之舉。以從事偷度。時同行六人。恐被注目。乃悉遣散。僅偕一友行。轉船數次。乃抵海防。海防及其附近一帶鐵路。袁政府偵探四布。余之行程。又已爲北京所知。截探特嚴。余乃避匿山中十日。不乘鐵路。而間道行入鎮南關。既至。則廣西已獨立矣。陸君迎余於南寧。余與陸君。前此雖常通音信。直至此時。乃識面也。未幾。廣東受廣西之壓迫。及經同人之遊說。亦相繼獨立。然非龍濟光之本意。故粵中情形。極爲不穩。陸君與余乃由廣西率兵東下。助彼維持。及梧州而聞海珠之變。吾摯友湯覺頓死焉。湯覺頓者。前中國銀行總裁。中國銀行規模皆其手定。去年因與袁氏政見不合。辭職。從余於上海。復從余入廣西。此次爲廣西代表。往勸龍濟光獨立者也。而龍之將校。乃戕之於會議席上。廣東之局。岌岌矣。余等遂暫留肇慶。以觀變。

余與蔡君在天津密謀時。曾議俟雲貴兩廣獨立。觀形勢如何。卽先組織一臨時政府。戴黎公元洪爲總統。蓋袁氏既以叛國失去大總統資格。依約法當由黎公繼任也。至是余乃草擬軍務院條例及各項宣言。聯合各獨立省宣布之。而軍務院行署則暫設於廣東。維時袁氏軍以全力謀攻我獨立各省。雲貴相持日久。力已疲竭。廣西軍不能不亟圖進取。陸公遂率大軍出湖南。留數千人駐肇慶以衛粵而已。而龍濟光爲袁黨所運動。常有取銷獨立之心。余恐其有變。牽動大局。乃單身入廣東省城。曉以利害。堅其盟約。時方經海珠事變之後。余此行甚危。余明知之。然爲大局計。不得不冒險一行。既至粵城小留三日。及將行時。而龍之將役復以兵脅余。余從間道行。僅乃得免。

兩廣局面既略定。余乃復出上海。欲爲他方面之活動。及抵上海而聞余父之喪。蓋當吾間道入廣西時。不幸而余最愛之老父病歿於香港。余之朋友以余方在軍中責任不輕。匿喪不使余知。嗚呼。吾此行無絲毫補益於國。而徒以此不能盡人子之職。吾之罪永劫莫贖也。吾聞喪昏迷。遂不忍復與聞國事矣。

(四)袁世凱之死去及國體回復

廣東獨立未久。浙江獨立。及余復到上海時。陝西湖南四川復相繼獨立。於是獨立者既有八省。而南京之馮將軍國璋復聯長江各省。暗爲主持。大局已略定矣。五月下旬。馮將軍開會議於南京。謀勸袁氏退位。袁氏執迷不悟。南北之局漸有大破裂之勢。當事機極險急之時。袁氏忽然死去。於是黎公遵依約法繼任。段將軍祺瑞組織內閣以輔之。國勢遂大定。此實天之佑我中國也。及約法既復。國會既開。南方軍務院即同時撤銷。余此次經手事業亦完結矣。今一部分之軍人與新進之民黨雖小有差池。然此實過渡時代應有之現象。不足爲深憂。要之此後我國之共和政治必日趨鞏固。可斷言也。當在天津與蔡君共謀舉義時。曾相約曰。今茲之役。若敗則吾儕死之。決不亡命。幸而勝則吾儕退隱。決不立朝。蓋以近年來國中競爭權利之風太盛。吾儕任事者宜以身作則以矯正之。且吾以爲中國今後之大患在學問不昌。道德淪壞。非從社會教育痛下工夫。國勢將不可救。故吾願獻身於此。覺其關係視政治爲尤重大也。今蔡君既以養病閑居。吾亦將從事於吾歷年所經營之教育事業。且願常爲文字以與天下相見。若能有補國家於萬一。則吾願遂矣。

五年來之教訓

民國而猶有五年耶。去年今日。吾儕始願不及此。有五年之今日。其殆可以五十年五百年五千年。以傳諸無窮。何則。此幾幾不可復得之民國。五年居然能起諸墟墓而返諸雲霄。是則彼蒼蒼之所以厚我中國者云胡可量。譬猶修證之家。中經魔刦。而道力乃以之益堅。所證之果。遂將永不退轉。我民國紀念中斷數月而復有今日之繼繩光大。正所以爲國體加一重堅確之保障。而永厝諸泰山之安。此我國民所爲對於今年今日懷抱一種特別濃摯之感情。而非尋常慶祝之所可倫儗也。夫國體不定。則更無政治之可言。然謂國體既有所歸。即足以畢政治之能事。其毋乃太早計。嘗思五年前建立此國體之目的。原爲懲前此政治之極敝。而不得不出於改弦。而此五年內國體之所以翻覆漂搖。仍爲前此政治之敝一未消除。且多爲途以益其敝。故隨時所發生之結果。無一焉能與最初所期待者相應。過去之明效大驗則既若是矣。我國民今年今日方又挾無窮之新希望。以期待於將來。而結果能否與希望相應。則嘗視各方面擔荷國事之要人能否有所悔悟。以力反其前者之所爲。以爲斷語曰不知來視諸往又曰前事不忘後事之師此五年來經過之陳迹貽吾儕以深切顯豁之教訓者不知凡幾特患吾人善忘耳苟其不忘則此種教訓之所以厚我中國者更云何可量也

第一之教訓能使吾儕知世界潮流不可拂逆凡一切頑迷復古之思想根本上不容存在于今日強欲逆流而泝決無成績徒種惡因試觀袁氏自民國三年以後所以獎勵舊思想舊形式者無所不用其極袁氏用心何在姑勿深論然國中確有一大部分人於彼之此等行動深表同情以爲是可以挽道德之墮落防秩序之紊蕩究其結果曷嘗有絲毫之效除浸淫以釀成帝制外更何所得須知中國今日過渡時代種種混沌棼泯之現象實由受國外物質上精神上之變遷刺激社會驟呈異狀而固有傳來之條教漸失其範圍持載之力人心彷徨無所皈依是以及此今而欲藉復古以救敝其診證之誤全屬倒果爲因其療治所施必且緣藥增病是故自今以往吾不敢保國中混沌棼泯之狀態不賡續發生吾儕亦深感此種狀態之苦痛而肫肫然思所以救濟之雖然吾儕惟當察現今世界大勢所趨爲國民謀闢生計上之新紀元觀社會中心力之遷移爲國民謀樹思想上之新基礎使物質精神兩方面各能漸收去瘀生新之效庶前途之希望可以不虛而斷不容懲羹吹齏矯角殺牛以屢服不效之方治變證離奇之病政府事業有然社會事業亦有然吾竊慮以現在國人望治之切厭亂之深當此混沌棼泯之狀態賡續之時反動潮流或已潛伏其尤悖者乃至謳歌袁氏神往前淸此種謬想吾儕不敏決不敢承須知今日社會上種種病徵半由世界文明進化之軌不相順應半由承受前淸及袁氏之遺毒而食其惡報拔本塞源何途之從端可識矣此吾儕不可忘之教訓一也

第二之教訓能使吾儕知凡百公私舉措皆萬不可馳於極端能使吾儕知凡有勢力者萬不可濫用其勢力以

至過度。能使吾儕知中國各派勢力之競爭。爲事勢上所不能免。抑亦不足爲病。雖然競爭必須有軌道有範圍。一面力求自力之伸張。一面仍許容他力之存在。苟踰此閑。雖强必敗。試觀自辛亥革命起以訖民國二年春夏之交。同盟會國民黨之極端何如。而其所生所受之結果何如者。試觀民國二年秋冬以降訖去歲帝制發生。袁氏及舊官僚之極端何如。而其所生所受之結果又何如者。彼兩造者皆各有其相當之勢力。因時會之輳合綽然有發展鞏固之餘地。苟能善慎用之。常留有餘。使不盡。則必能相均劑相救正。自力既永永不墜不斷。而國家卽隱受其賜。顧乃不然。各皆過信自力之偉大。純然無視他力。凡自力可以伸張之處。則無所不用其極。譬猶彎弓非斷弦或折臂焉而不肯放止也。他力足爲我伸張之障者。務殱之使不能自存。試觀元二年之交。國民黨所掌握之數省。所以待遇異己者。豈不如是耶。試觀三四年以降。袁氏所以待遇異己者。又豈不如是耶。究其結局。則異己之勢力曷嘗能翦除。豈惟不能翦除。徒使國民對於我生憤嫉之心。對於彼起憐敬之念。故反動一起。榮悴轉瞬而易位也。夫五年間成敗興仆之跡。豈之歷歷在人耳目也哉。自今以往。猶有思蹈斯轍者乎。無論出於何方面。而成敗興仆。亦必悉循前軌。其飛升愈高。則其顛躓愈慘。可斷言也。夫中國既有異性之勢力兩三種以上同時存在。欲以一勢力自專而消滅其他勢力。此爲絕對不能之事。故所以因應者惟有二法。一則在軌道內自由競爭。使劣敗者自歸淘汰。一則以互相容納互相接觸之結果。雙方之性質各去其泰甚。漸變而漸趨於近。近世立憲政治之作用。其所以能置國家於治安而進於高明者。皆賴是也。若如五年來吾儕所經之噩夢。甲與於壇。乙則必仆於地。乙興甲仆。爲狀亦同。興仆報復。迭爲循環。民之不聊。國之無幸。固已。卽勢力家之自身。亦寧有利者。書曰。我不可不鑒於有夏。亦不可不鑒於有殷。此吾儕不可忘之教訓二也。

第三之教訓。能使吾儕知凡身任國事而以個人之利害或一黨派之利害爲本位者。其結果必失敗。能使吾儕知權術之爲物。決不足以欺人。而惟足以自斃。夫身任國事者。而誠能純以國家之利害爲本位。則必無所藉於權術。凡用權術者。必其有私利害之見存者也。純乎私者。則個人本位之利害是已。介乎公私之間者。則黨派本位之利害是已。夫苟以黨派利害置於國家利害之上。非黨派中之各個人欲遂其私者不至此。果爾則亦純乎私已耳。惟營私故不得不乞靈於權術。然權術之爲用。乃適所以自窮。試觀好用權術且善用權術之人。當世孰能出袁氏右者。袁氏之興恆於斯。其敗亦恆於斯。當其鈎心鬬角淵淵入微之際。其失敗之機卽伏焉。及其操縱指揮躊躇滿志之時。而死神已踞室矣。夫人之不可以欺。而天之不可以狎。若是其昭昭也。無袁氏之天才。無袁氏之憑藉。而欲師袁氏之故智者。其結果更當何若也。等而下之。自身絕無能力。不足爲輕重於社會。而惟務乘間抵隙排擠挑撥東含一沙西噴一血汨濁河流冀有漁獲者。其結果更當何若也。昔陳平以心計太工。自知無後。試觀古今史乘所載。以智機自豪之士。能全始終者究有幾人。況今勿事遠徵。此五年中赫赫具瞻之人。其權術之取徑與權術之收場。既悉數演入電戲影片中。予吾儕以共見。立乎今日以指既往。彼其人所爲憧憧擾擾者。是亦不可以已乎。立乎今日以揣將來。彼追步彼人而學其憧憧擾擾者。是亦不可以已乎。此吾儕不可忘之教訓三也。

嗚呼。此五年之日月雖短。而歷朝末葉之怪狀。並世亂邦之醜劇。不啻爲一縮影以陳於吾儕目前。苟能稍留意以觀其因果之相乘。則在在皆最良之教訓。吾所根觸萬端。此未盡其什一也。昔管仲告齊桓公曰。願君毋忘在莒。願臣毋忘檻車。今國中無論何界何系之人。此五年中其孰不經一二度之深痛鉅創。人人各有所毋忘。則國家賴之矣.

嗚呼！毋忘！毋忘！嗚呼！吾其如此健忘之民何.

飲冰室專集之三十四

清代學術概論（原題前清一代思想界之蛻變）

序

方震編歐洲文藝復興史既竣。乃徵序於新會。而新會之序。量與原書埒。則別爲清學概論。而復徵序於震。震惟由復古而得解放。由主觀之演繹進而爲客觀之歸納。清學之精神。與歐洲之文藝復興。實有同調者焉。雖然。物質之進步遲遲至今日。雖當世士夫大聲以倡科學。而迄今乃未有成者。何也。

且吾於清學發達之歷史中。亦有數疑問。

一、耶穌會挾其科學東來。適當明清之際。其注意尤在君主及上流人。明之后。清之帝。皆是也。清祖康熙。尤喜其算。測地量天。浸浸乎用之實地矣。循是以發達。則歐學自能逐漸輸入。顧何以康熙以後。截然中輟。僅餘天算以維殘壘。

二、致用之學。自亭林以迄顏李。當時幾成學者風尙。夫致用云者。實際於民生有利之謂也。循是以往。亦物質發達之門。顧何以方向轉入於經典攷據者。則大盛。而其餘獨不發達。至高者。勉爲附庸而已。

三、東原理欲之說。震古鑠今。此眞文藝復興時代個人享樂之精神也。「遏欲之害。甚於防川。」茲言而在中國。

豈非奇創。顧此說獨爲當時所略視。不惟無贊成者。且幷反對之聲而不揚。又何故。

四、迨至近世。震於船堅礮利。乃設製造局。譯西書。資學生。振振乎有發達之勢矣。顧今文學之運動。距製造局之創設後二十餘年。何以通西文者。無一人能參加此運動。而變法維新立憲革命之說起。則天下翕然從之。奪格致化學之席。而純正科學卒不揚。

此其原因有原於政治之趨勢者。清以異族入主中夏。致用之學。必遭時忌。故藉樸學以自保。此其一也。康熙末年。諸王相競。耶穌會黨太子。喇嗎黨雍正。（此言夏穗卿先生爲我言之）既失敗於外。又遭讒於羅馬。而傳教一事乃竟爲西學輸入之一障害。此其二也。有原於社會之風尙者。民族富於調和性。故歐洲之復古爲衝突的。而清代之復古。雖抨擊宋學。而遵聖經以自保。則一變爲繼承的。而轉入於調和輪廓不明瞭。此科學之大障也。此其三。民族尙談玄。藝術一途。社會上等諸匠人。而談空說有者。轉足以自尊。此其四。今時局機運稍稍變矣。天下方競言文化事業。而社會之風尙猶有足以爲學術之大障者。則受外界經濟之影響。實利主義與多金爲上。位尊次之。而對於學者之態度。則含有迂遠不適用之意味。而一方則談玄之風猶未變。民治也。社會也。與變法維新立憲革命等。是一名詞耳。有以異乎。無以異乎。此則願當世君子有以力矯之矣。

蔣方震

民國十年正月二日

清代學術概論

自序

(一)吾著此篇之動機有二。其一。胡適語我。晚清「今文學運動」於思想界影響至大。吾子實躬與其役者。宜有以紀之。其二。蔣方震著歐洲文藝復興時代史新成。索余序。吾覺泛泛爲一序。無以益其善美。計不如取吾史中類似之時代相印證焉。庶可以校彼我之短長而自淬厲也。乃與約作此文以代序。既而下筆不能自休。遂成數萬言。篇幅幾與原書埒。天下古今。固無此等序文。脫稿後。只得對於蔣書宣告獨立矣。

(二)余於十八年前。嘗著中國學術思想變遷之大勢。刊於新民叢報。其第八章論清代學術。章末結論云。

「此二百餘年間。總可命爲中國之「文藝復興時代」。特其興也漸而非頓耳。然固儼然若一有機體之發達。至今日而葱葱鬱鬱。有方春之氣焉。吾於我思想界之前途。抱無窮希望也。」

又云。

「有清學者。以實事求是爲學鵠。饒有科學的精神。而更輔以分業的組織。」

又云。

「有清二百餘年之學術。實取前此二千餘年之學術。倒捲而繅演之。如剝春筍。愈剝而愈近裏。如啖甘蔗。愈啖而愈有味。不可謂非一奇異之現象也。此現象誰造之。曰。社會周遭種種因緣造之。」

余今日之根本觀念。與十八年前無大異同。惟局部的觀察。今視昔似較爲精密。且當時多有爲而發之言。其結論往往流於偏至。——故今全行改作。採舊文者什一二而已。

(三)有清一代學術可紀者不少。其卓然成一潮流帶有時代運動的色彩者在前半期爲「考證學」。在後半期爲「今文學」。而今文學又實從考證學衍生而來。故本篇所記述。以此兩潮流爲主。其他則附庸耳。

(四)「今文學」之運動。鄙人實爲其一員。不容不敍及。本篇純以超然客觀之精神論列之。卽以現在執筆之另一梁啓超批評三十年來史料上之梁啓超也。其批評正當與否。吾不敢知。吾惟對於史料上之梁啓超力求忠實。亦如對於史料上之他人之力求忠實而已矣。

(五)篇中對於平生所極崇拜之先輩。與夫極尊敬之師友。皆直書其名。不用別號。從質家言。冀省讀者腦力而已。

(六)自屬稿至脫稿。費十五日。稿成卽以寄改造雜誌應期出版。更無餘裕覆勘。舛漏當甚多。惟讀者教之。

啓超識

民國九年十月十四日

清代學術概論

第二自序

(一)此書成後。友人中先讀其原稿者數輩。而蔣方震林志鈞胡適三君。各有所是正。乃采其說增加三節改正數十處。三君之說。不復具引。非敢掠美。爲行文避枝蔓而已。丁敬禮所謂『後世誰相知定吾文者耶。』謹記此以誌謝三君。

(二)久抱著中國學術史之志。遷延未成。此書既脫稿。諸朋好益相督責。謂當將清代以前學術一併論述。庶可爲向學之士省精力。亦可喚起學問上興味也。於是決意爲之。分爲五部。其一。先秦學術。其二兩漢六朝經學及魏晉玄學。其三隋唐佛學。其四宋明理學。其五。則清學也。今所從事者則佛學之部。名曰「中國佛學史」草創正半。欲以一年內成此五部。能否未敢知。勉自策厲而已。故此書遂題爲中國學術史第五種。

(三)本書屬稿之始。本爲他書作序。非獨立著一書也。故其體例不自愜者甚多。既已成編。卽復怠於改作。故不名曰「清代學術史」而名曰「清代學術概論。」因著史不能若是之簡陋也。五部完成後。當更改之耳。

啓超記

九年十一月二十九日

飲冰室專集之三十四

清代學術概論

一

今之恆言。曰「時代思潮。」此其語最妙於形容。凡文化發展之國。其國民於一時期中。因環境之變遷。與夫心理之感召。不期而思想之進路。同趨於一方嚮。於是相與呼應洶湧。如潮然。始焉其勢甚微。幾莫之覺。寖假而漲——漲——漲。而達於滿度。過時焉則落。以漸至於衰熄。凡「思」非皆能成「潮」。能成「潮」者。則其「思」必有相當之價値。而又適合於其時代之要求者也。凡「時代」非皆有「思潮」。有思潮之時代。必文化昂進之時代也。其在我國自秦以來。確能成爲時代思潮者。則漢之經學。隋唐之佛學。宋及明之理學。清之考證學。四者而已。

凡時代思潮。無不由「繼續的羣衆運動」而成。所謂運動者。非必有意識。有計畫。有組織。不能分爲誰主動誰被動。其參加運動之人員。每各不相謀。各不相知。其從事運動時所任之職役。各各不同。所採之手段。亦互異。於同一運動之下。往往分無數小支派。甚且相嫉視相排擊。雖然。其中必有一種或數種之共通觀念焉。同根據之爲思想之出發點。此種觀念之勢力。初時本甚微弱。愈運動則愈擴大。久之則成爲一種權威。此觀念者在其時代中儼然「現宗教之色彩」。一部分人以宣傳捍衛爲己任。常以極純潔之犧牲的精神赴之。及其權威漸立。則在社會上成爲一種共公之好尚。忘其所以然而共以此爲嗜。若此者今之譯語謂之「流行」。古之成語則曰「風氣」。風氣者。一時的信仰也。人鮮敢嬰之。亦不樂嬰之。其性質幾比宗教矣。一思潮播爲風氣則其成熟之時也。

佛說一切流轉相。例分四期。曰生、住、異、滅。思潮之流轉也正然。例分四期。一啓蒙期(生)。二全盛期(住)。三蛻分期(異)。四衰落期(滅)。無論何國何時代之思潮。其發展變遷多循斯軌。啓蒙期者。對於舊思潮初起反動之期也。舊思潮經全盛之後。如果之極熟而致爛。如血之凝固而成瘀。則反動不得不起。反動者。凡以求建設新思潮也。然建設必先之以破壞。故此期之重要人物。其精力皆用於破壞。而建設蓋有所未遑。所謂未遑者。非閣置之謂。其建設之主要精神。在此期間必已孕育。如史家所謂「開國規模」者然。雖然其條理未確立。其研究方法正在間錯試驗中。棄取未定。故此期之著作。恆駁而不純。但在殽亂粗糙之中。自有一種元氣淋漓之象。此啓蒙期之特色也。當佛說所謂「生」相。於是進爲全盛期。破壞事業已告終。舊思潮屏息慴伏。不復能抗顏行。更無須攻擊防衛以糜精力。而經前期醞釀培灌之結果。思想內容日以充實。研究方法亦日以精密。門戶堂奧。次第建樹。繼長增高。「宗廟之美百官之富」。粲然矣。一世才智之士。以此爲好尚。相與淬厲精進。闒冗者猶希聲附和。以不獲厠於其林爲恥。此全盛期之特色也。當佛說所謂「住」相。更進則入於蛻分期。境界國土。爲前期人士開闢殆盡。然學者之聰明才力。終不能無所用也。只取得局部問題。爲「窄而深」的研究。或取其研究方法。應用之於別方面。於是派中小派出焉。而其時之環境。必有以異乎前。晚出之派。進取氣較盛。易與環境順應。故往往以附庸蔚爲大國，則新衍之別派與舊傳之正統派成對峙之形勢，或且駸駸乎奪其席，此蛻化期之特色也，當佛說所謂「異」相。過此以往，則衰落期至焉。凡一學派當全盛之後，社會中希附末光者日衆，陳陳相因，固已可厭。其時此派中精要之義，則先輩已濬發無餘，承其流者，不過捃摭末節以弄詭辯。且支派分裂，排軋隨之，益自暴露其缺點。環境既已變易，社會需要，別轉一方向，而猶欲以全盛期之權威臨之，則稍有志者必不樂受，而豪傑之士，欲創新必先推舊，遂以彼爲破壞之目標。於是入於第二思潮之啓蒙期，而此思潮遂告終焉。此衰落期無可逃避之運命，當佛說所謂「滅」相。

吾觀中外古今之所謂「思潮」者，皆循此歷程以遞相流轉，而有清三百年，則其最切著之例證也。

二

「清代思潮」果何物耶？簡單言之，則對於宋明理學之一大反動，而以「復古」爲其職志者也。其動機及其內容，皆與歐洲之「文藝復興」絕相類。而歐洲當「文藝復興期」經過以後所發生之新影響，則我國今日正見端焉。其盛衰之跡，恰如前節所論之四期。

其啓蒙期運動之代表人物，則顧炎武、胡渭、閻若璩也。其時正值晚明王學極盛而敝之後，學者習於「束書不觀，游談無根」，理學家不復能繫社會之信仰。炎武等乃起而矯之，大倡「舍經學無理學」之說，教學者脫宋明儒羈勒，直接反求之於古經；而若璩辨僞經，喚起「求眞」觀念；渭攻「河洛」，掃架空說之根據：於是清學之規模立焉。同時對於明學之反動，尚有數種方向。其一，顏元、李塨一派，謂『學問固不當求諸瞑想，亦不當求諸書冊。惟當於日常行事中求之。』而劉獻廷以孤往之姿。其得力處亦略近於此派。其二。黃宗羲萬斯同一派。以史學爲根據。而推之於當世之務。顧炎武所學。本亦具此精神。而黃萬輩規模之大不逮顧。故專向此一方面發展。同時顧祖禹之學。亦大略同一逕路。其後則衍爲全祖望章學誠等。於清學爲別派。其三。王錫闡梅文鼎一派。專治天算。開自然科學之端緒焉。此諸派者。其研究學問之方法。皆與明儒根本差異。除顏李一派中絕外。其餘皆有傳於後。而顧閻胡「尤爲正統派」不祧之大宗。其猶爲舊學(理學)堅守殘壘效死勿去者。則有孫奇逢李中孚陸世儀等。而其學風已由明而漸返於宋。卽諸新學家。其思想中留宋人之痕跡猶不少。故此期之復古。可謂由明以復於宋。且漸復於漢唐。

其全盛運動之代表人物。則惠棟戴震段玉裁王念孫王引之也。吾名之曰正統派。試舉啓蒙派與正統派相異之點。一、啓蒙派對於宋學。一部分猛烈攻擊。而仍因襲其一部分。正統派則自固壁壘。將宋學置之不議不論之列。二、啓蒙派抱通經致用之觀念。故喜言成敗得失經世之務。正統派則爲考證而考證。爲經學而治經學。正統派之中堅在皖與吳。開吳者惠。開皖者戴。惠棟受學於其父士奇。其弟子有江聲余蕭客。而王鳴盛錢大昕汪中劉台拱江藩等皆汲其流。戴震受學於江永。亦事棟以先輩禮。震之在鄉里。衍其學者有金榜程瑤田凌廷堪三胡——匡衷培翬春喬——等。其教於京師。弟子之顯者。有任大椿盧文弨孔廣森段玉裁王念孫。念孫以授其子引之。玉裁念孫引之最能光大震學。世稱戴段二王焉。其實清儒最惡立門戶。不喜以師弟相標榜。凡諸大師皆交相師友。更無派別可言也。惠戴齊名。而惠尊聞好博。戴深刻斷制。惠僅「述者」而戴則「作者」也。受其學者。成就之大小亦因以異。故正統派之盟主必推戴。當時學者承流向風各有建樹者。不可數計。而紀昀王昶畢沅阮元輩。皆處貴要。傾心宗尙。隱若護法。於是茲派稱全盛焉。其治學根本方法。在「實事求是」「無徵不信」。其研究範圍。以經學爲中心。而衍及小學音韻史學天算水地典章制度金石校勘輯逸等等。而引證取材。多極於兩漢。故亦有「漢學」之目。當斯時也。學風殆統於一。啓蒙期之宋學殘緒。亦莫能續。僅有所謂古文家者。假「因文見道」之名。欲承其祧。時與漢學爲難。然志力兩薄。不足以張其軍。

其蛻分期運動之代表人物。則康有爲梁啓超也。當正統派全盛時。學者以專經爲尙。於是有莊存與始治春秋公羊傳有心得。而劉逢祿龔自珍最能傳其學。公羊傳者。「今文學」也。東漢時本有今文古文之爭。甚烈。詩之毛傳春秋之左傳及周官。皆晚出稱古文。學者不信之。至漢末而古文學乃盛。自閻若璩攻僞古文尚書得勝。漸開學者疑經之風。於是劉逢祿大疑春秋左氏傳。魏源大疑詩毛氏傳。若周官則宋以來固多疑之矣。康有爲乃綜集諸家說。嚴畫今古文分野。謂凡東漢晚出之古文經傳。皆劉歆所僞造。正統派所最尊崇之許鄭。皆在所排擊。則所謂復古者。由東漢以復於西漢。有爲又宗公羊。立「孔子改制」說。謂六經皆孔子所作。堯舜皆孔子依託。而先秦諸子。亦罔不「託古改制」。實極大膽之論。對於數千年經籍謀一突飛的大解放。以開自由研究之門。其弟子最著者。陳千秋梁啓超。千秋早卒。啓超以教授著述大弘其學。然啓超與正統派因緣較深。時時不慊於其師之武斷。故末流多有異同。有爲啓超皆抱啓蒙期「致用」的觀念。借經術以文飾其政論。頗失「爲經學而治經學」之本意。故其業不昌。而轉成爲歐西思想輸入之導引。

清學之蛻分期。同時即其衰落期也。顧閻胡惠戴段二王諸先輩。非特學識淵粹卓絕。即行誼亦至狷潔。及其學既盛。舉國希聲附和。浮華之士亦競趨焉。固已漸爲社會所厭。且茲學犖犖諸大端。爲前人發揮略盡。後起者率因襲補苴。無復創作精神。卽有發明。亦皆末節。漢人所謂碎義逃難也。而其人猶自倨貴。儼成一種「學閥」之觀。今古文之爭起。互相詆諆。缺點益暴露。海通以還。外學輸入。學子憬然於竺舊之非計。相率吐棄之。其運命自不能以復久延。然在此期中。猶有一二大師焉。爲正統派死守最後之壁壘。曰俞樾曰孫詒讓。皆得統於高郵王氏。樾著書惟二三種獨精絕。餘乃類無行之衰。枚亦衰落期之一徵也。詒讓則有醇無疵。得此後殿。清學有光矣。樾弟子有章炳麟。智過其師。然亦好談政治。稍荒厥業。而績谿諸胡之後有胡適者。亦用清儒方法治學。有正統派遺風。

綜觀二百餘年之學史。其影響及於全思想界者。一言蔽之曰。「以復古爲解放。」第一步復宋之古。對於王學而得解放。第二步復漢唐之古。對於程朱而得解放。第三步復西漢之古。對於許鄭而得解放。第四步復先秦之古。對於一切傳注而得解放。夫既已復先秦之古。則非至對於孔孟而得解放焉不止矣。然其所以能著著奏解放之效者。則科學的研究精神實啓之。今清學固衰落矣。「四時之運。成功者退。」其衰落乃勢之必然。亦事之有益者也。無所容其痛惜留戀。惟能將此研究精神轉用於他方向。則清學亡而不亡也矣。

略論既竟。今當分說各期。

三

吾言『清學之出發點。在對於宋明理學一大反動。』夫宋明理學何爲而招反動耶。學派上之「主智」與「主意」。「唯物」與「唯心」。「實驗」與「冥證」。每迭爲循環。大抵甲派至全盛時必有流弊。有流弊斯有反動而乙派與之代興乙派之由盛而弊而反動亦然然每經一度之反動再興則其派之內容必革新焉而有以異乎其前人類德慧智術之所以進化胥恃此也此在歐洲三千年學術史中其大勢最著明我國亦不能違此公例而明清之交則其嬗代之跡之尤易見者也

唐代佛學極昌之後宋儒採之以建設一種「儒表佛裏」的新哲學至明而全盛此派新哲學在歷史上有極大之價值自無待言顧吾輩所最不慊者其一既採取佛說而損益之何可諱其所自出而反加以醜詆其二所創新派既並非孔孟本來面目何必附其名而淆其實是故吾於宋明之學認其獨到且有益之處確不少但對於其建設表示之形式不能曲恕謂其旣誣孔且誣佛而並以自誣也明王守仁爲茲派晚出之傑而其中此習氣也亦更甚卽如彼所作朱子晚年定論强指不同之朱陸爲同實則自附於朱且誣朱從我此種習氣爲思想界之障礙者有二一曰遏抑創造一學派既爲我所自創何必依附古人以爲重必依附古人豈非謂生古人後者便不應有所創造耶二曰奬厲虛僞古人之說誠如是則宗述之可也並非如是而以我之所指者實之此無異指鹿爲馬淆亂眞相於學問爲不忠實宋明學之根本缺點在於是

進而考其思想之本質則所研究之對象乃純在紹紹靈靈不可捉摸之一物少數俊拔篤摯之士曷嘗不循此道而求得身心安宅然效之及於世者已鮮而浮僞之輩摭拾虛辭以相夸煽乃甚易易故晚明「狂禪」一派至於「滿街皆是聖人」「酒色財氣不礙菩提路」道德且墮落極矣重以制科帖括籠罩天下學者但習此種影響因襲之談便足以取富貴弋名譽舉國靡然化之則相率於不學且無所用心故晚明理學之弊恰如歐洲中世黑暗時代之景教其極也能使人之心思耳目皆閉塞不用獨立創造之精神消蝕達於零度夫人類之

有「學問慾」其天性也「學問飢餓」至於此極則反動其安得不起

四

當此反動期而從事於「黎明運動」者則崑山顧炎武其第一人也炎武對於晚明學風首施猛烈之攻擊而歸罪於王守仁其言曰

『今之君子聚賓客門人數十百人與之言心言性舍「多學而識」以求「一貫」之方置「四海困窮」不言而講「危微精一」我弗敢知也』（亭林文集答友人論學書）

又曰

『今之學者偶有所窺則欲盡廢先儒之說而駕其上不學則借一貫之言以文其陋無行則逃之性命之鄉以使人不可詰』（日知錄十八）

又曰

『以一人而易天下其流風至於百有餘年之久者古有之矣王夷甫之清談王介甫之新說其在於今則王伯安之良知是也孟子曰「天下之生久矣一治一亂」撥亂世反諸正豈不在後賢乎』（同上）

凡一新學派初立對於舊學派非持絕對嚴正的攻擊態度不足以摧故鋒而張新軍炎武之排斥晚明學風其鋒芒峻露大率類是自茲以後王學遂衰熄清代猶有襲理學以爲名高者則皆自託於程朱之徒也雖曰王學末流極敝使人心厭倦本有不摧自破之勢然大聲疾呼以促思潮之轉捩則炎武最有力焉

炎武未嘗直攻程朱，根本不承認理學之能獨立。其言曰：

『古今安得別有所謂理學者？經學即理學也。自有舍經學以言理學者，而邪說以起。』（全祖望亭林先生神道表引）

「經學即理學」一語，則炎武所創學派之新旗幟也。其正當與否，且勿深論——以吾儕今日眼光觀之，此語有兩病：其一，以經學代理學，是推翻一偶像而別供一偶像；其二，理學即哲學也，實應離經學而為一獨立學科。——雖然，有清一代學術，確在此旗幟之下而獲一新生命。昔有非笑六朝經師者，謂『寧說周孔誤，不言鄭服非』。宋元明以來之談理學者亦然，寧得罪孔孟，不敢議周程張邵朱陸王。有議之者，幾如在專制君主治下犯大不敬律也。而所謂理學家者，蓋儼然成一最尊貴之學閥而奴視羣學。自炎武此說出，而此學閥之神聖，忽為革命軍所粉碎。此實四五百年來思想界之一大解放也。

凡啓蒙時代之大學者，其造詣不必極精深，但常規定研究之範圍，創革研究之方法，而以新銳之精神貫注之。顧炎武之在「清學派」，即其人也。炎武著述，其有統系的組織而手定成書者，惟音學五書耳。其天下郡國利病書、肇域志，造端宏大，僅有長編，未為定稿。日知錄為生平精力所集注，則又筆記備忘之類耳。自餘遺書尚十數種，皆明單義，并非鉅裁。然則炎武所以能當一代開派宗師之名者何在？則在其能建設研究之方法而已。約舉有三：

一曰貴創。炎武之言曰：『有明一代之人，其所著書，無非竊盜而已。』（日知錄十八）其論著書之難曰：『必古人所未及就，後世之所不可無，而後為之。』（日知錄十九）其日知錄自序云：『愚自少讀書，有所得輒記之。其有不合，時復改定；或古人先我而有者，則遂削之。』故凡炎武所著書，可決其無一語蹈襲古人。其論文也亦然。曰『近代文章之病。全在摹倣。卽使逼肖古人。已非極詣。』（日知錄十九）又曰『君詩之病。在於有杜。君文之病。在於有韓歐。有此蹊徑於胸中。便終身不脫依傍二字。』（亭林文集與人書十七）觀此知摹倣依傍。炎武所最惡也。

二曰博證。四庫全書日知錄提要云『炎武學有本原。博贍而能貫通。每一事必詳其始末。參以證佐。而後筆之於書。故引據浩繁。而牴牾者少。』此語最能傳炎武治學法門。全祖望云『凡先生之遊。載書自隨。所至阨塞。卽呼老兵退卒詢其曲折。或與平日所聞相合。卽發書而對勘之。』（鮚埼亭集亭林先生神道表）蓋炎武研學之要訣在是。論一事必舉證。尤不以孤證自足。必取之甚博。證備然後自表其所信。其自述治音韻之學也。曰『……列本證旁證二條。本證者詩自相證也。旁證者采之他書也。二者俱無。則宛轉以審其音。參伍以諧其韻……』（音論）此所用者。皆近世科學的研究法。乾嘉以還。學者固所共習。在當時則固炎武所自創也。

三曰致用。炎武之言曰。『孔子刪述六經。卽伊尹太公救民水火之心。故曰「載諸空言。不如見諸行事」……愚不揣有見於此。凡文之不關於六經之指當世之務者。一切不爲。』（亭林文集與人書二）彼誠能踐其言。其終身所撰著。蓋不越此範圍。其所謂「用」者。果眞爲有用與否。此屬別問題。要之其標「實用主義」以爲鵠。務使學問與社會之關係增加密度。此實對於晚明之帖括派清談派施一大針砭。清代儒者以樸學自命以示別於文人。實炎武啓之。最近數十年以經術而影響於政體。亦遠紹炎武之精神也。

五

汪中嘗擬爲國朝六儒頌。其人則崑山顧炎武。德清胡渭。宣城梅文鼎。太原閻若璩。元和惠棟。休寧戴震也。其言曰。『古學之興也。顧氏始開其端。河洛矯誣至胡氏而絀。中西推步至梅氏而精。力攻古文者閻氏也。專言漢儒易者惠氏也。凡此皆千餘年不傳之絕學。及戴氏出而集其成焉。』（凌廷堪校禮堂集汪容甫墓志銘）其所推挹蓋甚當。六君者洵清儒之魁也。然語於思想界影響之鉅。則吾於顧戴之外。獨推閻胡。

閻若璩之所以偉大。在其尚書古文疏證也。胡渭之所以偉大。在其易圖明辨也。汪中則既言之矣。夫此兩書所研究者。皆不過局部問題。曷爲能影響於思想界之全部。且其書又不免瀚略蕪雜。爲後人所糾者不少。——阮元輯學海堂經解。兩書皆擯不錄。——曷爲推尊之如是其至。吾固有說。

尚書古文疏證。專辨東晉晚出之古文尚書十六篇及同時出現之孔安國尚書傳皆爲僞書也。此書之僞。自宋朱熹元吳澄以來。既有疑之者。顧雖積疑。然有所憚而莫敢斷。自若璩此書出而讞乃定。夫辨十數篇之僞書。則何關輕重。殊不知此僞書者。千餘年來。舉國學子人人習之。七八歲便都上口。心目中恒視爲神聖不可侵犯。歷代帝王。經筵日講。臨軒發策。咸所依據尊尚。毅然悍然辭而闢之。非天下之大勇。固不能矣。自漢武帝表章六藝罷黜百家以來。國人之對於六經。只許徵引。只許解釋。不許批評研究。韓愈所謂『曾經聖人手。議論安敢到。』若對於經文之一字一句稍涉擬議。便自覺陷於「非聖無法」。蹙然不自安於其良心。非特畏法網憚清議而已。凡事物之含有宗教性者。例不許作爲學問上研究之問題。一作爲問題。其神聖之地位固已搖動矣。今不唯成爲問題而已。而研究之結果。乃知疇昔所共奉爲神聖者。其中一部分實糞土也。則人心之受刺激起驚愕而生變化。宜何如者。蓋自茲以往。而一切經文皆可以成爲研究之問題矣。再進一步。而一切經義皆可以成爲研究之問題矣。以舊學家眼光觀之，直可指爲人心世道之憂。——當時毛奇齡著古文尚書寃詞以難閻，自比於抑洪水驅猛獸，光緒間有洪良品者，猶著書數十萬言欲翻閻案，意亦同此。——以吾儕今日之眼光觀之，則誠思想界之一大解放。後此今古文經對待研究，成爲問題；六經諸子對待研究，成爲問題；中國經典與外國宗教哲學諸書對待研究，成爲問題。其最初之動機，實發於此。

胡渭之易圖明辨，大旨辨宋以來所謂河圖洛書者，傳自邵雍；雍受諸李之才，之才受諸道士陳摶，非羲文周孔所有，與易義無關。此似更屬一局部之小問題，吾輩何故認爲與閻書有同等之價值耶？須知所謂「無極」「太極」，所謂河圖洛書，實組織「宋學」之主要根核。宋儒言理言氣言數言命言心言性，無不從此衍出。周敦頤自謂「得不傳之學於遺經」，程朱輩祖述之，謂爲道統所攸寄，於是占領思想界五六百年，其權威幾與經典相埒。渭之此書，以易還諸羲文周孔，以圖還諸陳邵，幷不爲過情之抨擊，而宋學已受「致命傷」。自此學者乃知宋學自宋學，孔學自孔學，離之雙美，合之兩傷（此胡氏自序中語）。自此學者乃知欲求孔子所謂眞理，舍宋人所用方法外，尚別有其途。不寧唯是，我國人好以「陰陽五行」說經說理，不自宋始，蓋漢以來已然，一切惑世誣民汨靈窒智之邪說邪術，皆緣附而起。胡氏此書，乃將此等異說之來歷和盤托出，使其不復能依附經訓以自重，此實思想之一大革命也。

歐洲十九世紀中葉，英人達爾文之種源論，法人雷能之耶穌基督傳，先後兩年出版，而全歐思想界爲之大搖。基督教所受影響尤劇。夫達爾文自發表其生物學上之見解，於教宗何與？然而被其影響者，教義之立脚點破也。雷能之傳，極推挹基督，然反損其信仰者，基督從來不成爲學問上之問題，自此遂成爲問題也。明乎此間消

息則閻胡兩君之書在中國學術史上之價値可以推見矣

若論清學界最初之革命者尙有毛奇齡其人其所著河圖原舛篇太極圖說遺議等皆在胡渭前後此清儒所治諸學彼亦多引其緒但其言古音則詆顧炎武言尙書則詆閻若璩故漢學家祧之不宗焉全祖望爲毛西河別傳謂『其所著書有造爲典故以欺人者有造爲師承以示人有本者有前人之誤已經辨正尙襲其誤而不知者有信口臆說者有不考古而妄言者有前人之言本有出而妄斥爲無稽者有改古書以就己者』祖望於此諸項每項舉一條爲例更著有蕭山毛氏糾繆十卷平心論之毛氏在啓蒙期不失爲一衝鋒陷陣之猛將但於「學者的道德」缺焉後儒不宗之宜耳

同時有姚際恆者其懷疑精神極熾烈疑古文尙書疑周禮疑詩序乃至疑孝經疑易傳十翼其所著諸經通論未之見但其古今僞書考列舉經史子部疑僞之書共數十種中固多精鑿之論也

六

吾於清初大師最尊顧黃王顏皆明學反動所產也顧爲正統派所自出前既論列今當繼述三子者

餘姚黃宗羲少受學於劉宗周純然明學也中年以後方嚮一變其言曰『明人講學襲語錄糟粕不以六經爲根柢束書而從事於游談更滋流弊故學者必先窮經然拘執經術不適於用欲免迂儒必兼讀史』（清史黃宗羲傳）又曰『讀書不多無以證理之變化多而不求於心則爲俗學』（全祖望鮚埼亭集黃梨洲先生神道碑）大抵清代經學之祖推炎武其史學之祖當推宗羲所著明儒學案中國之有「學術史」自此始也又好治天算著書八種全祖望謂

『梅文鼎本周髀言天文世驚爲不傳之祕而不知宗羲實開之。』其律呂新義開樂律研究之緒。其易學象數論與胡渭易圖明辨互相發明其授書隨筆則答閻若璩問也故閻胡之學皆受宗羲影響其他學亦稱是。清初之儒皆講「致用」所謂「經世之務」是也。宗羲以史學爲根柢故言之尤辯其最有影響於近代思想者則明夷待訪錄也其言曰。

『後之爲君者以天下之利盡歸於己天下之害盡歸於人……使天下之人不敢自私不敢自利以我之大私爲天下之公……視天下爲莫大之產業……凡天下之無地而得安寧者爲有君也……天下之人怨惡其君視之爲寇讐名之爲獨夫固其所也而小儒規規焉以君臣之義無所逃於天地之間至桀紂之暴猶謂不當誅……欲以如父如天之空名禁人窺伺。』(原君)

又曰。

『後之人主既得天下唯恐其子孫之不能保有也思患於未然而爲之法然則其所謂法者一家之法而非天下之法也……夫非法之法前王不勝其利欲之私以創之後王或不勝其利欲之私以壞之壞之者固足以害天下其創之者亦未始非害天下也……論者謂有治人無治法吾謂有治法而後有治人。』(原法)

此等論調由今日觀之固甚普通甚膚淺然在二百六七十年前則眞極大膽之創論也故顧炎武見之而歎謂「三代之治可復」而後此梁啓超譚嗣同輩倡民權共和之說則將其書節鈔印數萬本祕密散布於晚清思想之驟變極有力焉。

清代史學極盛於浙鄞縣萬斯同最稱首出斯同則宗羲弟子也。唐以後之史皆官家設局分修斯同最非之謂

『官修之史倉猝成於衆人猶招市人與謀室中之事』（錢大昕潛研堂集萬季野先生傳）以獨力成明史稿論者謂遷固以後一人而已其後斯同同縣有全祖望亦私淑宗羲言「文獻學」者宗焉會稽有章學誠著文史通義學識在劉知幾鄭樵上

衡陽王夫之生於南荒學無所師承且國變後遁跡深山與一時士夫不相接故當時無稱之者然亦因是戞戞獨有所造其攻王學甚力嘗曰『侮聖人之言小人之大惡也……姚江之學橫拈聖言之近似者摘一句一字以爲要妙竄入其禪宗尤爲無忌憚之至』（俟解）又曰『數傳之後愈徇跡而忘其眞或以鉤考文句分支配擬爲窮經之能僅資場屋射覆之用其偏者以臆測度趨入荒杳』（中庸補傳衍）遺書中此類之論甚多皆感於明學之極敝而生反動欲挽明以返諸宋而於張載之正蒙特推尚焉其治學方法已漸開科學研究的精神嘗曰『天下之物理無窮已精而又有其精者隨時以變而皆不失於正但信諸己而卽執之云何得當況其所爲信諸己者又或因習氣或守一先生之言而漸漬以爲己心乎』（俟解）

夫之著書極多同治間金陵刻本二百八十八卷猶未逮其半皆不落「習氣」不「守一先生之言」其讀通鑑論宋論往往有新解爲近代學子所喜誦習尤能爲深沈之思以擅繹名理其張子正蒙注老子衍莊子解皆覃精之作蓋欲自創一派哲學而未成也其言『天理卽在人欲之中無人欲則天理亦無從發現』（正蒙注）可謂發宋元以來所未發後此戴震學說實由茲衍出故劉獻廷極推服之謂『天地元氣聖賢學脈僅此一線』（廣陽雜記二）其鄉後學譚嗣同之思想受其影響最多嘗曰『五百年來學者眞通天人之故者船山一人而已』（仁學卷上）尤可注意者遺書目錄中有相宗絡索及三藏法師八識規矩論贊二書（未刻）在彼時以儒者而知

治「唯識宗」可不謂豪傑之士耶。

七

顧黃王顏同一「王學」之反動也。而其反動所趨之方嚮各不同。黃氏始終不非王學。但是正其末流之空疏而已。顧王兩氏黜明存宋。而顧尊考證。王好名理。若顏氏者。則明目張膽以排程朱陸王。而亦菲薄傳注考證之學。故所謂「宋學」「漢學」者。兩皆吐棄。在諸儒中尤爲挺拔。而其學卒不顯於淸世。

博野顏元生於窮鄉。育於異姓。飽更憂患。堅苦卓絕。其學有類羅馬之「新多噶派」。其對於舊思想之解放。最爲徹底。嘗曰。

『立言但論是非。不論異同。是則一二人之見不可易也。非則雖千萬人所同。不隨聲也。豈惟千萬人。雖百千年同迷之局。我輩亦當以先覺覺後。竟不必附和雷同也。』（鍾錂著顏習齋言行錄學問篇）

其尊重自己良心。確乎不可拔也如此。其對於宋學。爲絕無閃縮之正面攻擊。其言曰。

『予昔尙有將就程朱附之聖門支派之意。自一南遊。見人人禪子。家家虛文。直與孔門對敵。必破一分程朱。始入一分孔孟。乃定以爲孔孟與程朱判然兩途。不願作道統中鄕愿矣。』（李塨著顏習齋先生年譜卷下）

然則元之學之所以異於宋儒者何在耶。其最要之旨曰。『習行於身者多。勞枯於心者少。』（年譜卷下）彼引申其義曰。『人之歲月精神有限。誦說中度一日。便習行中錯一日。紙墨上多一分。便身世上少一分。』（存學編論講學）

又曰。『宋儒如得一路程本。觀一處。又觀一處。自喜爲通天下路程。人亦以曉路稱之。其實一步未行。一處未到。

』（年譜卷下）又曰『諸儒之論。在身乎。在世乎。徒紙筆耳。則言之悖於孔孟者墜也。言之不悖於孔孟者亦墜也。』（習齋記餘未墜集序）又曰『譬之於醫。有妄人者。止務覽醫書千萬卷。熟讀詳說。以爲予國手矣。視診脈製藥針灸爲粗不足學。書日博。識日精。一人倡之。舉世效之。岐黃盈天下。而天下之人病相枕死相接也。』（存學編學辨一）又曰『爲愛靜空談之學久。必至厭事。厭事必至廢事。遇事即茫然。故誤人才敗天下事者宋學也。』（年譜卷下）又曰『書本上見。心頭上思。可無所不及。而最易自欺欺世。不特無能。其實一無知也。』（言行錄卷下）其論學宗旨大率類此。

由此觀之。元不獨不認宋學爲學。並不認漢學爲學。明矣。元之意。蓋謂學問絕不能向書本上或講堂上求之。惟當於社會日常行事中求之。故其言曰『人之認讀書爲學者。固非孔子之學。以讀書之學解書。並非孔子之書』（言行錄卷下）又曰『後儒將博學改爲博讀博著。』（年譜卷下）其所揭櫫以爲學者。曰周禮大司徒之「鄉三物」——一、六德。知仁聖義忠和。二、六行。孝友睦婣任卹。三、六藝。禮樂射御書數——而其所實行者尤在六藝。故躬耕習醫學技擊學兵法習禮習樂。其教門人必使之各執一藝。「勞作神聖」之義。元之所最信仰也。其言曰『養身莫善於習動。夙興夜寐。振起精神。尋事去做。』（言行錄卷上）曰『生存一日。當爲生民辦事一日。』（年譜卷下）質而言之。爲做事故求學問。做事即是學問。舍做事外別無學問。此元之根本主義也。以實學代虛學。以動學代靜學。以活學代死學。與最近教育新思潮最相合。但其所謂實所謂動所謂活者。究竟能免於虛靜與死否耶。此則時代爲之。未可以今日社會情狀繩古人矣。

元弟子最著者。曰李塨。曰王源。皆能實踐其教。然元道太刻苦。類墨氏。傳者卒稀。非久遂中絕。

八

我國科學最昌明者，惟天文算法，至清而尤盛。凡治經學者多兼通之。其開山之祖，則宣城梅文鼎也。杭世駿謂『自明萬曆中利瑪竇入中國，製器作圖頗精密。……學者張皇過甚，無暇深考中算源流，輒以世傳淺術謂古九章盡此，於是薄古法為不足觀；而或者株守舊聞，遽斥西人為異學。兩家遂成隔閡。鼎集其書而為之說，稍變從我法。若三角比例等，原非中法可該，特為表出；古法方程，亦非西法所有，則專著論以明古人精意。』（杭世駿道古堂集梅定九徵君傳）文鼎著書八十餘種，其精神大率類是。知學問無國界，故無主奴之見。其所創獲甚多，自言『吾為此學，皆歷最艱苦之後而後得簡易。……惟求此理大顯，絕學不知無傳，則死且不憾。』（同上）蓋粹然學者態度也。

清代地理學亦極盛，然乾嘉以後，率偏於考古，且其發明多屬於局部的。以云體大思精，至今蓋尚無出無錫顧祖禹讀史方輿紀要上者。魏禧評之曰：『職方廣輿諸書，襲譌踵謬，名實乖錯，悉據正史考訂折衷之。此數千百年所絕無僅有之書也。……貫穿諸史，出以己所獨見，其深思遠識，在語言文字之外。』（魏禧叔子集讀史方輿紀要叙）祖禹為此書，年二十九始屬稿，五十乃成，無一日中輟。自言『舟車所經，必覽城郭，按山川，稽里道，問關津，以及商旅之子，征戍之夫，或與從容談論，考覈異同。』（讀史方輿紀要自叙）蓋純然現代科學精神也。

清初有一大學者，而其學無傳於後者，曰大興劉獻廷。王源表其墓曰：『……脫身偏歷九州，覽其山川形勢，訪遺佚，交其豪傑，觀其土俗，博採軼事，以益廣其聞見，而質證其所學。……討論天地陰陽之變，霸王大略，兵法，文章，典制，方域要害，……於禮樂象緯醫藥書數法律農桑火攻器製，旁通博考，浩浩無涯涘。』（王源居業堂集劉處士墓表）

而全祖望述其遺著有新韻譜者最爲精奇全氏曰『繼莊（獻廷字）自謂於聲音之道別有所窺足窮造化之奧百世而不惑嘗作新韻譜其悟自華嚴字母入而參以天竺陀羅尼泰西臘頂話小西天梵書暨天方蒙古女直等音又證之以遼人林益長之說而益自信同時吳修齡自謂蒼頡以後第一人繼莊則曰是其於天竺以下書皆未得通而但略見華嚴之旨者也繼莊之法先立鼻音二以爲韻本有開有合各轉陰陽上去入之五音——陰陽卽上下二平——共十聲而不歷喉腭舌齒脣之七位故有橫轉無直送則等韻重疊之失去矣次定喉音四爲諸韻之宗而後知臘頂話女直國書梵音尚有未精者以四者爲正喉音而從此得半音轉音伏音送音變喉音又以二鼻音分配之一爲東北韻宗一爲西南韻宗八韻立而四海之音可齊於是以喉音互相合凡得音十七喉音與鼻音互相合凡得音十又以有餘不盡者三合之凡得音五共計三十音爲韻父而韻歷二十二位爲韻母橫轉各有五子而萬有不齊之聲攝於此矣又欲譜四方土音以窮宇宙元音之變乃取新韻譜爲主而以四方土音塡之逢人便可印正』（全祖望鮚埼亭集劉繼莊傳）

蓋自唐釋守溫始謀爲中國創立新字母直至民國七年教育部頒行注音字母垂閱千年而斯業乃成而中間最能覃思而具其條理者則獻廷也使其書而傳於後則此問題或早已解決而近三十年來學者或可省許多研究之精力然猶幸而有全氏傳其厓略以資近代學者之取材今注音字母采其成法不少則固受賜多矣全氏又述獻廷關於地理關於史學關於宗法之意見而總論之曰『凡繼莊所撰著其運量皆非一人一時所能成故雖言之甚殷而難於畢業』斯實然也然學問之道固未有成之於一人一時者在後人能否善襲遺產以

光大之而已。彼獻廷之新韻譜，豈非閱三百年而竟成也哉。獻廷嘗言曰：『人苟不能斡旋氣運，利濟天下，徒以其知能爲一身家之謀，則不能謂之人。』（王源墓表引）其學問大本可概見。惜乎當時莫能傳其緒也。獻廷書今存者惟一廣陽雜記，實涉筆漫錄之作，殆不足以見獻廷。

同時有太原傅山者，以任俠聞於鼎革之交。國變後，馮銓、魏象樞嘗強薦之，幾以身殉，遂易服爲道士。有問學者，則告之曰：『老夫學莊列者也，於此間諸仁義事實羞道之。』（全祖望結埼亭集傳青主事略）然史家謂『其學大河以北莫能及者。』（吳翔鳳人史）

九

綜上所述，可知啓蒙期之思想界，極複雜而極絢爛。其所以致此之原因有四。

第一、承明學極空疏之後，人心厭倦，相率返於沈實。

第二、經大亂後，社會比較的安寧，故人得有餘裕以自厲於學。

第三、異族入主中夏，有志節者恥立乎其朝，故刊落聲華，專集精力以治樸學。

第四、舊學派權威既墜，新學派系統未成，無「定於一尊」之弊，故自由研究之精神特盛。

其研究精神因環境之衝動，所趨之方向亦有四。

第一、因矯晚明不學之弊，乃讀古書，愈讀而愈覺求眞解之不易，則先求諸訓詁名物典章制度等等，於是考證一派出。

第二、當時諸大師皆遺老也。其於宗社之變，類含隱痛，志圖匡復，故好研究古今史蹟成敗，地理阨塞，以及其他經世之務。

第三、自明之末葉，利瑪竇等輸入當時所謂西學者於中國，而學問研究方法上，生一種外來的變化。其初惟治天算者宗之，後則漸應用於他學。

第四、學風既由空返實，於是有從書上求實者，有從事上求實者。南人明敏多條理，故向著作方面發展；北人樸慤堅卓，故向力行方面發展。

此啓蒙期思想發展途徑之大概也。

然則第二期之全盛時代，獨所謂正統派者（考證學）充量發達，餘派則不盛，或全然中絕。其故何耶？以吾所思，原因亦有四。

一、顏李之力行派，陳義甚高，然未免如莊子評墨子所云『其道大觳，恐天下不堪』（天下篇）。此等苦行，惟有宗教的信仰者能踐之，然已不能責望之於人。顏元之教，既絕無「來生的」「他界的」觀念，在此現實界而惟特極單純極嚴冷的道德義務觀念，教人犧牲一切享樂，本不能成為天下之達道。元之學所以一時尚能光大者，因其弟子直接受彼之人格的感化，一再傳後，感化力遞減，其漸歸衰滅，乃自然之理。況其所謂實用之「藝」因社會變遷，非皆能周於用，而彼所最重者在「禮」，所謂「禮」者，二千年前一種形式，萬非今日所能一一實踐。既不能，則實者乃反為虛矣。此與當時求實之思潮，亦不相吻合，其不能成為風氣也固宜。

二、吾嘗言當時「經世學派」之昌，由於諸大師之志存匡復。諸大師始終不為清廷所用，固已大受猜忌，其後文字獄頻興，學者漸惴惴不自保，凡學術之觸時諱者，不敢相講習，然英拔之士，其聰明才力，終不能無所用也，詮釋故訓，究索名物，眞所謂「於世無患與人無爭」，學者可以自藏焉，又所謂經世之務者，固當與時消息，過時焉則不適用，治此學者既未能立見推行，則藏諸名山，終不免成爲一種空論，等是空論，則浮薄之士，何嘗不可勦說以自附，附者衆則亂眞而見厭矣，故乾嘉以降，此派衰熄，卽治史學地理學者，亦全趨於考證方面，無復以議論行之矣。

三、凡欲一種學術之發達，其第一要件，在先有精良之研究法，清代考證學，顧閻胡惠戴諸師，實闢出一新途徑，俾人人共循，賢者識大，不賢識小，皆可勉焉，中國積數千年文明，其古籍實有研究之大價値，如金之蘊於礦者至豐也，而又非研究之後加以整理，則不能享其用，如在礦之金，非開採磨治焉不得也，故研究法一開，學者既感其有味，又感其必要，遂靡然嚮風焉，愈析而愈密，愈濬而愈深，蓋此學派在當時饒有開拓之餘地，凡加入派中者，苟能忠實從事，不拘大小，而總可以有所成，所以能拔異於諸派，而獨光大也。

四、清學之研究法，既近於「科學的」，則其趨嚮似宜向科學方面發展，今專用之於考古，除算學天文外，一切自然科學皆不發達，何也，凡一學術之興，一面須有相當之歷史，一面又乘特殊之機運，我國數千年學術，皆集中社會方面，於自然界方面素不措意，此無庸爲諱也，而當時又無特別動機，使學者精力轉一方嚮，且當考證新學派初興，可開拓之殖民地太多，才智之士，正趨焉，自不能分力於他途，天算者，經史中所固有也，故能以附庸之資格，連帶發達，而他無聞焉，其實歐洲之科學，亦直至近代而始昌明，在彼之「文藝復興」時，其學風亦偏於考古，蓋學術進化，必經之級，應如是矣。

右述啓蒙期竟，次及全盛期。

十

啓蒙期之考證學，不過居一部分勢力，全盛期則占領全學界，故治全盛期學史者，考證學以外，殆不必置論，啓蒙期之考證學，不過粗引端緒，其研究法之漏略者，不一而足——例如閻若璩之尚書古文疏證，中多闌入日記信札之類，體例極蕪雜，胡渭之禹貢錐指，多經濟談，且漢宋雜糅，家法不嚴——苟無全盛期諸賢，則考證學能否成一宗派，蓋未可知，夫無考證學則是無清學也，故言清學必以此時期爲中堅。

在此期中，此學派已成爲「羣衆化」，派中有力人物甚多，皆互相師友，其學業亦極「單調的」，無甚派別之可特紀，故吾欲專敍一二人，以代表其餘，當時鉅子，共推惠棟戴震，而戴學之精深，實過於惠，今略述二人之著述言論及其傳授之緒，資比較焉。

元和惠棟，世傳經學，祖父周惕，父士奇，咸有著述，稱儒宗焉，棟受家學，益弘其業，所著有九經古義，易漢學，周易述，明堂大道錄，古文尚書考，後漢書補注諸書，其弟子則沈彤，江聲，余蕭客最著，蕭客弟子江藩，著漢學師承記，推棟爲斯學正統，實則棟未能完全代表一代之學術，不過門戶壁壘，由彼而立耳，惠氏之學，以博聞強記爲入門，以尊古守家法爲究竟，士奇於九經四史國語國策楚辭之文，皆能闇誦，嘗對座客誦史記封禪書終篇，不失一字。（錢大昕潛揅堂集惠天牧先生傳）棟受其教，記誦益賅洽，士奇之言曰，

『康成三禮，何休公羊，多引漢法，以其去古未遠……賈公彥於鄭注……之類，皆不能疏……夫漢遠於周，

而唐又遠於漢宜其說之不能盡通也況宋以後乎』（禮說）

此可見惠氏家學專以「古今」爲「是非」之標準棟之學其根本精神卽在是其言曰

『漢人通經有家法故有五經師訓詁之學皆師所口授其後乃著竹帛所以漢經師之說立於學官與經並行……古字古言非經師不能辨……是故古訓不可改也經師不可廢也……余家四世傳經咸通古義……因述家學作九經古義一書……』（九經古義首述）

惠派治學方法吾得以八字蔽之曰『凡古必眞凡漢皆好』其言『漢經師說與經並行』意蓋欲尊之使儕於經矣王引之嘗曰『惠定宇先生考古雖勤而識不高心不細見異於今者則從之大都不論是非』（焦氏叢書卷首王伯申手札）可謂知言棟以善易名其治易也於鄭玄之所謂「爻辰」虞翻之所謂「納甲」荀諝之所謂「升降」京房之所謂「世應」「飛伏」與夫「六日七分」「世軌」諸說一一爲之疏通證明汪中所謂「千餘年不傳之絕學」者也以吾觀之此其矯誣與陳摶之「河圖洛書」有何差別然彼則因其宋人所誦習也而排之此則因其爲漢人所倡道也而信之可謂大惑不解然而當時之人蔽焉輒以此相尙江藩者惠派嫡傳之法嗣也其所著國朝漢學師承記末附有國朝經師經義目錄一篇其言曰

『黃宗羲之易學象數論雖闢陳摶康節之學而以納甲動爻爲僞象又稱王輔嗣注簡當無浮義黃宗炎之圖書辨惑力闢宋人然不專宗漢學非篤信之士……胡朏明（渭）洪範正論雖力攻圖書之謬而闢漢學五行災異之說是不知夏侯始昌之洪範五行傳亦出伏生也是以黜之』

此種論調最足以代表惠派宗旨蓋謂凡學說出於漢儒者皆當遵守其有敢指斥者則目爲信道不篤也其後

阮元輯學海堂經解，即以此爲標準，故顧黃閻胡諸名著，多見擯焉，謂其不醇也。平心論之，此派在清代學術界，功罪參半。篤守家法，令所謂「漢學」者壁壘森固，旗幟鮮明，此其功也。膠固，盲從，褊狹，好排斥異己，以致啓蒙時代之懷疑的精神批評的態度，幾天閼焉，此其罪也。清代學術論者多稱爲「漢學」，其實前此顧黃王顏諸家所治，並非「漢學」；後此戴段二王諸家所治，亦並非「漢學」。其「純粹的漢學」，則惠氏一派，洵足當之矣。夫不問「眞不眞」，惟問「漢不漢」，以此治學，安能通方？況漢儒經說，派別正繁，其兩說絕對不相容者甚多，欲盲從其一，則不得不駁斥其他。棟固以尊漢爲標幟者也，其釋「箕子明夷」之義，因欲揚孟喜說而抑施讎梁邱賀說，乃云『謬傳流傳，肇於西漢』（周易述卷五）。致方東樹摭之以反脣相稽（漢學商兌卷下）。然則所謂「凡漢皆好」之旗幟，亦終見其不貫澈而已。故苟無戴震，則清學能否卓然自樹立，蓋未可知也。

十一

休寧戴震受學江永，其與惠棟亦在師友之間。震十歲就傅，受大學章句，至「右經一章」以下，問其塾師曰：『此何以知爲孔子之言而曾子述之？又何以知爲曾子之意而門人記之？』師應之曰：『此先儒朱子所注云爾。』又問：『朱子何時人？』曰：『南宋。』又問：『孔子曾子何時人？』曰：『東周。』又問：『周去宋幾何時？』曰：『幾二千年。』又問：『然則朱子何以知其然？』師無以應。（據王昶述庵文鈔戴東原墓志銘）此一段故事，非惟可以說明戴氏學術之出發點，實可以代表清學派時代精神之全部。蓋無論何人之言，決不肯漫然置信，必求其所以然之故；常從衆人所不注意處覓得間隙，既得間，則層層逼拶，直到盡頭處；苟終無足以起其信者，雖聖哲父師之言不信也。此種研究精神實近世科學所賴以成立。而震以童年具此本能。其能爲一代學派完成建設之業固宜。

震之言曰。

『學者當不以人蔽己。不以己自蔽。不爲一時之名。亦不期後世之名。有名之見其弊二。非掊擊前人以自表暴。卽依傍昔賢以附驥尾。……私智穿鑿者。或非盡掊擊以自表暴。積非成是而無從知。先入爲主而惑以終身。或非盡依傍以附驥尾。無鄙陋之心而失與之等。……』（東原文集答鄭用牧書）

『不以人蔽己不以己自蔽』二語。實震一生最得力處。蓋學問之難也。粗涉其塗。未有不爲人蔽者。及其稍深入。力求自脫於人蔽。而己旋自蔽矣。非廓然卓然。鑑空衡平。不失於彼。必失於此。震之破「人蔽」也曰。

『志存聞道。必空所依傍。漢儒訓詁有師承。有時亦傅會。晉人傅會鑿空益多。宋人則恃胸臆以爲斷。故其襲取者多謬。而不謬者反在其所棄。……宋以來儒者。以己之見硬坐爲古聖賢立言之意。而語言文字實未之知。其於天下之事也。以己所謂理強斷行之。而事情源委隱曲實未能得。是以大道失而行事乖。……自以爲於心無愧。而天下受其咎。其誰之咎。不知者且以實踐躬行之儒歸焉』（東原集與某書）

其破「己蔽」也曰。

『凡僕所以尋求於遺經。懼聖人之緒言闇汶於後世也。然尋求而有獲十分之見者。有未至十分之見者。所謂十分之見。必徵諸古而靡不條貫。合諸道而不留餘議。鉅細畢究。本末兼察。若夫依於傳聞以擬其是。擇於衆說以裁其優。出於空言以定其論。據於孤證以信其通。雖溯流可以知源。不目睹淵泉所導。循根可以達杪。不手披枝肆所歧。皆未至十分之見也。以此治經。失不知爲不知之意。而徒增一惑以滋識者之辨之也。……

既深思自得而近之矣。然後知孰爲十分之見孰爲未至十分之見。如繩繩木昔以爲直者其曲於是可見也。如水準地昔以爲平者其坳於是可見也。夫然後傳其信不傳其疑疑則闕庶幾治經不害。』（東原集與姚姬傳書）

讀第一段則知目震所治者爲「漢學」實未當也。震之所期在「空諸依傍」晉宋學風固在所詆斥矣。卽漢人亦僅稱其有家法而未嘗敎人以盲從。錢大昕謂其『實事求是不主一家。』（潛揅堂集戴震傳）余廷燦謂其『有一字不準六書一字解不通貫羣經卽無稽者不信。不信必反復參證而後卽安。以故胸中所得皆破出傳注重圍。』（余氏撰戴東原先生事略見國朝耆獻類徵百三十一）此最能傳寫其思想解放之精神。讀第二段其所謂十分之見與未至十分之見者卽科學家定理與假說之分也。科學之目的在求定理然定理必經過假設之階級而後成。初得一義未敢信爲眞也其眞之程度或僅一二分而已。然姑假定以爲近眞焉而憑藉之以爲研究之點。幾經試驗之結果。寖假而眞之程度增至五六分七八分卒達於十分。於是認爲定理而主張之。其不能至十分者或仍存爲假說以俟後人或遂自廢棄之也。凡科學家之態度固當如是也。震之此論實從甘苦閱歷得來。所謂『昔以爲直而今見其曲昔以爲平而今見其坳。』實科學研究法一定之歷程。而其毅然割捨「傳信不傳疑」又學者社會最主要之道德矣。震又言曰。

『學有三難淹博難識斷難精審難。三者僕誠不足以與於其間其私自持及爲書之大概端在乎是。前人之博聞強識如鄭漁仲楊用修諸君子著書滿家淹博有之精審未也……』

戴學所以異於惠學者。惠僅淹博而戴則識斷且精審也。章炳麟曰『戴學分析條理。㐱密嚴瑮。上溯古義而斷以己之律令。』（檢論清儒篇）可謂知言。

淩廷堪爲震作事略狀而系以論曰．「昔河間獻王實事求是．夫實事在前．吾所謂是者．人不能強辭而非之也．吾所謂非．人不能強辭而是之也．如六書九數及典章制度之學是也．虛理在前．吾所謂是者．人既可別持一說以爲非．吾所謂非者．人亦可別持一說以爲是也．如義理之學是也．」（校禮堂集）此其言絕似實證哲學派之口吻．而戴震之精神見焉．清學派之精神見焉．惜乎此精神僅應用於考古．而未能應用於自然科學界．則時代爲之也．

震常言．『知十而皆非眞．不若知一之爲眞知也．』（段玉裁經韻樓集娛親雅言序引）故其學雖淹博而不泛濫．其最專精者．曰小學．曰曆算．曰水地．小學之書．有聲韻考四卷．聲類表十卷．方言疏證十三卷．爾雅文字考十卷．曆算之書．有原象一卷．曆問二卷．古曆考二卷．句股割圜記三卷．續天文略三卷．策算一卷．水地之書．有水地記一卷．校水經注四十卷．直隸河渠書六十四卷．其他著述不備舉．四庫全書天算類提要全出其手．他部亦多參與焉．而其晚年最得意之作．曰孟子字義疏證．

孟子字義疏證．蓋軼出考證學範圍以外．欲建設一「戴氏哲學」矣．震嘗言曰．

『聖人之道．使天下無不達之情．求遂其欲．而天下治．後儒不知情之至於纖微無憾．是謂理．而其所謂理者．同於酷吏所謂法．酷吏以法殺人．後儒以理殺人．寖寖乎舍法而論理．死矣．更無可救矣．』（東原文集卷八與某書）

又曰．

『程朱以「理」爲如有物焉．得於天而具於心．啓天下後世人人凭在己之意見而執之曰「理」．以禍斯民．更淆以「無欲」之說．於得理益遠．於執其意見益堅．而禍斯民益烈．豈理禍斯民哉．不自知爲意見也．』

（戴氏遺書九附錄答彭進士書）

又曰．『宋以前．孔孟自孔孟．老釋自老釋．談老釋者．高妙其言．不依附孔孟．宋以來．孔孟之書．盡失其解．儒者雜襲老釋之言以解之．……譬猶子孫未覩其祖父之貌者．誤圖他人之貌爲其貌而事之．所事固己之祖父也．貌則非矣．』（同上）

震欲祛「以釋混儒」「舍欲言理」之兩蔽．故既作原善三篇．復爲孟子字義疏證．疏證之精語曰．

『……記曰．「飲食男女人之大欲存焉．」聖人治天下．體民之情．遂民之欲．而王道備．人知老莊釋氏異於聖人．聞其無欲之說．猶未之信也．於宋儒則信以爲同於聖人．理欲之分．人人能言之．故今之治人者．視古聖賢體民之情．遂民之欲．多出於鄙細隱曲．不措諸意．不足爲怪．及其責以理也．不難舉曠世之高節．著於義而罪之．尊者以理責卑．長者以理責幼．貴者以理責賤．雖失．謂之順．卑者幼者賤者以理爭．雖得．謂之逆．於是下之人不能以天下之同情天下所同欲達之於上．上以理責其下．而在下之罪．人人不勝指數．人死於法．猶有憐之者．死於理．其誰憐之．』

又曰．

『孟子言．「養心莫善於寡欲．」明乎欲之不可無也．寡之而已．人之生也．莫病乎無以遂其生．欲遂其生．亦遂人之生．仁也．欲遂其生．至於戕人之生而不顧．不仁也．不仁．實始於欲遂其生之心．使其無此欲．必無不仁矣．然使其無欲．則於天下之人生道窮蹙．亦將漠然視之．己不必遂其生．而遂人之生．無是情也．』

又曰。

『朱子屢言「人欲所蔽」。凡『欲』無非以生以養之事。「欲」之失爲「私」不爲「蔽」。自以爲得理而所執之實謬乃「蔽」。人之大患「私」與「蔽」而已「私」生於欲之失「蔽」生於「知」之失。』

又曰。

『君子之治天下也使人各得其情各遂其欲勿悖於道義君子之自治也情與欲使一於道義夫遏欲之害。甚於防川絕情去智充塞仁義。』

又曰。

『古聖賢所謂仁義禮智不求於所謂欲之外不離乎血氣心知而後儒以爲如有別物焉湊泊附著以爲性。由雜乎老釋終昧於孔孟之言故也。』

又曰。

『問宋儒之言……也求之六經中無其文故借……之語以飾其說以取信學者歟曰舍聖人立言之本指。而以己說爲聖人所言是誣聖借其語以飾吾之說以求取信是欺學者也誣聖欺學者程朱之賢不爲蓋其學借階於老釋是故失之凡習於先入之言往往受其蔽而不自覺』

疏證一書字字精粹右所錄者未盡其萬一也綜其內容不外欲以「情感哲學」代「理性哲學」就此點論之乃與歐洲文藝復興時代之思潮之本質絕相類蓋當時人心爲基督教絕對禁慾主義所束縛痛苦無藝既反乎人理而又不敢違乃相與作僞而道德反掃地以盡文藝復興之運動乃採久閼窒之「希臘的情感主義」

以藥之。一旦解放文化轉一新方向以進行則蓬勃而莫能禦。戴震蓋確有見於此。其志願確欲爲中國文化轉一新方向。其哲學之立脚點眞可稱二千年一大翻案。其論尊卑順逆一段實以平等精神作倫理學上一大革命。其斥宋儒之糅合儒佛雖辭帶含蓄而意極嚴正隨處發揮科學家求眞求是之精神實三百年間最有價值之奇書也。震亦極以此自負嘗曰『僕生平著述之大以孟子字義疏證爲第一。』（戴東原集卷首段玉裁序引）雖然戴氏學派雖披靡一世獨此書影響極小。據江藩所記謂『當時讀疏證者莫能通其義惟洪榜好焉。榜爲震行狀載與彭尺木書。（按此書卽與孟子字義疏證相發明者）朱珪見之謂「可不必載戴氏可傳者不在是」榜貽珪書力爭不得震子中立卒將此書删去。』（漢學師承記卷六）可見當時戴門諸子之對於此書已持異同。唐鑑謂『先生本訓詁家欲諱其不知義理特著孟子字義疏證以詆程朱。』（國朝學案小識）鑑非能知戴學者其言誠不足輕重然可以代表當時多數人之心理也。當時宗戴之人於此書旣鮮誦習發明其反駁者亦僅一方東樹（漢學商兌卷上）然搔不著癢處。此書蓋百餘年未生反響之書也。豈其反響當在今日以後耶。然而論淸學正統派之運動遂不得不將此書除外。吾常言『清代學派之運動乃「研究法的運動」非「主義的運動」也。』此其收穫所以不逮「歐洲文藝復興運動」之豐大也歟。

十二

戴門後學名家甚衆而最能光大其業者莫如金壇段玉裁高郵王念孫及念孫子引之。故世稱戴段二王焉。玉裁所著書最著者曰說文解字注六書音韻表。念孫所著書最著者曰讀書雜志廣雅疏證。引之所著書最著者曰經義述聞經傳釋詞戴段二王之學其所以特異於惠派者惠派之治經也如不通歐語之人讀歐書視譯人爲神聖漢儒則其譯人也故信憑之不敢有所出入戴派不然對於譯人不輕信焉必求原文之正確然後即安惠派所得則斷章零句援古正後而已戴派每發明一義例則通諸羣書而皆得其讀是故惠派可名之曰漢學戴派則確爲清學而非漢學以爻辰納甲說易以五行災異說書以五際六情說詩其他諸經義無不雜引讖緯此漢儒通習也戴派之清學則芟汰此等不稍涉其藩惟於訓詁名物制度注全力焉戴派之言訓詁名物雖常博引漢人之說然並不墨守之例如讀書雜志經義述聞全書皆糾正舊注舊疏之失誤所謂舊注者則毛鄭馬賈服杜也舊疏者則陸孔賈也宋以後之說則其所不屑是正矣是故如高郵父子者實毛鄭賈馬服杜之諍臣非其將順之臣也夫豈惟不將順古人雖其父師亦不苟同段之尊戴可謂至矣試讀其說文注則『先生之言非也』『先注之說非是』諸文到處皆是即王引之經義述聞與其父念孫之說相出入者且不少也彼等不惟於舊注舊疏之舛誤絲毫不假借而已而且敢於改經文此與宋明儒者之好改古書迹相類而實大殊彼純憑主觀的臆斷而此則出於客觀的鈎稽參驗也段玉裁曰

『校書定是非最難是非有二曰底本之是非曰立說之是非必先定底本之是非而後可斷其立說之是非……何謂底本著書者之稿本是也何謂立說著書者所言之義理是也……不先正底本則多誣古人不斷其立說之是非則多誤今人……』（經韻樓集與諸同志論校書之難）

此論最能說明考證學在學術界之位置及價值蓋吾輩不治一學則已既治一學則第一步須先將此學之眞相了解明確第二步乃批評其是非得失譬如今日欲批評歐人某家之學說若僅憑拙劣僞謬之譯本相與辯

爭討論。實則所駁斥者乃並非原著。如此豈不可憐可笑。研究中國古書。雖不至差違如此其甚。然以語法古今之不同。與寫刻傳襲之訛錯。讀之而不能通其文句者則甚多矣。對於未通文句之書。而批評其義理之是非。則批評必多枉用。此無可逃避也。清代之考證學家。卽對於此第一步工夫而非常努力。且其所努力皆不虛。確能使我輩生其後者得省卻無限精力而用之以從事於第二步。清代學之成績。全在此點。而戴段二王之著述。則其代表也。阮元之序經義述聞也曰。

『凡古儒所誤解者。無不旁徵曲喩。而得其本義之所在。使古聖賢見之。必解頤曰。「吾言固如是。數千年誤解之。今得明矣。」……』

此其言洵非溢美。吾儕今日讀王氏父子之書。只覺其條條皆犁然有當於吾心。前此之誤解。乃一旦渙然冰釋也。雖以方東樹之力排「漢學」。猶云『高郵王氏經義述聞。實足令鄭朱俛首。漢唐以來。未有其比。』（漢學商兌卷中之下）亦可見公論之不可磨滅矣。

然則諸公曷爲能有此成績耶。一言以蔽之曰。用科學的研究法而已。試細讀王氏父子之著述。最能表現此等精神。吾嘗研察其治學方法。第一曰注意。凡常人容易滑眼看過之處。彼善能注意觀察。發現其應特別研究之點。所謂讀書得間也。如自有天地以來。蘋果落地不知凡幾。惟奈端能注意及之。家家日日皆有沸水。惟瓦特能注意及之。經義述聞所釐正之各經文。吾輩自童時卽誦習如流。惟王氏能注意及之。凡學問上能有發明者。其第一步工夫必恃此也。第二曰虛己。注意觀察之後。既獲有疑竇。最易以一時主觀的感想。輕下判斷。如此則所得之「間」。行將失去。考證家決不然。先空明其心。絕不許有一毫先入之見存。惟取客觀的資料。爲極忠實的研究第三曰立說研究非散漫無紀也先立一假定之說以爲標準焉第四曰搜證既立一說絕不遽信爲定論乃廣集證據務求按諸同類之事實而皆合如動植物學家之日日搜集標本如物理化學家之日日化驗也第五曰斷案第六曰推論經數番歸納研究之後則可以得正確之斷案矣既得斷案則可以推論於同類之事項而無閡也王引之經傳釋詞自序云

『……始取尚書二十八篇紬繹之見其詞之發句助句者昔人以實義釋之往往詰𥈭爲病竊嘗私爲之說而未敢定也及聞大人（指其父念孫）論毛詩「終風且暴」……諸條發明意旨渙若冰釋……乃遂引而伸之盡其義類自九經三傳及周秦西漢之書凡助語之文徧爲搜討分字編次爲經傳釋詞十卷』

又云

『揆之本文而協驗之他卷而通雖舊說所無可以心知其意……凡其散見於經傳者皆可比例而知觸類長之……』

此自言其治學次第及應用之法頗詳明雖僅敍一書著述始末然他書可以類推他家之書亦可以類推矣此清學所以異於前代而永足爲我輩程式者也

十三

正統派之學風其特色可指者略如下

一、凡立一義必憑證據無證據而以臆度者在所必擯

二、選擇證據以古爲尚以漢唐證據難宋明不以宋明證據難漢唐據漢魏可以難唐據漢可以難魏晉據先秦西漢可以難東漢以經證經可以難一切傳記

三、孤證不爲定說其無反證者姑存之得有續證則漸信之遇有力之反證則棄之

四、隱匿證據或曲解證據皆認爲不德

五、最喜羅列事項之同類者爲比較的研究而求得其公則

六、凡采用舊說必明引之勦說認爲大不德

七、所見不合則相辯詰雖弟子駁難本師亦所不避受之者從不以爲忤

八、辯詰以本問題爲範圍詞旨務篤實溫厚雖不肯枉自己意見同時仍尊重別人意見有盛氣凌轢或支離牽涉或影射譏笑者認爲不德

九、喜專治一業爲「窄而深」的研究

十、文體貴樸實簡絜最忌「言有枝葉」

當時學者以此種學風相矜尚自命曰「樸學」其學問之中堅則經學也經學之附庸則小學以次及於史學天算學地理學音韻學律呂學金石學校勘學目錄學等等一皆以此種研究精神治之質言之則舉凡自漢以來書冊上之學問皆加以一番磨琢施以一種組織其直接之效果一吾輩向覺難讀難解之古書自此可以讀可以解二許多僞書及書中竄亂蕪穢者吾輩可以知所別擇不復虛糜精力三有久墜之絕學或前人向不注意之學自此皆卓然成一專門學科使吾輩學問之內容日益豐富其間接之效果一讀諸大師之傳記及著述

見其「爲學問而學問」治一業終身以之銖積寸絫先難後獲無形中受一種人格的觀感使吾輩奮興向學二用此種研究法以治學能使吾輩心細讀書得間能使吾輩忠實不欺飾能使吾輩獨立不雷同能使得吾輩虛受不敢執一自是

正統派所治之學爲有用耶爲無用耶此甚難言試持以與現代世界諸學科比較則其大部分屬於無用此無可諱言也雖然有用無用云者不過相對的名詞老子曰『三十輻共一轂當其無有車之用』此言乎以無用爲用也循斯義也則凡眞學者之態度皆當爲學問而治學問夫用之云者以所用爲目的學問則爲達此目的之一手段也爲學問而治學問者學問卽目的故更無有用無用之可言莊子稱『不龜手之藥或以霸或不免於洴澼絖』此言乎爲用不爲用存乎其人也循斯義也則同是一學在某時某地某人治之爲極無用者易時易地易人治之可變爲極有用是故難言也其實就純粹的學者之見地論之只當問成爲學不成爲學不必問有用與無用非如此則學問不能獨立不能發達夫清學派固能成爲學者也其在我國文化史上有價值者以此

十四

清學自當以經學爲中堅其最有功於經學者則諸經殆皆有新疏也其在易則有惠棟之周易述張惠言之周易虞氏義姚配中之周易姚氏學其在書則有江聲之尙書集注音疏孫星衍之尙書古今文注疏段玉裁之古文尙書撰異王鳴盛之尙書後案其在詩則有陳奐之詩毛氏傳疏馬瑞辰之毛詩傳箋通釋胡承珙之毛詩後

箋。其在周官。有孫詒讓之周禮正義。其在儀禮。有胡承珙之儀禮今古文疏義。胡培翬之儀禮正義。其在左傳。有劉文淇之春秋左氏傳正義。其在公羊傳。有孔廣森之公羊通義。陳立之公羊義疏。其在論語。有劉寶楠之論語正義。其在孝經。有皮錫瑞之孝經鄭注疏。其在爾雅。有邵晉涵之爾雅正義。郝懿行之爾雅義疏。其在孟子。有焦循之孟子正義。以上諸書。惟馬胡之於詩。非全釋經傳文。不能直謂之新疏。易諸家穿鑿漢儒說。非訓詁家言。清儒最善言易者。惟一焦循。其所著易通釋易圖略易章句。皆絜淨精微。但非新疏體例耳。書則段王二家稍粗濫。公羊則孔著不通家法。自餘則皆博通精粹。前無古人。尤有吾鄉簡朝亮著尚書集注述疏。論語集注補正述疏。志在溝通漢宋。非正統派家法。然精覈處極多。十三經除禮記穀梁外。餘皆有新疏一種或數種。而大戴禮記則有孔廣森補注。王聘珍解詁焉。此諸新疏者。類皆擷取一代經說之菁華。加以別擇結撰。殆可謂集大成。其餘爲部分的研究之書。最著者則惠士奇之禮說。胡渭之禹貢錐指。惠棟之易漢學。古文尚書考。明堂大道錄。焦循之周易鄭氏義。荀氏九家義。易義別錄。陳壽祺之三家詩遺說考。江永之周禮疑義舉要。戴震之考工記圖。段玉裁之周禮儀禮漢讀考。張惠言之儀禮圖。淩廷堪之禮經釋例。金榜之禮箋。孔廣森之禮學卮言。武億之三禮義證。金鶚之求古錄禮說。黃以周之禮書通故。王引之之春秋名字解詁。侯康之穀梁禮證。江永之鄉黨圖考。王引之之經義述聞。陳壽祺之左海經辨。程瑤田之通藝錄。焦循之羣經宮室圖等。其精粹者不下數百種。

清儒以小學爲治經之塗徑。嗜之甚篤。附庸遂蔚爲大國。其在說文。則有段玉裁之說文注。桂馥之說文義證。王筠之說文釋例。說文句讀。朱駿聲之說文通訓定聲。其在說文以外之古字書。則有戴震之方言疏證。江聲之釋名疏證。宋翔鳳之小爾雅訓纂。胡承珙之小爾雅義證。王念孫之廣雅疏證。此與爾雅之邵郝二疏略同體例。得此而六朝以前之字書差無疑滯矣。而以極嚴正之訓詁家法貫穴羣書而會其通者。則王念孫之經傳釋詞。俞樾之古書疑義舉例最精鑿。近世則章炳麟之小學答問。益多新理解。而馬建忠學之以著文通。嚴復學之以著英文漢詁。爲「文典學」之椎輪焉。而梁啓超著國文語原解。又往往以證社會學。

音韻學又小學之附庸也。而清代特盛。自顧炎武始著音論古音表唐韻正。而江永有音學辨微古韻標準。戴震有聲韻考聲類表。段玉裁有六書音韻表。姚文田有說文聲系。苗夔有說文聲讀表。嚴可均有說文聲類。陳澧有切韻考。而章炳麟國故論衡中論音韻諸篇皆精絕。此學也其動機本起於考證古音。而愈推愈密。遂能窮極人類發音官能之構造。推出聲音變化之公例。劉獻廷著新韻譜。創字母。其書不傳。近世治此學者積多數人之討論折衷。遂有注音字母之頒定。

典章制度一科。在清代亦爲絕學。其動機起於治三禮。後遂汎濫益廣。惠棟著明堂大道錄。對於古制度專考一事。泐成專書者始此。徐乾學編讀禮通考。秦蕙田編五禮通考。多出一時名人之手。其後則胡匡衷有儀禮釋官。戴震有考工記圖。沈彤有周官祿田考。王鳴盛有周禮軍賦說。洪頤煊有禮經宮室答問。任大椿有弁服釋例深衣釋例。皆專注禮而焦循有羣經宮室圖。程瑤田有通藝錄。貫通諸經焉。晚淸則有黃以周之禮經通故。最博贍精審。蓋淸代禮學之後勁矣。而樂律一門亦幾蔚爲大國。毛奇齡始著竟山樂錄。次則江永著律呂新論律呂闡微。江藩著樂縣考。凌廷堪著燕樂考原。而陳澧之聲律通考晚出最精善。此皆足爲將來著中國音樂史最好之資料也。焦循著劇說。專考今樂沿革。尤爲切近有用矣。

淸初諸師皆治史學。欲以爲經世之用。王夫之長於史論。其讀通鑑論宋論皆有特識。而後之史學家不循斯軌。

黃宗羲萬斯同以一代文獻自任。實爲史學嫡派。康熙間。淸廷方開明史館。欲藉以網羅遺逸。諸師旣抱所學。且藉以寄故國之思。雖多不受職。而皆間接參與其事。相與討論體例。別擇事實。故唐以後官修諸史。獨明史稱完善焉。乾隆以後。傳此派者。全祖望最著。顧炎武治史。於典章制度風俗。多論列得失。然亦好爲考證。乾嘉以還。考證學統一學界。其洪波自不得不及於史。則有趙翼之廿二史劄記。王鳴盛之十七史商榷。錢大昕之二十一史考異。洪頤煊之諸史考異。皆汲其流。四書體例略同。其職志皆在考證史蹟。訂譌正謬。惟趙書於每代之後。常有多條臚列史中故實。用歸納法比較研究。以觀盛衰治亂之原。此其特長也。其專考證一史者。則有惠棟之後漢書補注。梁玉繩之史記志疑。漢書人表考。錢大昕之漢書辨疑。後漢書辨疑。續漢書辨疑。梁章鉅之三國志旁證。周壽昌之漢書注校補。後漢書注補正。杭世駿之三國志補注。其尤著也。自萬斯同力言表志之重要。自著歷代史表。此後表志專書。可觀者多。顧棟高有春秋大事表。錢大昭有後漢書補表。周嘉猷有南北史表。三國紀年表。五代紀年表。洪飴孫有三國職官表。錢大昕有元史氏族表。齊召南有歷代帝王年表。林春溥著竹柏山房十五種。皆考證古史。其中戰國紀年。孔孟年表諸篇。最精審。而官書亦有歷代職官表。洪亮吉有三國疆域志。東晉疆域志。十六國疆域志。洪齮孫有補梁疆域志。錢儀吉有補晉兵志。侯康有補三國藝文志。倪燦有宋史藝文志補。補遼金元三史藝文志。顧懷三有補五代史藝文志。錢大昕有補元史藝文志。郝懿行有補宋書刑法志。食貨志。皆稱善本焉。而對於古代別史雜史。亦多考證箋注。則有陳逢衡之逸周書補注。朱右曾之周書集訓校釋。丁宗洛之逸周書管箋。洪亮吉之國語注疏。顧廣圻之國語扎記。戰國策扎記。程恩澤之國策地名考。郝懿行之山海經箋疏。陳逢衡之竹書紀年集證。降及晚淸。研究元史。忽成爲一時風尚。則有何秋濤之元聖武親征錄校正。李文田之元祕史注。凡此皆以經學考證之法。移以治史。只能謂之考證學。殆不可謂之史學。其專研究史法者。獨有章學誠之文史通義。其價值可比劉知幾史通。

自唐以後罕能以私人獨力著史。惟萬斯同之明史稿。最稱鉅製。而魏源亦獨力改著元史。柯劭忞之新元史。則近出之鉅製也。源又有聖武記。記清一代大事。有條貫。而畢沅續資治通鑑。亦稱善本。

黃宗羲始著明儒學案。爲學史之祖。其宋元學案。則其子百家與全祖望先後續成之。皆清代史學之光也。

史之縮本則地志也。清之盛時。各省府州縣皆以修志相尚。其志多出碩學之手。其在省志。浙江通志。廣東通志。雲南通志之總纂。則阮元也。廣西通志。則謝啓昆也。湖北通志。則章學誠原稿也。其在府縣志。則汾州府志出戴震。涇縣志。淳化縣志。出洪亮吉。三水縣志。出孫星衍。朝邑縣志。出錢坫。偃師志。安陽志。出武億。富順縣志。出段玉裁。和州志。亳州志。永清縣志。天門縣志。出章學誠。鳳台縣志。出李兆洛。長沙志。出章祜誠。遵義府志。出鄭珍莫友芝。凡作者皆一時之選。其書有別裁。有斷制。其討論體例。見於各家文集者甚周備。欲知清代史學家之特色。當於此求之。

十五

顧炎武劉獻廷皆酷嗜地理學。所著書皆未成。而顧祖禹之讀史方輿紀要。言形勢阨塞略盡。後人莫能尚。於是中清之地理學。亦偏於考古一途。自戴震著水地記。校水經注。而水經爲一時研究之中心。孔廣森有水經釋地。全祖望有新校水經注。趙一清有水經注釋。張匡學有水經注釋地。而近人楊守敬爲水經注疏。尤集斯學大成。

注（未刻刻者僅疏要刪）而齊召南著水道提綱則循水道治今地理也。洪頤煊有漢志水道疏證。陳澧有漢書地理志水道圖說。亦以水道治漢地理。閻若璩著四書釋地。徐善著春秋地名考略。江永著春秋地名考實。焦循著毛詩地理釋。程恩澤著國策地名考。皆考證先秦地理。其考證各史地理者。則吳卓信漢書地理志補注。楊守敬隋書地理志考證最精博。其通考歷代者。有陳芳績之歷代地理沿革表。李兆洛之歷代地理志韵編今釋。皆便檢閱。而楊守敬之歷代疆域志。歷代地理沿革圖。經綜核。惜製圖術未精。難言正確矣。自乾隆後邊徼多事。嘉道間學者漸留意西北邊新疆青海西藏蒙古諸地理。而徐松張穆何秋濤最名家。松有西域水道記。漢書西域傳補注。新疆識略。穆有蒙古游牧記。秋濤有朔方備乘。漸引起研究元史的興味。至晚清尤盛。外國地理自徐繼畬著瀛環志略。魏源著海國圖志。開始端緒。而其後竟不光大。近人丁謙於各史外夷傳及穆天子傳。佛國記。大唐西域記諸古籍。皆博加考證。成書二十餘種。（無總名最近浙江圖書館校刻）頗精贍。要之清代地理學偏於考古。故活學變爲死學。惟據全祖望著劉獻廷傳。知獻廷有意治「人文地理」。惜其業不竟。而後亦無繼也。

自明徐光啓以後。士大夫漸好治天文算學。清初則王錫闡。梅文鼎最專精。而大師黃宗羲。江永輩皆提倡之。清聖祖尤篤嗜。召西士南懷仁等供奉內廷。風聲所被。嚮慕尤衆。聖祖著有數理精蘊。曆象考成。錫闡有曉菴新法。文鼎有勿菴曆算全書二十九種。江永有愼修數學九種。戴震校周髀以後迄六朝唐人算書十種。命曰算經。自爾而後。經學家什九兼治天算。尤專門者。李銳。董祐誠。焦循。羅士琳。張作楠。劉衡。徐有壬。鄒伯奇。丁取忠。李善蘭。華蘅芳。銳有李氏遺書。祐誠有董方立遺書。循有里堂學算記。作楠有翠微山房數學。衡有六九軒算書。有壬有務民義齋算書。伯奇有鄒徵君遺書。取忠有白芙堂算學叢書。善蘭有則古昔齋算學。而曾國藩設江南製造局於上海．頗譯泰西科學書．其算學名著．多出善蘭衡芳手．自是所謂「西學」者漸興矣．阮元著疇人傳．羅士琳續補之．清代斯學變遷．略具焉．茲學中國發源甚古．而光大之實在清代．學者精擘虛受．各有創獲．其於西來法食而能化．足覘民族器量焉．

十六

金石學之在清代又彪然成一科學也．自顧炎武著金石文字記。實爲斯學濫觴．繼此有錢大昕之潛研堂金石文字跋尾．武億之金石三跋．洪頤煊之平津館讀碑記．嚴可均之鐵橋金石跋．陳介祺之金石文字釋．皆考證精徵．而王昶之金石萃編．薈錄衆說．頗似類書．其專舉目錄者．則孫星衍邢澍之寰宇訪碑錄．其後碑版出土日多．故萃編訪碑錄等再三續補而不能盡．顧錢一派專務以金石爲考證經史之資料．同時有黃宗羲一派．從此中研究文史義例．宗羲著金石要例．其後梁玉繩王芑孫郭麐劉寶楠李富孫馮登府等皆賡續有作．別有翁方綱黃易一派．專講鑑別．則其考證非以助經史矣．包世臣一派專講書勢．則美術的研究也．而葉昌熾著語石．頗集諸派之長．此皆石學也．其「金文學」則考證商周銅器．初此等古物惟集於內府．則有西清古鑑寧壽鑑古等官書．然其文字皆摹寫取姿媚．失原形．又無釋文．有亦臆舛．自阮元吳榮光以封疆大吏嗜古而力足以副之．於是收藏寖富．遂有著錄．阮有積古齋鐘鼎彝器款識．吳有筠清館金石文字．研究金文之端開矣．道咸以後日益盛．名家者有劉喜海吳式芬陳介祺王懿榮潘祖蔭吳大澂羅振玉．式芬有攈古錄金文．祖蔭有攀古樓彝器款識．大澂有窸齋集古錄．皆稱精博．其所考證．多一時師友互相賞析所得．非必著者一人私言也．自金文學興而小學起一革命。前此尊說文若六經。祔孔子以許愼。至是援古文籀文以難許者紛作。若莊述祖之說文古籀疏證。孫詒讓之古籀拾遺。其著也。諸器文字既可讀。其事蹟出古經以外者甚多。因此增無數史料。而其花文雕鏤之研究。亦爲美術史上可寶之資。惜今尚未有從事者耳。最近復有龜甲文之學。龜甲文者。光緒己亥在河南湯陰縣出土。殆數萬片。而文字不可識。共不審爲何時物。後羅振玉考定爲殷文。著貞卜文字殷虛書契考釋殷虛書契待問篇。而孫詒讓著原名亦多根據甲文。近更有人言其物質非龜甲乃竹簡云。惜文至簡。足供史材者希。然文字變遷異同之跡可稽焉。

清儒之有功於史學者。更一端焉。則校勘也。古書傳習愈希者。其傳鈔踵刻。譌謬愈甚。馴致不可讀。而其書以廢。清儒則博徵善本以校讎之。校勘遂成一專門學。其成績可紀者。若汪中畢沅之校大戴禮記。周廷寀趙懷玉之校韓詩外傳。盧文弨之校逸周書。汪中。畢沅。孫詒讓之校墨子。謝墉之校荀子。孫星衍之校孫子吳子。汪繼培任大椿秦恩復之校列子。顧廣圻之校國語戰國策韓非子。畢沅梁玉繩之校呂氏春秋。嚴可均之校愼子商君書。畢沅之校山海經。洪頤孫之校竹書紀年穆天子傳。丁謙之校穆天子傳。戴震盧文弨之校春秋繁露。汪中之校賈誼新書。戴震之校算經十書。戴震。全祖望之校水經注。顧廣圻之校華陽國志。諸所校者。或遵善本。或據他書所徵引。或以本文上下互證。或是正其文字。或釐定其句讀。或疏證其義訓。往往有前此不可索解之語句。一旦昭若發矇。其功尤鉅者。則所校多屬先秦諸子。因此引起研究諸子學之興味。蓋自漢武罷黜百家以後。直至清之中葉。諸子學可謂全廢。若荀若墨。以得罪孟子之故。幾莫敢齒及。及考證學興。引據惟古是尚。學者始思及六經以外。尚有如許可珍之籍。故王念孫讀書雜志。已推勘及於諸子。其後俞樾亦著諸子平議。與羣經平議並列。

而汪藏盧孫畢諸賢，乃徧取古籍而校之。夫校其文必尋其義，尋其義則新理解出矣。故汪中之荀卿子通論、墨子序、墨子後序（並見述學），孫星衍之墨子序（平津館叢書本墨子），我輩今日讀之，誠覺甚平易，然在當日固發人所未發，且言人所不敢言也。後此洪頤煊著管子義證，孫詒讓著墨子閒詁，王先謙著韓非子集釋，則躋諸經而爲之注矣。及今而稍明達之學者，皆以子與經並重，思想蛻變之樞機，有捩於彼而闢於此者，此類是已。

吾輩尤有一事當感謝清儒者，曰輯佚書。籍經久必漸散亡，取各史藝文經籍等志校其存佚，易見也。膚蕪之作，存亡固無足輕重；名著失墜，則國民之遺產損焉。乾隆中修四庫全書，其書之採自永樂大典者以百計，實開輯佚之先聲。此後茲業日昌，自周秦諸子，漢人經注，魏晉六朝逸史逸集，苟有片語留存，無不搜羅最錄。其取材則唐宋間數種大類書，如藝文類聚、初學記、太平御覽等最多，而諸經注疏及他書，凡可搜者無不徧。當時學者從事此業者甚多，不備舉，而馬國翰之玉函山房輯佚書，分經史子三部，集所輯至數百種，他可推矣。遂使漢志諸書、隋唐志久稱已佚者，今乃纍纍現於吾輩之藏書目錄中，雖復片鱗碎羽，而受賜則既多矣。

十七

嗚呼！自吾之生而乾嘉學者已零落略盡，然十三歲肄業於廣州之學海堂，堂則前總督阮元所創，以樸學敎於吾鄉者也。其規模矩矱，一循百年之舊。十六七歲游京師，亦獲交當時耆宿數人，守先輩遺風不替者，中間涉覽諸大師著述，參以所聞見，蓋當時「學者社會」之狀況，可髣髴一二焉。

大抵當時好學之士，每人必置一「劄記册子」，每讀書有心得則記之。蓋清學祖顧炎武，而炎武精神傳於後者在其日知錄。其自述曰『所著日知錄三十餘種。平生之志與業皆在其中。』（亭林文集與友人論門人書）又曰『承問日知錄又成幾卷。而某自別來一載。早夜誦讀。反復尋究。僅得十餘條。』（同與人書十）其成之難而視之重也如此。推原劄記之性質本非著書。不過儲著書之資料。然清儒最戒輕率著書。非得有極滿意之資料。不肯泐爲定本。故往往有終其身在預備資料中者。又當時第一流學者所著書恆不欲有一字餘於己所心得之外。著專書或專篇。其範圍必較廣泛。則不免於所心得外摭拾冗詞以相湊附。此非諸師所樂。故寧以劄記體存之而已。夫吾固屢言之矣。清儒之治學。純用歸納法。純用科學精神。此法此精神。果用何種程序始能表現耶。第一步必先留心觀察事物。覷出某點某點有應特別注意之價值。第二步既注意於一事項。則凡與此事項同類者或相關係者。皆羅列比較以研究之。第三步比較研究的結果。立出自己一種意見。第四步根據此意見。更從正面旁面反面博求證據。證據備則泐爲定說。遇有力之反證則棄之。凡今世一切科學之成立。皆循此步驟。而清考證家之每立一說。亦必循此步驟也。既已如此。則試思每一步驟進行中所需資料幾何。精力幾何。非用極綿密之劄記安能致者。訓詁學之模範的名著。共推王念孫經傳釋詞。俞樾古書疑義舉例。茍一察其內容。卽可知其實先有數千條之劄記。後乃組織而成書。又不惟專書爲然耳。卽在劄記本身中。其精到者亦必先之以初稿之劄記——例如錢大昕發明古書輕脣音。試讀十駕齋養新錄本條。卽知其必先有百數十條之初稿劄記。乃能產出——故顧氏謂一年僅能得十餘條。非虛言也。由此觀之。則劄記實爲治學者所最必要。而欲知清儒治學次第及其得力處。固當於此求之。劄記之書則夥矣。其最可觀者。日知錄外。則有閻若璩之潛邱劄記。錢大昕之十駕齋養新錄。臧琳之經義雜記。盧文弨之鍾山札記。龍城札記。孫志祖之讀書脞錄。王鳴盛之蛾述篇。汪中之知新記，洪亮吉之曉讀書齋四錄，趙翼之陔餘叢考，王念孫之讀書雜志，王引之之經義述聞，何焯之義門讀書記，臧庸之拜經日記，梁玉繩之瞥記，俞正燮之癸巳類稿癸巳存稿，宋翔鳳之過庭錄，陳澧之東塾讀書記等。其他不可殫舉。各家劄記精粗之程度不同，即同一書中每條價値亦有差別。有純屬原料性質者，（對於一事項初下注意的觀察者）有漸成爲粗製品者，（臚列比較而附以自己意見者）有已成精製品者，（意見經反覆引證後認爲定說者）而原料與粗製品皆足爲後人精製所取資，此其所以可貴也。要之當時學者喜用劄記，實一種困知勉行工夫，其所以能綿密深入而有創獲者，頗恃此，而今亡矣。

淸儒既不喜效宋明人聚徒講學，又非如今之歐美有種種學會學校爲聚集講習之所，則其交換智識之機會，自不免缺乏。其賴以補之者，則函札也。後輩之謁先輩，率以問學書爲贄，——有著述者則媵以著述——先輩視其可教者，必報書釋其疑滯而獎進之。平輩亦然。每得一義，輒馳書其共學之友相商榷，答者未嘗不盡其詞。凡著一書成，必經摯友數輩嚴勘得失，乃以問世，而其勘也皆以函札。此類函札，皆精心結撰，其實即著述也。此種風氣，他時代亦間有之，而淸爲獨盛。

其爲文也樸實說理，言無枝葉，而旨壹歸於雅正。語錄文體，所不喜也，而亦不以奇古爲尚。顧炎武之論文曰：『孔子言「其旨遠，其辭文。」又曰「言之無文，行而不遠。」曾子曰『出辭氣斯遠鄙倍。』今講學先生從語錄入者，多不善修辭。』又曰『時有今古，非文有今古。今之不能爲二漢，猶二漢之不能爲尙書左氏。乃勦取史漢中文法以爲古，甚者獵其一二字句用之於文，殊爲不稱。……舍今日恆用之字而借古字之通用者，文人所以自蓋其俚淺也。』（日知錄十九）淸學皆宗炎武，文亦宗之。其所奉爲信條者，一曰不俗，二曰不古，三曰不枝。蓋此種文體於學術上之說明。最爲宜矣．然因此與當時所謂「古文家」者每不相容．美文．清儒所最不擅長也．諸經師中殆無一人能爲詩者．——集中多皆有詩然眞無足觀．——其能爲詞者僅一張惠言．能爲駢體文者有孔廣森．汪中．淩廷堪．洪亮吉．孫星衍．董祐誠．其文仍力洗浮豔．如其學風．

十八

茲學盛時．凡名家者．比較的多耿介恬退之士．時方以科舉籠罩天下．學者自宜什九從茲途出．大抵後輩志學之士．未得第者．或新得第而俸入薄者．恆有先輩延主其家．爲課子弟．此先輩亦以子弟畜之．當獎誘增益其學．此先輩家有藏書．足供其肄索．所交遊率當代學者．常得陪末座以廣其聞見．於是所學漸成矣．官之遷皆以年資．人無干進之心．卽干亦無倖獲．得第早而享年永者．則馴躋卿相．否則以詞館郎署老．俗旣儉樸．事畜易周．而寒士素慣淡泊．故得與世無競．而終其身於學．京官簿書期會至簡．惟日夕閉戶親書卷．得間與同氣相過從．則互出所學相質．琉璃廠書賈漸染風氣．大可人意．每過一肆．可以永日．不啻爲京朝士夫作一公共圖書館．——淩廷堪傭於書坊以成學．——學者滋便焉．其有外任學差或疆吏者．輒妙選名流充幕選．所至則網羅遺逸．汲引後進．而從之遊者．旣得以稍裕生計．亦自增其學．其學成名著而厭仕宦者．亦到處有逢迎．或書院山長．或各府省州縣修志．或大族姓修譜．或有力者刻書請鑒定．皆其職業也．凡此皆有相當之報酬．又有益於學業．故學者常樂就之．吾常言．欲一國文化進展．必也社會對於學者有相當之敬禮．學者恃其學足以自養．無憂飢寒．然後能有餘裕以從事於更深的研究．而學乃日新焉．近世歐洲學問多在此種環境之下培養出來．而前清乾嘉時代。則亦庶幾矣。

歐洲文藝復興固由時代境環所醞釀。與二三豪俊所濬發。然尚有立乎其後以翼而輔之者。若羅馬教皇尼古拉第五。佛羅稜薩之麥地奇家父子。拿波里王阿爾芬梭以及其他意大利自由市府之豪商閥族。皆沾染一時風尚。爲之先後疏附。直接間接提倡獎借者不少。故其業益昌。清學之在全盛期也亦然。清高宗席祖父之業。承平殷阜。以右文之主自命。開四庫館。修一統志。纂續三通。皇朝三通。修會典。修通禮。日不暇給。其事皆有待於學者。內外大僚承風宏獎者甚衆。嘉慶間。畢沅阮元之流。本以經師致身通顯。任封疆。有力養士。所至提倡。隱然玆學之護法神也。淮南鹽商。既窮極奢欲。亦趨時尚。思自附於風雅。競蓄書畫圖器。邀名士鑒定。潔亭舍豐館穀以待。其時刻書之風甚盛。若黃丕烈鮑廷博輩固自能別擇讎校。其餘則多有力者欲假此自顯。聘名流董其事。乃至販鴉片起家之伍崇曜。亦有粤雅堂叢書之刻。而其書且以精審聞。他可推矣。夫此類之人。則何與於學問。然固不能謂其於玆學之發達無助力。與南歐巨室豪賈之於文藝復興。若合符契也。吾乃知時代思潮之爲物。當運動熱度最高時。可以舉全社會各部分之人人。悉參加於此運動。其在中國。則晚明之心學。盛清之考證。皆其例也。

十九

以上諸節所論。皆爲全盛期之正統派。此派遠發源於順康之交。直至光宣。而流風餘韻。雖替未沫。直可謂與前清朝運相終始。而中間乾嘉道百餘年間。其氣象更掩襲一世。實更無他派足與抗顏行。若強求其一焉。則固有在此統一的權威之下而常懷反側者．卽所謂「古文家」者是已．

宋明理學極敝．然後淸學興．淸學旣興．治理學者漸不復能成軍．其在啓蒙期．猶爲程朱陸王守殘壘者．有孫奇逢．李中孚．刁包．張履祥．張爾岐．陸隴其．陸世儀諸人．皆尙名節．厲實行．粹然純儒．然皆硜硜自守．所學遂不克光大．同時有湯斌．李光地．魏象樞．魏裔介輩．亦治宋學．頗婞婜投時主好．以躋通顯．時淸學壁壘未立．諸大師著述談說．往往出入漢宋．則亦相忘於道術而已．乾隆之初．惠戴崛起．漢幟大張．疇昔以宋學鳴者．頗無顏色．時則有方苞者．名位略似斌光地等．尊宋學．篤謹能躬行．而又好爲文．苞桐城人也．與同里姚範．劉大櫆共學文．誦法曾鞏歸有光．造立所謂古文義法．號曰「桐城派」．又好述歐陽修「因文見道」之言．以孔孟韓歐程朱以來之道統自任．而與當時所謂漢學者互相輕．範從子鼐．欲從學戴震．震固不好爲人師．謝之．震之規古文家也．曰『諸君子之爲之也．曰．是道也．非藝也．夫道固有存焉者矣．如諸君子之文．亦惡覩其非藝歟．』（東原集與方希原書）錢大昕亦曰『方氏所謂古文義法者．特世俗選本之古文．……法且不知．義更何有．……若方氏乃眞不讀書之甚者．吾兄特以其波瀾意度近於古而喜之．……』（潛研堂集三十三與友人書）由是諸方諸姚頗不平．鼐屢爲文詆漢學破碎．而方東樹著漢學商兌．徧詆閻胡惠戴所學．不遺餘力．自是兩派始交惡．其後陽湖惲敬．陸繼輅．自「桐城」受義法．而稍變其體．張惠言．李兆洛皆治考證學．而亦好爲文．與惲陸同氣．號「陽湖派」．戴段派之考證學雖披靡一世．然規律太嚴整．且亦聲希味淡．不能悉投衆嗜．故誦習兩派古文家者．卒不衰．然才力薄罕能張其軍者．咸同間曾國藩善爲文而極尊「桐城」．嘗爲聖哲畫像贊．至躋姚鼐與周公孔子並列．國藩功業旣焜燿一世．「桐城」亦緣以增重．至今猶有挾之以媚權貴欺流俗者．平心論之．「桐城」開派諸人．本狷潔自好．當「漢學」全盛時而奮然與抗。亦可謂有勇。不能以其末流之墮落歸罪於作始。然此派者。以文而論。因襲矯揉。無所取材。以學而論。則獎空疏閼創獲。無益於社會。且其在清代學界。始終未嘗占重要位置。今後亦斷不復能自存。置之不論焉可耳。

方東樹之漢學商兌。卻爲清代一極有價值之書。其書成於嘉慶間。正值正統派炙手可熱之時。奮然與抗。亦一種革命事業也。其書爲宋學辯護處。固多迂舊。其針砭漢學家處。卻多切中其病。就中指斥言「漢易」者之矯誣。及言典章制度之莫衷一是。尤爲知言。後此治漢學者頗欲調和漢宋。如阮元著性命古訓。陳澧著漢儒通義。謂漢儒亦言理學。其東塾讀書記中有朱子一卷。謂朱子亦言考證。蓋頗受此書之反響云。

在全盛期與蛻分期之間。有一重要人物。曰會稽章學誠。學誠不屑屑於考證之學。與正統派異。其言「六經皆史」。且極尊劉歆七略。與今文家異。然其所著文史通義。實爲乾嘉後思想解放之源泉。其言『賢智學於聖人。聖人學於百姓。』『集大成者乃周公而非孔子。』（原道篇）言『六經皆史而諸子又皆出於六經』（易教詩教經解諸篇）言『戰國以前無著述。』（詩教篇）言『古人之言。所以爲公。未嘗私據爲己有。』（言公篇）言『古之糟魄。可以爲今之精華。』（說林篇）言『後人之學勝於前人。乃後起之智慮所應爾。』（朱陸篇）言『學術與一時風尚不必求適合。』（感遇篇）言『文不能彼此相易。不可舍己之所求以摹古人之形似。』（文理篇）言『學貴自成一家。人所能者。我不必以不能爲媿。』（博約篇）書中創見類此者不可悉數。實爲晚淸學者開拓心胸。非直史家之傑而已。

道咸以後。清學曷爲而分裂耶。其原因。有發於本學派之自身者。有由環境之變化所促成者。

所謂發於本學派自身者何耶。其一。考證學之研究方法雖甚精善。其研究範圍卻甚拘迂。就中成績最高者。惟訓詁一科。然經數大師發明略盡。所餘者不過糟粕。其名物一科。考明堂考燕寢考弁服考車制。原物今既不存。聚訟終末由決。典章制度一科。言喪服言禘祫言封建言井田。在古代本世有損益變遷。卽羣書亦末由折衷通會。夫清學所以能奪明學之席而與之代興者。毋亦曰彼空而我實也。今紛紜於不可究詰之名物制度。則其爲空也與言心言性者相去幾何。甚至言易者攙「河圖洛書」而代以「卦氣爻辰」。其矯誣正相類。諸如此類者尚多。殊不足以服人。要之清學以提倡一「實」字而盛。以不能貫徹一「實」字而衰。自業自得。固其所矣。其二。凡一有機體發育至一定限度。則凝滯不復進。因凝滯而腐敗。而衰謝。此物理之恆也。政制之蛻變也亦然。學派之蛻變也亦然。清學之興。對於明之「學閥」而行革命也。乃至乾嘉以降而清學已自成爲炙手可熱之一「學閥」。卽如方東樹之漢學商兌。其意氣排軋之處固甚多。而切中當時流弊者抑亦不少。然正統派諸賢莫之能受。其騶卒之依附末光者。且盛氣以臨之。於是思想界成一「漢學專制」之局。學派自身既有缺點。而復行以專制。此破滅之兆矣。其三。清學家既教人以尊古。又教人以善疑。既尊古矣。則有更古焉者。固在所當尊。既善疑矣。則當時諸人所共信者。吾曷爲不可疑之。蓋清學經乾嘉全盛以後。恰如歐洲近世史初期各國內部略奠定。不能不有如科侖布其人者別求新陸。故在本派中有異軍突起。而本派之命運。遂根本搖動。則亦事所必至。理有固然矣。

所謂由環境之變化所促成者何耶。其一。清初「經世致用」之一學派所以中絕者。固由學風正趨於歸納的研究法。厭其空泛。抑亦因避觸時忌。聊以自藏。嘉道以還。積威日弛。人心已漸獲解放。而當文恬武嬉之既極。稍有識者咸知大亂之將至。追尋根原。歸咎於學非所用。則最尊嚴之學閥。自不得不首當其衝。其二。清學之發祥地及根據地本在江浙。咸同之亂。江浙受禍最烈。文獻蕩然。後起者轉徙流離。更無餘裕以自振其業。而一時英拔之士。奮志事功。更不復以學問爲重。凡學術之賡續發展。非比較的承平時代則不能。咸同間之百學中落。固其宜矣。其三。「鴉片戰役」以後。志士扼腕切齒。引爲大辱奇戚。思所以自湔拔。經世致用觀念之復活。炎炎不可抑。又海禁既開。所謂「西學」者。逐漸輸入。始則工藝。次則政制。學者若生息於漆室之中。不知室外更何所有。忽穴一牖外窺。則粲然者皆昔所未睹也。還顧室中。則皆沈黑積穢。於是對外求索之慾日熾。對內厭棄之情日烈。欲破壁以自拔於此黑闇。不得不先對於舊政治而試奮鬬。於是以其極幼稚之「西學」智識。與清初啓蒙期所謂「經世之學」者相結合。別樹一派。向於正統派公然舉叛旗矣。此則清學分裂之主要原因也。

二十一

清學分裂之導火線。則經學今古文之爭也。何謂今古文。初。秦始皇焚書。六經絕焉。漢興。諸儒始漸以其學教授。而亦有派別。易則有施（讎）孟（喜）梁丘（賀）三家。而同出田何。書則有歐陽（生）大夏侯（勝）小夏侯（建）三家。而同出伏勝。詩則有齊魯韓三家。魯詩出申公。齊詩出轅固。韓詩出韓嬰。春秋則惟公羊傳有嚴（彭祖）顏（安樂）兩家。同出胡毋生董仲舒。禮則惟儀禮。有大戴（德）小戴（聖）慶（普）三家。而同出高堂生。此十四家者。皆漢武帝宣帝時立於學官。置博士教授。其寫本皆用秦漢時通行篆書。謂之今文。史記儒林傳所述經學傳授止此。

所謂十四博士是也。逮西漢之末。則有所謂古文經傳出焉。易則有費氏。謂東萊人費直所傳。書則有孔氏。謂孔子裔孫安國發其壁藏所獻。詩則有毛氏。謂河間獻王博士毛公所傳。春秋則左氏傳。謂張蒼曾以教授。禮則有逸禮三十九篇。謂魯共王得自孔子壞宅中。又有周官。謂河間獻王所得。此諸經傳者皆以科斗文字寫。故謂之古文。兩漢經師多不信古文。劉歆屢求以立學官。不得。歆移書讓太常博士。謂其「專己守殘。黨同妒眞」者也。王莽擅漢。歆挾莽力立之。光武復廢之。東京初葉。信者殊稀。至東漢末大師服虔馬融鄭玄皆尊習古文。古文學遂大昌。而其時爭論焦點。則在春秋公羊傳。今文大家何林著左氏膏肓穀梁廢疾公羊墨守。古文大家鄭玄則著箴膏肓起廢疾發墨守以駁之。玄既淹博。徧注羣經。其後晉杜預王肅皆衍其緒。今文學遂衰。此兩漢時今古文鬨爭之一大公案也。

南北朝以降。經說學派。只爭鄭（玄）王（肅）。今古文之爭遂熄。唐陸德明著釋文。孔穎達著正義。皆雜宗鄭王。今所傳十三經注疏者。易用王（弼）注。書用僞孔（安國）傳。詩用毛傳鄭箋。周禮儀禮禮記皆用鄭注。春秋左氏傳用杜（預）注。其餘諸經。皆汲晚漢古文家之流。西漢所謂十四博士者。其學說皆亡。僅存者惟春秋公羊傳之何（休）注而已。自宋以後。程朱等亦徧注諸經。而漢唐注疏廢。入清代則節節復古。顧炎武惠士奇輩專提倡注疏學。則復於六朝唐。自閻若璩攻僞古文尚書。後證明作僞者出王肅。學者乃重提南北朝鄭王公案。絀王申鄭。則復於東漢。乾嘉以來。家家許鄭。人人賈馬。東漢學爛然如日中天矣。懸崖轉石。非達於地不止。則西漢今古文舊案。終必須翻騰一度。勢則然矣。

二十二

今文學之中心在公羊。而公羊家言則眞所謂『其中多非常異義可怪之論。』（何休公羊傳注自序）自魏晉以還莫敢道焉。今十三經注疏本公羊傳雖用何注而唐徐彥爲之疏於何義一無發明公羊之成爲絕學垂二千年矣清儒既徧治古經戴震弟子孔廣森始著公羊通義然不明家法治今文學者不宗之今文學啓蒙大師則武進莊存與也存與著春秋正辭刊落訓詁名物之末專求其所謂「微言大義」者與戴段一派所取塗徑全然不同其同縣後進劉逢祿繼之著春秋公羊經傳何氏釋例凡何氏所謂非常異義可怪之論如「張三世」「通三統」「絀周王魯」「受命改制」諸義次第發明其書亦用科學的歸納研究法有條貫有斷制在清人著述中實最有價值之創作段玉裁外孫龔自珍既受訓詁學於段而好今文說經宗莊劉自珍性詄宕不檢細行頗似法之盧騷喜爲要眇之思其文辭俶詭連犿當時之人弗善也而自珍益以此自憙往往引公羊義譏切時政詆排專制晚歲亦耽佛學好談名理綜自珍所學病在不深入所有思想僅引其緒而止又爲瑰麗之辭所掩意不豁達雖然晚清思想之解放自珍確與有功焉光緒間所謂新學家者大率人人皆經過崇拜龔氏之一時期初讀定庵文集若受電然稍進乃厭其淺薄然今文學派之開拓實自龔氏夏曾佑贈梁啓超詩云『璱人（龔）申受（劉）出方耕（莊）孤緒微茫接董生（仲舒）』此言「今文學」之淵源最分明擬諸「正統派」莊可比顧龔劉則閻胡也。

「今文學」之初期則專言公羊而已未及他經然因此知漢代經師家法今古兩派截然不同知賈馬許鄭殊不足以盡漢學時輯佚之學正極盛古經說片語隻字搜集不遺餘力於是研究今文遺說者漸多馮登府有三家詩異文疏證陳壽祺有三家詩遺說考陳喬樅有今文尙書經說考尙書歐陽夏侯遺說考三家詩遺說考齊

詩翼氏學疏證，陳鶴壽有齊詩翼氏學，然皆不過言家法同異而已，未及眞僞問題。道光末，魏源著詩古微，始大攻毛傳及大小序，謂爲晚出僞作，其言博辯，比於閻氏之書疏證，且亦時有新理解。其論詩不爲美刺而作，謂『美刺固毛詩一家之例……作詩者自道其情，情達而止……豈有懽愉哀樂，專爲無病代呻者耶……』（詩古微齊魯韓毛異同論中）此深合「爲文藝而作文藝」之旨，直破二千年來文家之束縛。又論詩樂合一，謂『古者樂以詩爲體，孔子正樂即正詩。』（同上，夫子正樂論上）皆能自創新見，使古書頓帶活氣。源又著書古微，謂不惟東晉晚出之古文尚書（即閻氏所攻者）爲僞也，東漢馬鄭之古文說，亦非孔安國之舊。同時邵懿辰亦著禮經通論，謂儀禮十七篇爲足本，所謂古文逸禮三十九篇者，出劉歆僞造。而劉逢祿故有左氏春秋考證，謂此書本名左氏春秋，不名春秋左氏傳，與晏子春秋呂氏春秋同性質，乃記事之書，非解經之書，其解經者，皆劉歆所竄入，左氏傳之名，亦歆所僞創。蓋自劉書出而左傳眞僞成問題，自魏書出而毛詩眞僞成問題，自邵書出而逸禮眞僞成問題。若周禮眞僞，則自宋以來成問題久矣。初時諸家不過各取一書爲局部的研究而已，既而尋其系統，則此諸書者，同爲西漢末出現，其傳授端緒，俱不可深考，同爲劉歆所主持爭立，質言之，則所謂古文諸經傳者，皆有連帶關係，眞則俱眞，僞則俱僞，於是將兩漢今古文之全案，重提覆勘，則康有爲其人也。

今文學之健者，必推龔魏。龔魏之時，清政既漸陵夷衰微矣，舉國方沈酣太平，而彼輩若不勝其憂危，恆相與指天畫地，規天下大計。考證之學，本非其所好也，而因衆所共習，則亦能之，能之而頗欲用以別闢國土，故雖言經學，而其精神與正統派之爲經學而治經學者，則既有以異。自珍、源皆好作經濟談，而最注意邊事。自珍作西域置行省議，至光緒間實行，則今新疆也。又著蒙古圖志，研究蒙古政俗而附以論議。（未刻）源有元史，有海國圖志、治域外地理者。源實爲先驅。故後之治今文學者。喜以經術作政論。則龔魏之遺風也。

二十三

今文學運動之中心。曰南海康有爲。然有爲蓋斯學之集成者。非其創作者也。有爲早年。酷好周禮。嘗貫穴之著政學通議。後見廖平所著書。乃盡棄其舊說。平王闓運弟子。闓運以治公羊聞於時。然故文人耳。經學所造甚淺。其所著公羊箋。尙不逮孔廣森。平受其學。著四益館經學叢書十數種。知守今文家法。晚年以張之洞故。復著書自駮。其人固不足法。然有爲之思想。受其影響。不可誣也。有爲最初所著書曰新學僞經考。「僞經」者。謂周禮逸禮左傳及詩之毛傳。凡西漢末劉歆所力爭立博士者。「新學」者。謂新莽之學。時淸儒誦法許鄭者。自號曰「漢學」。有爲以爲此新代之學。非漢代之學。故更其名焉。新學僞經考之要點。一、西漢經學。並無所謂古文者。凡古文皆劉歆僞作。二、秦焚書。並未厄及六經。漢十四博士所傳。皆孔門足本。並無殘缺。三、孔子時所用字。卽秦漢間篆書。卽以「文」論。亦絕無今古之目。四、劉歆欲彌縫其作僞之迹。故校中祕書時。於一切古書多所羼亂。五、劉歆所以作僞經之故。因欲佐莽篡漢。先謀湮亂孔子之微言大義。諸所主張。是否悉當。且勿論。要之此說一出。而所生影響有二。第一。淸學正統派之立脚點。根本搖動。第二。一切古書皆須從新檢查估價。此實思想界之一大颶風也。有爲弟子有陳千秋梁啓超者。並夙治考證學。陳尤精洽。聞有爲說。則盡棄其學而學焉。僞經考之著。二人者多所參與。亦時時病其師之武斷。然卒莫能奪也。實則此書大體皆精當。其可議處。乃在小節目。乃至謂史記楚辭經劉歆羼入者數十條。出土之鐘鼎彝器。皆劉歆私鑄埋藏以欺後世。此實爲事理之萬不可通者。

而有爲必力持之實則其主張之要點並不必借重於此等枝詞强辯而始成立而有爲以好博好異之故往往不惜抹殺證據或曲解證據以犯科學家之大忌此其所短也有爲之爲人也萬事純任主觀自信力極强而持之極毅其對於客觀的事實或竟蔑視或必欲强之以從我其在事業上也有然其在學問上也亦有然其所以自成家數崛起一時者以此其所以不能立健實之基礎者亦以此讀新學僞經考而可見也新學僞經考出甫一年遭清廷之忌燬其板傳習頗稀其後有崔適者著史記探原春秋復始二書皆引申有爲之說益加精密今文派之後勁也

有爲第二部著述曰孔子改制考其第三部著述曰大同書若以新學僞經考比颶風則此二書者其火山大噴火也其大地震也有爲之治公羊也不斷斷於其書法義例之小節專求其微言大義即何休所謂非常異義可怪之論者定春秋爲孔子改制創作之書謂文字不過其符號如電報之密碼如樂譜之音符非口授不能明又不惟春秋而已凡六經皆孔子所作昔人言孔子删述者誤也孔子蓋自立一宗旨而憑之以進退古人去取古籍孔子改制恆託於古堯舜者孔子所託也其人有無不可知即有亦至尋常經典中堯舜之盛德大業皆孔子理想上所構成也又不惟孔子而已周秦諸子罔不改制罔不託古老子之託黄帝墨子之託大禹許行之託神農是也近人祖述何休以治公羊者若劉逢祿龔自珍陳立輩皆言改制而有爲之說實與彼異有爲所謂改制者則一種政治革命社會改造的意味也故喜言「通三統」「三統」者謂夏商周三代不同當隨時因革也喜言「張三世」「三世」者謂據亂世升平世太平世愈改而愈進也有爲政治上「變法維新」之主張實本於此有爲謂孔子之改制上掩百世下掩百世故尊之爲教主誤認歐洲之尊景教爲治强之本故恆欲儕孔

子於基督。乃雜引讖緯之言以實之。於是有爲心目中之孔子。又帶有「神祕性」矣。孔子改制考之內容。大略如此。其所及於思想界之影響。可得言焉。

一、教人讀古書。不當求諸章句訓詁名物制度之末。當求其義理。所謂義理者。又非言心言性。乃在古人創法立制之精意。於是漢學宋學。皆所吐棄。爲學界別闢一新殖民地。

二、語孔子之所以爲大。在於建設新學派。（創教）鼓舞人創作精神。

三、僞經考既以諸經中一大部分爲劉歆所爲託。改制考復以眞經之全部分爲孔子託古之作。則數千年來共認爲神聖不可侵犯之經典。根本發生疑問。引起學者懷疑批評的態度。

四、雖極力推挹孔子。然既謂孔子之創學派。與諸子之創學派。同一動機。同一目的。同一手段。則已夷孔子於諸子之列。所謂「別黑白定一尊」之觀念。全然解放。導人以比較的研究。

二十四

右兩書。皆有爲整理舊學之作。其自身所創作。則大同書也。初有爲既從學於朱次琦。畢業。退而獨居西樵山者兩年。專爲深沈之思。窮極天人之故。欲自創一學派。而歸於經世之用。有爲以春秋「三世」之義說禮運。謂「升平世」爲「小康」。「太平世」爲「大同」。禮運之言曰。『大道之行也。天下爲公。選賢與能。講信修睦。故人不獨親其親。不獨子其子。使老有所終。壯有所用。幼有所長。鰥寡孤獨廢疾者皆有所養。男有分。女有歸。貨惡其棄於地也。不必藏諸己。力惡其不出於身也。不必爲己。……是謂大同。』此一段者。以今語釋之。則民治主義存焉。（天下……與能）國際聯合主義存焉。（講信修睦）兒童公育主義存焉。（故人不……其子）老病保險主義存焉。（使老有……有所養）共產主義存焉。（貨惡……藏諸己）……勞作神聖主義存焉。（力惡……爲己）有爲謂此爲孟子之理想的社會制度。謂春秋所謂「太平世」者卽此。乃衍其條理爲書。略如左。

一、無國家。全世界置一總政府。分若干區域。
二、總政府及區政府皆由民選。
三、無家族。男女同棲不得逾一年。屆期須易人。
四、婦女有身者入胎教院。兒童出胎者入育嬰院。
五、兒童按年入蒙養院及各級學校。
六、成年後由政府指派分任農工等生產事業。
七、病則入養病院。老則入養老院。
八、胎教育嬰蒙養養病養老諸院。爲各區最高之設備。入者得最高之享樂。
九、成年男女。例須以若干年服役於此諸院。若今世之兵役然。
十、設公共宿舍公共食堂有等差。各以其勞作所入自由享用。
十一、警惰爲最嚴之刑罰。
十二、學術上有新發明者及在胎教等五院有特別勞績者。得殊獎。
十三、死則火葬。火葬場比鄰爲肥料工廠。

大同書之條理略如是。全書數十萬言。於人生苦樂之根原善惡之標準言之極詳辯。然後說明其立法之理由。其最要關鍵。在毀滅家族。有爲謂佛法出家求脫苦也。不如使其無家可出。謂私有財產爲爭亂之源。無家族則誰復樂有私產。若夫國家。則又隨家族而消滅者也。有爲懸此鵠爲人類造化之極軌。至其當由何道乃能致此。則未嘗言。其第一眼目所謂男女同棲當立期限者。是否適於人性。則亦未甚能自完其說。雖然。有爲著此書時。固一無依傍。一無勦襲。在三十年前。而其理想與今世所謂世界主義社會主義者多合符契。而陳義之高且過之。嗚呼。眞可謂豪傑之士也已。

有爲雖著此書。然祕不以示人。亦從不以此義敎學者。謂今方爲「據亂」之世。只能言小康。不能言大同。言則陷天下於洪水猛獸。其弟子最初得讀此書者。惟陳千秋梁啓超。讀則大樂。銳意欲宣傳其一部分。有爲弗善也。而亦不能禁其所爲。後此萬木草堂學徒多言大同矣。而有爲始終謂當以小康義救今世。對於政治問題。對於社會道德問題。皆以維持舊狀爲職志。自發明一種新理想。自認爲至善至美。然不願其實現。且竭全力以抗之過之。人類秉性之奇詭。度無以過是者。有爲當中日戰役後。糾合青年學子數千人上書言時事。所謂「公車上書」者是也。中國之有「羣衆的政治運動」。實自此始。然有爲旣欲實行其小康主義的政治。不能無所求於人。終莫之能用。屢遭竄逐。而後輩多不喜其所爲。相與詆訶之。有爲亦果於自信。而輕視後輩。益爲頑舊之態以相角。今老矣。殆不復與世相聞問。遂使國中有一大思想家。而國人不蒙其澤。悲夫。啓超屢請印布其大同書。久不許。卒乃印諸不忍雜志中。僅三不一。雜志停版。竟不繼印。

二十五

對於「今文學派」爲猛烈的宣傳運動者則新會梁啓超也啓超年十三與其友陳千秋同學於學海堂治戴段王之學千秋所以輔益之者良厚越三年而康有爲以布衣上書被放歸舉國目爲怪千秋啓超好奇相將謁之一見大服遂執業爲弟子共請康開館講學則所謂萬木草堂是也二人者學數月則以其所聞昌言於學海堂大詆訶舊學與長老儕輩辯詰無虛日有爲不輕以所學授人草堂常課除公羊傳外則點讀資治通鑑宋元學案朱子語類等又時時習古禮千秋啓超弗嗜也則相與治周秦諸子及佛典亦涉獵清儒經濟書及譯本西籍皆就有爲決疑滯居一年乃聞所謂「大同義」者喜欲狂銳意謀宣傳有爲謂非其時然不能禁也又二年而千秋卒（年二十二）啓超益獨力自任啓超治僞經考時復不慊於其師之武斷後遂置不復道其師好引緯書以神祕性說孔子啓超亦不謂然啓超謂孔門之學後衍爲孟子荀卿兩派荀傳小康孟傳大同漢代經師不問爲今文家古文家皆出荀卿（汪中說）二千年間宗派屢變壹皆盤旋荀學肘下孟學絕而孔學亦衰於是專以絀荀申孟爲標幟引孟子中誅責「民賊」「獨夫」「善戰服上刑」「授田制產」諸義謂爲大同精意所寄日倡道之又好墨子誦說其「兼愛」「非攻」諸論啓超屢遊京師漸交當世士大夫而其講學最契之友曰夏曾佑譚嗣同曾佑方治龔劉今文學每發一義輒相視莫逆其後啓超亡命日本曾佑贈以詩中有句曰『……冥冥蘭陵（荀卿）門萬鬼頭如蟻質多（魔鬼）舉隻手陽烏爲之死袒裼往暴之一擊類執豕酒酣擲杯起跌宕笑相視頗謂宙合間只此足歡喜……』此可想見當時彼輩「排荀」運動實有一種元氣淋漓景象嗣同方治王夫之之學喜談名理談經濟及交啓超亦盛言大同運動尤烈（詳次節）而啓超之學受夏譚影響亦至鉅其後啓超等之運動益帶政治的色彩啓超創一旬刊雜誌於上海曰時務報自著變法通議批評秕政而救敝

之法。歸於廢科舉興學校。亦時時發「民權論。」但微引其緒。未敢昌言。已而嗣同與黃遵憲熊希齡等設時務學堂於長沙。聘啓超主講席。唐才常等爲助教。啓超至。以公羊孟子教。課以劄記。學生僅四十人。而李炳寰林圭蔡鍔稱高才生焉。啓超每日在講堂四小時。夜則批答諸生劄記。每條或至千言。往往徹夜不寐。所言皆當時一派之民樂論。又多言清代故實。臚舉失政。盛倡革命。其論學術則自荀卿以下漢唐宋明清學者。掊擊無完膚。時學生皆住舍。不與外通。堂內空氣日日激變。外間莫或知之。及年假。諸生歸省。出劄記示親友。全湘大譁。先是嗣同才常等設「南學會」聚講。又設湘報（日刊）湘學報（旬刊）。所言雖不如學堂中激烈。實陰相策應。又竊印明夷待訪錄揚州十日記等書。加以案語。秘密分布。傳播革命思想。信奉者日衆。於是湖南新舊派大鬨。葉德輝著翼教叢編數十萬言。將康有爲所著書啓超所批學生劄記及時務報湘報湘學報諸論文。逐條痛斥。而張之洞亦著勸學篇。旨趣略同。戊戌政變前。某御史臚舉劄記批語數十條指斥清室鼓吹民權者。具摺揭參。卒興大獄。嗣同死焉。啓超亡命。才常等被逐。學堂解散。蓋學術之爭。延爲政爭矣。

啓超既亡居日本。其弟子李林蔡等棄家從之者十有一人。才常亦數數往來。共圖革命。積年餘。舉事於漢口。十一、人者先後歸從才常死者六人焉。啓超亦自美洲馳歸。及上海而事已敗。自是啓超復專以宣傳爲業。爲新民叢報新小說等諸雜志。暢其旨義。國人競喜讀之。清廷雖嚴禁。不能遏。每一册出。內地翻刻本輒十數。二十年來學子之思想。頗蒙其影響。啓超夙不喜桐城派古文。幼年爲文。學晚漢魏晉。頗尚矜鍊。至是自解放。務爲平易暢達。時雜以俚語韻語及外國語法。縱筆所至不檢束。學者競效之。號新文體。老輩則痛恨。詆爲野狐。然其文條理明晰。筆鋒常帶情感。對於讀者。別有一種魔力焉。

二十六

啓超既日倡革命排滿共和之論，而其師康有爲深不謂然，屢責備之，繼以婉勸，兩年間函札數萬言。啓超亦不慊於當時革命家之所爲，懲羹而吹虀，持論稍變矣。然其保持守性與進取性常交戰於胸中，隨感情而發，所執往往前後相矛盾。嘗自言曰：『不惜以今日之我，難昔日之我』，世多以此爲詬病，而其言論之效力亦往往相消，蓋生性之弱點然矣。

啓超自三十以後，已絕口不談「僞經」，亦不甚談「改制」。而其師康有爲大倡設孔教會定國教祀天配孔諸議，國中附和不乏。啓超不謂然，屢起而駁之。其言曰：

『我國學界之光明，人物之偉大，莫盛於戰國，蓋思想自由之明效也。及秦始皇焚百家之語，而思想一窒。漢武帝表章六藝，罷黜百家，而思想又一窒。自漢以來，號稱行孔教二千餘年於茲矣，而皆持所謂表章某某、罷黜某某者，爲一貫之精神。故正學異端有爭，今學古學有爭，言考據則爭師法，言性理則爭道統，各自以爲孔教，而排斥他人以爲非孔教。……寖假而孔子變爲董江都、何邵公矣，寖假而孔子變爲馬季長、鄭康成矣，寖假而孔子變爲韓退之、歐陽永叔矣，寖假而孔子變爲程伊川、朱晦庵矣，寖假而孔子變爲陸象山、王陽明矣，寖假而孔子變爲顧亭林、戴東原矣。皆由思想束縛於一點，不能自開生面，如羣猨得一果，跳擲以相攫，如羣嫗得一錢，詬詈以相奪，情狀抑何可憐。……此二千年來保教黨所生之結果也。……』（壬寅年新民叢報）

又曰：

『今之言保教者，取近世新學新理而緣附之，曰某某孔子所已知也，某某孔子所曾言也。……然則非以此新學新理釐然有當於吾心而從之也，不過以其暗合於我孔子而從之耳。是所愛者仍在孔子，非在眞理也。萬一徧索諸四書六經而終無可比附者，則將明知爲眞理而亦不敢從矣；萬一吾所比附者有人剔之曰孔子不如是，斯亦不敢不棄之矣。若是乎眞理之終不能餉遺我國民也。故吾所惡乎舞文賤儒動以西學緣附中學者，以其名爲開新，實則保守，煽思想界之奴性而滋益之也。』（同上）

又曰：

『摭古書片詞單語以傅會今義，最易發生兩種流弊：一、倘所印證之義，其表裏適相脗合，善已；若稍有牽合附會，則最易導國民以不正確之觀念，而緣郢書燕說以滋弊。例如疇昔談立憲談共和者，偶見經典中某字某句與立憲共和等字義略相近，輒摭拾以沾沾自喜，謂此制爲我所固有。其實今世共和立憲制度之爲物，卽泰西亦不過起於近百年，求諸彼古代之希臘羅馬且不可得，遑論我國。而比附之言傳播既廣，則能使多數人之眼光之思想見局見縛於所比附之文句，以爲所謂立憲共和者不過如是，而不復追求其眞義之所存。……此等結習，最易爲國民研究實學之魔障。二、勸人行此制，告之曰吾先哲所嘗行也；勸人治此學，告之曰吾先哲所嘗治也。其勢較易入，固也。然頻以此相詔，則人於先哲未嘗行之制，輒疑其不可行；於先哲未嘗治之學，輒疑其不當治。無形之中，恆足以增其故見自滿之習，而障其擇善服從之明。……吾雅不願采擷隔牆桃李之繁葩，綴結於吾家杉松之老幹，而沾沾自鳴得意；吾誠愛桃李也，惟當思所以移植之，而何必使與杉松淆其名實者。』（乙卯年國風報）

此諸論者，雖專爲一問題而發，然啓超對於我國舊思想之總批判，及其所認爲今後新思想發展應遵之塗徑，皆略見焉。中國思想之痼疾，確在「好依傍」與「名實混淆」。若援佛入儒也，若好造僞書也，皆原本於此等精神。以清儒論，顏元幾於墨矣，而必自謂出孔子；戴震全屬西洋思想，而必自謂出孔子；康有爲之大同，空前創獲，而必自謂出孔子。及至孔子之改制，何爲必託古？諸子何爲皆託古？則亦依傍混淆也已。此病根不拔，則思想終無獨立自由之望，啓超蓋於此三致意焉。然持論既屢與其師不合，康、梁學派遂分。

啓超之在思想界，其破壞力確不小，而建設則未有聞。晚清思想界之粗率淺薄，啓超與有罪焉。啓超常稱佛說，謂『未能自度而先度人，是爲菩薩發心』。故其生平著作極多，皆隨有所見，隨即發表。彼嘗言『我讀到「性本善」，則教人以「人之初」而已』。殊不思「性相近」以下尚未讀通，恐並「人之初」一句亦不能解，以此教人，安見其不爲誤人？啓超平素主張，謂須將世界學說爲無制限的盡量輸入，斯固然矣。然必所輸入者確爲該思想之本來面目，又必具其條理本末，始能供國人切實研究之資，此其事非多數人專門分擔不能。啓超務廣而荒，每一學稍涉其樊，便加論列。故其所述著，多模糊影響籠統之談，甚者純然錯誤；及其自發現而自謀矯正，則已前後矛盾矣。平心論之，以二十年前思想界之閉塞委靡，非用此種鹵莽疏闊手段，不能烈山澤以闢新局。就此點論，梁啓超可謂新思想界之陳涉。雖然，國人所責望於啓超者不止此。以其人本身之魄力，及其三十年歷史上所積之資格，實應爲我新思想界力圖締造一開國規模。若此人而長此以自終，則在中國文化史上不能不謂爲一大損失也。

啓超與康有爲有最相反之一點，有爲太有成見，啓超太無成見。其應事也有然，其治學也亦有然。有爲常言『

吾學三十歲已成。此後不復有進。亦不必求進。』啓超不然。常自覺其學未成。且憂其不成。數十年日在旁皇求索中。故有爲之學。在今日可以論定。啓超之學。則未能論定。然啓超以太無成見之故。往往徇物而奪其所守。其創造力不逮有爲。殆可斷言矣。啓超「學問慾」極熾。其所嗜之種類亦繁雜。每治一業。則沈溺焉。集中精力。盡拋其他。歷若干時日。移於他業。則又拋其前所治者。以集中精力故。故常有所得。以移時而拋故。故入焉而不深。彼嘗有詩題其女令嫻藝蘅館日記云『吾學病愛博。是用淺且蕪。尤病在無恆。有獲旋失諸。百凡可效我。此二無我如。』可謂有自知之明。啓超雖自知其短。而改之不勇。中間又屢爲無聊的政治活動所牽率。耗其精而荒其業。識者謂啓超若能永遠絕意政治。且裁斂其學問慾。專精於一二點。則於將來之思想界當更有所貢獻。否則亦適成爲清代思想史之結束人物而已。

二十七

晚清思想界有一彗星。曰瀏陽譚嗣同。嗣同幼好爲駢體文。緣是以窺「今文學」。其詩有『汪(中)魏(源)龔(自珍)王(闓運)始是才』之語。可見其嚮往所自。又好王夫之之學。喜談名理。自交梁啓超後。其學一變。自從楊文會聞佛法。其學又一變。嘗自裒其少作詩文刻之。題曰東海褰冥氏三十以前舊學。示此後不復事此矣。其所謂「新學」之著作。則有仁學。亦題曰臺灣人所著書。蓋中多譏切淸廷。假臺人抒憤也。書成自藏其稿。而寫一副本畀其友梁啓超。啓超在日本印布之。始傳於世。仁學自敍曰。

『吾將哀號流涕。強聒不舍。以速其衝決網羅。衝決利祿之網羅。衝決俗學若考據若詞章之網羅。衝決全球羣學羣敎之網羅。衝決君主之網羅。衝決倫常之網羅。衝決天之網羅。……然既可衝決。自無網羅。眞無網羅。乃可言衝決。……』

仁學內容之精神。大略如是。英奈端倡「打破偶像」之論。遂啓近代科學。嗣同之「衝決網羅」。正其義也。仁學之作。欲將科學哲學宗敎冶爲一爐。而更使適於人生之用。眞可謂極大膽極遼遠之一種計畫。此計畫吾不敢謂終無成立之望。然以現在全世界學術進步之大勢觀之。則似爲期尚早。況在嗣同當時之中國耶。嗣同幼治算學。頗深造。亦嘗盡讀所謂「格致」類之譯書。將當時所能有之科學智識。盡量應用。又治佛敎之「唯識宗」「華嚴宗」。用以爲思想之基礎。而通之以科學。又用今文學家「太平」「大同」之義。以爲「世法」之極軌。而通之於佛敎。嗣同之書。蓋取資於此三部分。而組織之以立己之意見。其駁雜幼稚之論甚多。固無庸諱。其盡脫舊思想之束縛。戛戛獨造。則前淸一代。未有其比也。

嗣同根本的排斥尊古觀念。嘗曰。『古而可好。則何必爲今之人哉。』（仁學卷上）對於中國歷史。下一總批評曰。『二千年來之政。秦政也。皆大盜也。二千年來之學。荀學也。皆鄉愿也。惟大盜利用鄉愿。惟鄉愿工媚大盜。』（仁學卷下）當時譚梁夏一派之論調。大約以此爲基本。而嗣同尤爲悍勇。其仁學所謂衝決羅網者。全書皆是也。不可悉舉。姑舉數條爲例。

嗣同明目張膽以詆名敎。其言曰。

『俗學陋行。動言名敎。……以名爲敎。則其敎已爲實之賓。而決非實也。又況名者由人創造。上以制其下。而下不能不奉之。則數千年三綱五常之慘禍酷毒由此矣。……如曰「仁」。則共名也。君父以責臣子。臣子亦可反之君父於箝制之術不便。故不能不有「忠孝廉節」一切分別等衰之名。……忠孝既爲臣子之專名。則終不能以此反之。雖或他有所據。意欲詰訴。而終不敵忠孝之名爲名教之所尙。……名之所在。不惟關其口使不敢昌言。乃並錮其心使不敢涉想。……」

嗣同對於善惡有特別見解。謂『天地間無所謂惡。惡者名耳。非實也。』謂『俗儒以天理爲善。人欲爲惡。不知無人欲安得有天理。』彼欲申其「惡由名起」說。乃有極詭僻之論曰。

『惡莫大淫殺。……男女構精名淫。此淫名也。淫名亦生民以來沿習既久。名之不改。習謂爲惡。向使生民之始卽相習以淫爲朝聘宴饗之鉅典。行諸朝廟。行諸都市。行諸稠人廣衆。如中國之長揖拜跪。西國之抱腰接吻。則孰知爲惡者。戕害生命名殺。此殺名也。然殺爲惡。則凡殺皆當爲惡。人不當殺。則凡虎狼牛馬雞豚。又何當殺者。何以不並名惡也。或曰。人與人同類耳。然則虎狼於人不同類也。虎狼殺人。則名虎狼爲惡。人殺虎狼。何以不名人爲惡也。……』

此等論調。近於詭辯矣。然其懷疑之精神。解放之勇氣。正可察見。

仁學下篇。多政治談。其篇首論國家起原及民治主義。（文不具引）實當時譚梁一派之根本信條。以殉敎的精神力圖傳播者也。由今觀之。其論亦至平庸。至疏闊。然彼輩當時。並盧騷民約論之名亦未夢見。而理想多與暗合。蓋非思想解放之效不及此。其鼓吹排滿革命也。詞鋒銳不可當。曰。

『天下爲君主私產。不始今日。……然而有知遼金元淸之罪浮於前此君主者乎。其土則穢壤也。其人則羶種也。其心則禽心也。其俗則毳俗也。逞其凶殘淫殺。攫取中原子女玉帛。……猶以爲未饜。錮其耳目。桎其手足厭其心思挫其氣節……方命曰此食毛踐土之分然也夫果誰食誰之毛誰踐誰之土……』又曰『吾華人愼毋言華盛頓拿破侖矣志士仁人求爲陳涉楊玄感以供聖人之驅除死無憾焉若機無可乘則莫若爲任俠（暗殺）亦足以伸民氣倡勇敢之風』此等言論著諸竹帛距後此「同盟會」「光復會」等之起蓋十五六年矣

仁學之政論歸於「世界主義」其言曰『春秋大一統之義天地間不當有國也』又曰『不惟發願救本國並彼極盛之西國與夫含生之類一切皆度之……不可自言爲某國人當平視萬國皆其國皆其民』篇中此類之論不一而足皆當時今文學派所日倡道者其後梁啓超居東漸染歐日俗論乃盛倡褊狹的國家主義慙其死友矣

嗣同遇害年僅三十三使假以年則其學將不能測其所至僅留此區區一卷吐萬丈光芒一瞥而逝而掃蕩廓清之力莫與京焉吾故比諸彗星

二十八

在此清學蛻分與衰落期中有一人焉能爲正統派大張其軍者曰餘杭章炳麟炳麟少受學於俞樾治小學極謹嚴然固浙東人也受全祖望章學誠影響頗深大究心明清間掌故排滿之信念日烈炳麟本一條理縝密之人乃其早歲所作政談專提倡單調的「種族革命論」使衆易喻故鼓吹之力綦大中年以後究心佛典治俱舍唯識有所入既亡命日本涉獵西籍以新知附益舊學日益閎肆其治小學以音韻爲骨幹謂文字先有聲然

後有形字之創造及其孳乳皆以音衍所著文始及國故論衡中論文字音韻諸篇其精義多乾嘉諸老所未發明應用正統派之研究法而廓大其內容延闢其新徑實炳麟一大成功也炳麟用佛學解老莊極有理致所著齊物論釋雖間有牽合處然確能爲研究「莊子哲學」者開一新國土其菿漢微言深造語極多其餘國故論衡檢論文錄諸篇純駁互見嘗自述治學進化之迹曰

「少時治經謹守樸學所疏通證明者在文字器數之間雖嘗博觀諸子略識微言亦隨順舊義耳……繼閱佛藏涉獵華嚴法華涅槃諸經義解漸深卒未窺其究竟及囚繫上海專修慈氏世親之書此一術也以分析名相始以排遣名相終從入之途與平生樸學相似易於契機……」

「……講說許書一旦解寤的然見語言文字本原於是初爲文始……由是所見與箋疏瑣碎者殊矣……」

「爲諸生說莊子旦夕比度遂有所得端居深觀而釋齊物乃與瑜伽華嚴相會……」

「自揣平生學術始則轉俗成眞終乃回眞向俗……秦漢以來依違於彼是之間局促於一曲之內蓋未嘗睹是也……」（菿漢微言卷末）

其所自述殆非溢美蓋炳麟中歲以後所得固非清學所能限矣其影響於近年來學界者亦至鉅雖然炳麟謹守家法之結習甚深故門戶之見時不能免如治小學排斥鐘鼎文龜甲文治經學排斥「今文派」其言常不免過當而對於思想解放之勇決炳麟或不逮今文家也

自明徐光啓李之藻等廣譯算學天文水利諸書。爲歐籍入中國之始。前清學術。頗蒙其影響。而範圍亦限於天算。「鴉片戰役」以後。漸怵於外患。洪楊之役。借外力平內難。益震於西人之「船堅礮利」。於是上海有製造局之設。附以廣方言館。京師亦設同文館。又有派學生留美之舉。而目的專在養成通譯人才。其學生之志量。亦莫或逾此。故數十年中。思想界無絲毫變化。惟製造局中尚譯有科學書二三十種。李善蘭華蘅芳趙仲涵等任筆受。其人皆學有根柢。對於所譯之書責任心與興味皆極濃重。故其成績略可比明之徐李。而教會之在中國者。亦頗有譯書。光緒間所謂「新學家」者。欲求知識於域外。則以此爲枕中鴻祕。蓋「學問飢餓」至是而極矣。甲午喪師。舉國震動。年少氣盛之士。疾首扼腕言「惟新變法」。而疆吏若李鴻章張之洞輩。亦稍稍和之。而其流行語。則有所謂「中學爲體西學爲用」者。張之洞最樂道之。而舉國以爲至言。蓋當時之人。絕不承認歐美人除能製造能測量能駕駛能操練之外。更有其他學問。而在譯出西書中求之。亦確無他種學問可見。康有爲梁啓超譚嗣同輩。卽生育於此種「學問飢荒」之環境中。冥思枯索。欲以構成一種「不中不西卽中卽西」之新學派。而已爲時代所不容。蓋固有之舊思想。既深根固蒂。而外來之新思想。又來源淺觳。汲而易竭。其支絀滅裂。固宜然矣。

戊戌政變。繼以庚子拳禍。清室衰微益暴露。青年學子。相率求學海外。而日本以接境故。赴者尤衆。壬寅癸卯間。譯述之業特盛。定期出版之雜誌不下數十種。日本每一新書出。譯者動數家。新思想之輸入。如火如荼矣。然皆所謂「梁啓超式」的輸入。無組織。無選擇。本末不具。派別不明。惟以多爲貴。而社會亦歡迎之。蓋如久處災區之民。草根木皮。凍雀腐鼠。罔不甘之。朶頤大嚼。其能消化與否不問。能無召病與否更不問也。而亦實無衞生良品足以爲代時獨有侯官嚴復。先後譯赫胥黎天演論。斯密亞丹原富。穆勒約翰名學羣己權界論。孟德斯鳩法意。斯賓塞爾羣學肄言等數種。皆名著也。雖半屬舊籍。去時勢頗遠。然西洋留學生與本國思想界發生關係者。復其首也。亦有林紓者。譯小說百數十種。頗風行於時。然所譯本率皆歐洲第二三流作者。紓治桐城派古文。每譯一書。輒「因文見道」。於新思想無與焉。

晚清西洋思想之運動。最大不幸者一事焉。蓋西洋留學生殆全體未嘗參加於此運動。運動之原動力及其中堅。乃在不通西洋語言文字之人。坐此爲能力所限。而稗販。破碎。籠統。膚淺。錯誤。諸弊。皆不能免。故運動垂二十年。卒不能得一健實之基礎。旋起旋落。爲社會所輕。就此點論。則疇昔之西洋留學生。深有負於國家也。

而一切所謂「新學家」者。其所以失敗。更有一總根原。曰不以學問爲目的而以爲手段。時主方以利祿餌誘天下。學校一變名之科舉。而新學亦一變質之八股。學子之求學者。其什中八九。動機已不純潔。用爲「敲門磚」過時則拋之而已。此其劣下者可勿論。其高秀者。則亦以「致用」爲信條。謂必出所學舉而措之。乃爲無負。殊不知凡學問之爲物。實應離「致用」之意味而獨立生存。眞所謂『正其誼不謀其利。明其道不計其功』。質言之。則有「書獃子」。然後有學問也。晚清之新學家。欲求其如盛清先輩具有「爲經學而治經學」之精神者。渺不可得。其不能有所成就。亦何足怪。故光宣之交。只能謂爲清學衰落期。並新思想啓蒙之名。亦未敢輕許也。

三十

晚清思想家有一伏流曰佛學前清佛學極衰微高僧已不多即有亦於思想界無關係其在居士中清初王夫之頗治相宗然非其專好至乾隆時則有彭紹升羅有高篤志信仰紹升嘗與戴震往復辨難（東原集）其後龔自珍受佛學於紹升（定庵文集有知歸子讚知歸子即紹升）晚受菩薩戒魏源亦然晚受菩薩戒易名承貫著無量壽經會譯等書龔魏爲「今文學家」所推獎故「今文學家」多兼治佛學石埭楊文會少曾佐曾國藩幕府復隨曾紀澤使英夙栖心內典學問博而道行高晚年息影金陵專以刻經弘法爲事至宣統三年武漢革命之前一日圓寂文會深通「法相」「華嚴」兩宗而以「淨土」教學者學者漸敬信之譚嗣同從之遊一年本其所得以著仁學尤常鞭策其友梁啓超啓超不能深造顧亦好焉其所著論往往推挹佛教康有爲本好言宗教往往以己意進退佛說章炳麟亦好法相宗有著述故晚清所謂新學家者殆無一不與佛學有關係而凡有眞信仰者率皈依文會

經典流通既廣求習較易故研究者日衆就中亦分兩派則哲學的研究與宗教的信仰也西洋哲學既輸入則對於印度哲學自然引起連帶的興味而我國人歷史上與此系之哲學因緣極深研究自較易且亦對於全世界文化應負此種天職有志者頗思自任焉然其人極稀其事業尚無可稱述社會既屢更喪亂厭世思想不期而自發生對於此惡濁世界生種種煩懣悲哀欲求一安心立命之所稍有根器者則必遁逃而入於佛佛教本非厭世本非消極然眞學佛而眞能赴以積極精神者譚嗣同外殆未易一二見焉

學佛既成爲一種時代流行則依附以爲名高者出焉往往有夙昔稔惡或今方在熱中奔競中者而亦自託於學佛今日聽經打坐明日黷貨陷人淨宗他力橫超之教本有「帶業往生」一義稔惡之輩斷章取義日日勇

於爲惡。特一聲「阿彌陀佛」謂可湔拔無餘。直等於「羅馬舊教」極敝時。懺罪與犯罪並行不悖。又中國人中迷信之毒本甚深。及佛教流行。而種種邪魔外道惑世誣民之術。亦隨而復活。乩壇盈城。圖讖累牘。佛弟子曾不知其爲佛法所訶。爲之推波助瀾。甚至以二十年前新學之鉅子。猶津津樂道之。率此不變。則佛學將爲思想界一大障。雖以吾輩夙尊佛法之人。亦結舌不敢復道矣。

蔣方震曰。『歐洲近世史之曙光發自兩大潮流。其一希臘思想復活。則「文藝復興」也。其二。原始基督教復活。則「宗教改革」也。我國今後之新機運。亦當從兩途開拓。一爲情感的方面。則新文學新美術也。一爲理性的方面。則新佛教也。』（歐洲文藝復興時代史自序）吾深韙其言。中國之有佛教。雖深惡之者終不能遏絕之。其必常爲社會思想之重要成分。無可疑也。其益社會耶。害社會耶。則視新佛教徒能否出現而已。

更有當附論者。曰基督教。基督教本與吾國民性不近。故其影響甚微。其最初傳來者。則舊教之「耶穌會」一派也。明士大夫徐光啓輩。一時信奉。入清轉衰。重以教案屢起。益滋人厭。新教初來。亦受其影響。其後國人漸相安。而教力在歐洲已日殺矣。各派教會在國內事業頗多。尤注意教育。然皆竺舊。乏精神。對於數次新思想之運動。毫未參加。而間接反有阻力焉。基督教之在清代。可謂無咎無譽。今後不改此度。則亦歸於淘汰而已。

三十一

前清一代學風。與歐洲文藝復興時代相類甚多。其最相異之一點。則美術文學不發達也。清之美術。（畫）雖不能謂甚劣於前代。然絕未嘗向新方面有所發展。今不深論。其文學。以言夫詩。眞可謂衰落已極。吳偉業之靡曼。

王士禛之脆薄。號爲開國宗匠。乾隆全盛時。所謂袁（枚）蔣（士銓）趙（執信）三大家者。臭腐殆不可嚮邇。諸經師及諸古文家集中多亦有詩。則極拙劣之砌韻文耳。嘉道間。龔自珍王曇舒位號稱新體。則粗獷淺薄。咸同後。競宗宋詩。只益生硬。更無餘味。其稍可觀者。反在生長僻壤之黎簡鄭珍輩。而中原更無聞焉。直至末葉。始有金和黃遵憲康有爲。元氣淋漓。卓然稱大家。以言夫詞。清代固有作者。駕元明而上。若納蘭性德郭麐張惠言項鴻祚譚獻鄭文焯王鵬運朱祖謀。皆名其家。然詞固所共指爲小道者也。以言夫曲。孔尚任桃花扇。洪昇長生殿外。無足稱者。李漁蔣士銓之流。淺薄寡味矣。以言夫小說。紅樓夢隻立千古。餘皆無足齒數。以言夫散文。經師家樸實說理。毫不帶文學臭味。桐城派則以文爲「司空城旦」矣。其初期魏禧王源。較可觀。末期則魏源曾國藩康有爲。清人頗自夸其駢文。其實極工者僅一汪中。次則龔自珍譚嗣同。其最著名之胡天游邵齊燾洪亮吉輩。已堆垛柔曼無生氣。餘子更不足道。要而論之。清代學術。在中國學術史上。價值極大。清代文藝美術。在中國文藝史美術史上。價值極微。此吾所敢昌言也。

清代何故與歐洲之「文藝復興」異其方向耶。所謂「文藝復興」者。一言以蔽之。曰返於希臘。希臘文明。本以美術爲根幹。無美術則無希臘。蓋南方島國景物妍麗而多變化之民所特產也。而意大利之位置。亦適與相類。希臘主要美術在彫刻。而其實物多傳於後。故維那神像（彫刻裸體女神）之發掘。爲文藝復興最初之動機。研究學問上古典則其後起耳。故其方向特趨重於美術。宜也。我國文明發源於北部大平原。平原雄偉廣蕩而少變化。不宜於發育美術。所謂復古者。使古代平原文明之精神復活。其美術的要素極貧乏。則亦宜也。

然則曷爲並文學亦不發達耶。歐洲文字衍聲。故古今之差變劇。中國文字衍形。故古今之差變微。文藝復興時之歐人。雖競相與研究希臘。或逕以希臘文作詩歌及其他著述。要之欲使希臘學普及。必須將希臘語譯爲拉丁或當時各國通行語。否則人不能讀。因此而所謂新文體（國語新文學）者自然發生。如六朝隋唐譯佛經。產出一種新文體。今代譯西籍。亦產出一種新文體。相因之勢然也。我國不然。字體變遷不劇。研究古籍。無待迻譯。夫論語孟子。稍通文義之人盡能讀也。其不能讀論語孟子者。則並水滸紅樓亦不能讀也。故治古學者無須變其文與語。既不變其文與語。故學問之實質雖變化。而傳述此學問之文體語體無變化。此清代文無特色之主要原因也。重以當時諸大師方以崇實黜華相標榜。顧炎武曰『一自命爲文人便爲足觀』（日知錄二十）所謂「純文藝」之文。極所輕蔑。高才之士。皆集於「科學的考證」之一途。其向文藝方面討生活者。皆第二派以下人物。此所以不能張其軍也。

三十二

問曰。吾子屢言清代研究學術。饒有科學精神。何故自然科學。於此時代並不發達耶。答曰。是亦有故。文化之所以進展。恆由後人承襲前人智識之遺產。繼長增高。凡襲有遺產之國民。必先將其遺產整理一番。再圖向上。此乃一定步驟。歐洲文藝復興之價值。即在此。故當其時。科學亦並未發達也。不過引其機以待將來。清代學者。刻意將三千年遺產。用科學的方法大加整理。且亦確已能整理其一部分。凡一國民在一時期內。只能集中精力以完成一事業。且必須如此。然後事業可以確實成就。清人集精力於此一點。其貢獻於我文化者已不少。實不能更責以其他。且其趨勢。亦確向切近的方面進行。例如言古音者。初惟求諸詩經易經之韻。進而考歷代之變遷。更進而考古今各地方音。遂達於人類發音官能構造之研究。此即由博古的考證引起自然科學的考證之明驗也。故清儒所遵之塗徑。實爲科學發達之先驅。其未能一蹴即幾者。時代使然耳。

復次凡一學術之發達。必須爲公開的且趣味的研究。又必須其研究資料比較的豐富。我國人所謂「德成而上藝成而下」之舊觀念因襲已久。本不易驟然解放。其對於自然界物象之研究。素乏趣味。不能爲諱也。科學上之發明。亦何代無之。然皆帶祕密的性質。故終不能光大。或不旋踵而絕。即如醫學上證治與藥劑。其因祕而失傳者。蓋不少矣。凡發明之業。往往出於偶然。發明者或並不能言其所以然。或言之而非其眞。及以其發明之結果公之於世。多數人用各種方法向各種方面研究之。然後偶然之事實。變爲必然之法則。此其事非賴有種種公開研究機關——若學校若學會若報館者。則不足以收互助之效。而光大其業也。夫在淸代則安能如是。此又科學不能發生之一原因也。

然而語一時代學術之興替。實不必問其研究之種類。而惟當問其研究之精神。研究精神不謬者。則施諸此種類而可成就。施諸他種類而亦可以成就也。淸學正統派之精神。輕主觀而重客觀。賤演繹而尊歸納。雖不無矯枉過正之處。而治學之正軌存焉。其晚出別派（今文學家）能爲大膽的懷疑解放。斯亦創作之先驅也。此淸學之所爲有價值也歟。

三十三

讀吾書者。若認其所採材料尙正確。所批評亦不甚紕繆。則其應起之感想。有數種如下。

其一。可見我國民確富有「學問的本能」。我國文化史確有研究價值。卽一代而已見其概。故我輩雖當一面盡量吸收外來之新文化。一面仍萬不可妄自菲薄蔑棄其遺產。

其二。對於先輩之「學者的人格」可以生一種觀感。所謂「學者的人格」者。爲學問而學問。斷不以學問供學問以外之手段。故其性耿介。其志專壹。雖若不周於世用。然每一時代文化之進展。必賴有此等人。

其三。可以知學問之價值。在善疑。在求眞。在創獲。所謂研究精神者。歸著於此點。不問其所疑所求所創者在何部分。亦不問其所得之鉅細。要之經一番研究。卽有一番貢獻。必如是始能謂之增加遺產。對於本國之遺產當有然。對於全世界人類之遺產亦當有然。

其四。將現在學風與前輩學風相比照。令吾曹可以發現自己種種缺點。知現代學問上籠統。影響。淩亂。膚淺等等惡現象。實我輩所造成。此等現象。非徹底改造。則學問永無獨立之望。且生心害政。其流且及於學問社會以外。吾輩欲爲將來之學術界造福耶。抑造罪耶。不可不取鑒前代得失以自策厲。

吾著此書之宗旨。大略如是。而吾對於我國學術界之前途。實抱非常樂觀。蓋吾稽諸歷史。徵諸時勢。按諸我國民性。而信其於最近之將來。必能演出數種潮流。各爲充量之發展。吾今試爲預言於此。吾祝吾觀察之不謬。而希望之不虛也。

一、自經淸代考證學派二百餘年之訓練。成爲一種遺傳。我國學子之頭腦。漸趨於冷靜縝密。此種性質。實爲科學成立之根本要素。我國對於「形」的科學（數理的）淵源本遠。根柢本厚。對於「質」的科學（物理的）因機緣未熟。暫不發展。今後歐美科學。日日輸入。我國民用其遺傳上極優粹之科學的頭腦。憑藉此等豐富之資料。猝精研究．將來必可成爲全世界第一等之「科學國民」．

二、佛教哲學本爲我先民最珍貴之一遺產．特因發達太過．末流滋弊．故清代學者對於彼而生劇烈之反動．及清學發達太過．末流亦敝．則還元的反動又起焉．適值全世界學風．亦同有此等傾向．物質文明爛熟．而「精神上之飢餓」．益不勝其苦痛．佛教哲學．蓋應於此時代要求之一良藥也．我國民性．對於此種學問本有特長．前此所以能發達者在此．今後此特性必將復活．雖然．隋唐之佛教．非復印度之佛教．而今後復活之佛教亦必非復隋唐之佛教．質言之．則「佛教上之宗教改革」而已．

三、所謂「經世致用」之一學派．其根本觀念傳自孔孟．歷代多倡道之．而清代之啓蒙派晚出派．益擴張其範圍．此派所揭櫫之旗幟．謂學問有當講求者．在改良社會．增其幸福．其通行語所謂「國計民生」者是也．故其論點．不期而趨集於生計問題．而我國對於生計問題之見地．自先秦諸大哲．其理想皆近於今世所謂「社會主義」．二千年來生計社會之組織．亦蒙此種理想之賜．頗稱均平健實．今此問題爲全世界人類之公共問題．各國學者之頭腦．皆爲所惱．吾敢言我國之生計社會．實爲將來新學說最好之試驗場．而我國學者對於此問題．實有最大之發言權．且尤當自覺悟其對此問題應負最大之任務．

四、我國文學美術根柢極深厚．氣象皆雄偉．特以其爲「平原文明」所產育．故變化較少．然其中徐徐進化之跡．歷然可尋．且每與外來之宗派接觸．恆能吸受以自廣．清代第一流人物．精力不用諸此方面．故一時若甚衰落．然反動之徵已見．今後西洋之文學美術．行將盡量輸入．我國民於最近之將來．必有多數之天才家出焉．採納之而傳益以己之遺產．創成新派．與其他之學術相聯絡呼應．爲趣味極豐富之民衆的文化運動．

五、社會日複雜。應治之學日多。學者斷不能如清儒之專擘古典。而固有之遺產。又不可蔑棄。則將來必有一派學者焉。用最新的科學方法。將舊學分科整治。擷其粹。存其眞。續清儒未竟之緒。而益加以精嚴。使後之學者既節省精力。而亦不墜其先業。世界人之治「中華國學」者。亦得有藉焉。

以吾所觀察所希望。則與淸代興之新時代。最少當有上列之五大潮流。在我學術界中各爲猛烈之運動。而並占重要之位置。若今日者。正其啓蒙期矣。吾更願陳餘義以自厲。且厲國人。

一、學問可嗜者至多。吾輩當有所割棄。然後有所專精。對於一學。爲徹底的忠實研究。不可如劉獻廷所誚『祇敎成半箇學者。』（廣陽雜記卷五）力洗晚淸籠統膚淺淩亂之病。

二、善言政者。必曰「分地自治。分業自治。」學問亦然。當分業發展。分地發展。分業發展之義易明。不贅述。所謂分地發展者。吾以爲我國幅員廣埒全歐。氣候兼三帶。各省或在平原。或在海濱。或在山谷。三者之民。各有其特性。自應發育三箇體系以上之文明。我國將來政治上各省自治基礎確立後。應各就其特性。於學術上擇一二種爲主幹。例如某省人最宜於科學。某省人最宜於文學美術。皆特別注重。求爲充量之發展。必如是然後能爲本國文化世界文化作充量之貢獻。

三、學問非一派可盡。凡屬學問。其性質皆爲有益無害。萬不可求思想統一。如二千年來所謂『表章某某罷黜某某』者。學問不厭辨難。然一面申自己所學。一面仍尊人所學。庶不至入主出奴。蹈前代學風之弊。

吾著此篇竟。吾感謝吾先民之餉遺我者至厚。吾覺有極燦爛莊嚴之將來橫於吾前。